AVIS DES LIBRAIRES.

L'ACADÉMIE *Royale des Sciences ayant ultérieurement jugé à propos d'engager l'Auteur du Traité sur la Facture de l'Orgue, à joindre à son Ouvrage une 4ᵉ. Partie, contenant la Description de la Facture des Petites Orgues de chambre, & principalement de celles qui jouent à manivelle ; on avertit le Public, que cette augmentation paroîtra dans le courant de l'année prochaine 1771. On donnera en même temps les Tables des Chapitres, Sections & des Matieres, avec la Préface ; le tout rendra l'Ouvrage entiérement complet. Comme il est destiné à être relié en un seul volume, puisque les folio, les signatures, & les numéros des Planches se suivent, il convient d'en différer la reliure jusqu'à ce qu'on ait reçu l'Ouvrage en entier.*

L'ART

DU

FACTEUR D'ORGUES.

Par D. Bedos de Celles, Bénédictin.

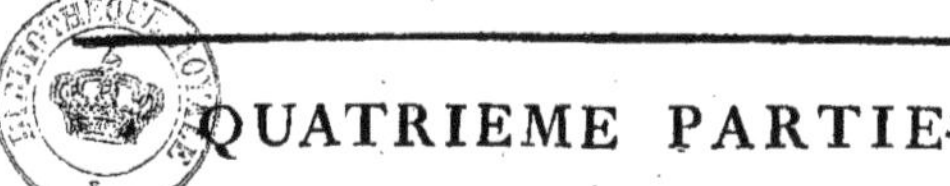

QUATRIEME PARTIE.

M. D C C. LXXVIII.

L'ART
DU
FACTEUR D'ORGUES.

Par D. François Bedos de Celles, Bénédictin de la Congrégation de Saint-Maur, dans l'Abbaye de Saint Denys en France ; de l'Académie Royale des Sciences de Bordeaux, & Correspondant de celle de Paris.

QUATRIEME PARTIE.

INTRODUCTION.

Lorsque j'ai entrepris de décrire l'Art du Facteur d'Orgues, j'ai cru ne devoir me proposer pour objet que celles qui font en usage dans les Eglises. Cet instrument paroît en effet devoir être traité en grand, pour rendre la belle harmonie qu'on est en droit d'en attendre. Depuis ce temps, éclairé par les avis de personnes à qui l'étendue de leurs connoissances me fait un devoir de déférer, j'ai senti que mon Ouvrage ne pouvoit être complet s'il n'étoit suivi d'une quatrieme Partie, qui traitât de la Fabrication de différentes Orgues qui, plus ou moins volumineuses, font l'amusement de beaucoup d'Amateurs, & le fondement de l'harmonie de différents concerts où on les a introduites. D'ailleurs, il est un certain public d'Amateurs qui cultivent les Arts par goût ou pour remplir les vuides que leur laissent des occupations plus importantes, & pour qui la construction des grands instruments, tels que ceux que j'ai décrits & qu'ils ne peuvent se procurer, est peu intéressante. C'est donc en leur faveur que je me suis cru obligé de donner des

regles pour conftruire ces Cabinets d'Orgues qu'un Artifte adroit peut exécuter lui-même. Plufieurs Curés, difperfés au milieu des campagnes, cher-
chent à charmer les moments que leur laiffent les refpectables & pénibles
fonctions du faint Miniftere par différents exercices de leurs mains. A l'aide
de ce Traité, ils pourront tourner de ce côté leur induftrie, & contribuer,
même par leurs amufements, à l'ornement de la Maifon du Seigneur & à la
magnificence de fon culte. Je tâcherai de faire connoître tous les procédés
qui concourent à la réuffite des pieces fouvent très-minucieufes, qui pourroient caufer quelqu'embarras à ceux qui voudroient les exécuter ; mais
j'avertis, en même temps, que je fuppoferai toujours qu'on a lu & bien compris
le contenu de tout l'Ouvrage qui a précédé. Il ne convient pas en effet de
répéter ici comment on conftruit les Claviers, les Sommiers, toutes les efpeces
de Tuyaux, les Soufflets & tout le refte de l'Orgue : il faudroit pour cela
un gros volume ; ainfi cette préfente Partie fuppofe néceffairement les autres,
on fera indifpenfablement obligé de les lire & de les étudier. Je ne ferai
ici qu'indiquer les chofes & les manieres.

Je diviferai cette quatrieme Partie en fept Chapitres ; dans le premier, je
décrirai des Orgues propres pour de grands & de petits concerts, pour des
grandes falles, des chambres, &c ; & enfin les plus petites Orgues que l'on
faffe communément : on en verra de fix efpeces. Dans le fecond Chapitre,
je traiterai des Orgues qui ont la forme d'une table ordinaire : j'en donnerai
de deux fortes, l'une fimple ou à un feul jeu, & l'autre à deux jeux. Dans
le troifieme, j'expliquerai la conftruction des Orgues qui jouent par un cylindre, mis en mouvement, foit avec la main par une manivelle, foit par un
rouage à reffort ou avec des poids : ainfi on y verra la defcription de la Serinette
ordinaire, de celle qui va d'elle-même à reffort ; en un mot, de toutes ces
Orgues portatives à cylindre, même affez confidérables. J'y donnerai la conftruction d'un grand Orgue d'Eglife, qui peut fe jouer par une manivelle &
un cylindre : on y trouvera la maniere d'exécuter un grand & gros cylindre,
de le gouverner & d'en faire ufage : j'y décrirai les moyens de faire l'application du cylindre à un Orgue d'Eglife, déja conftruit à l'ordinaire, en lui
confervant toujours la faculté d'être joué par les claviers ordinaires. Dans
le quatrieme Chapitre, je décrirai la maniere de noter fur un cylindre,
toutes fortes d'airs & de pieces à une ou plufieurs parties. Dans le cinquieme,
je donnerai la defcription du *Forté-piano* avec fon organifation. Le fixieme
contiendra celle du Claveffin ; & le feptieme & dernier Chapitre, fera pour
l'organifation de la Vielle.

CHAPITRE PREMIER.

Des Orgues convenables dans des Salles ou dans des Chambres.

ON peut faire , pour des falles de concert ou pour tout autre appartement, des Orgues de bien des manieres , felon la grandeur de la piece qui doit le contenir , felon l'ufage auquel on le deftine , & felon la dépenfe que l'on veut y faire. Si l'Orgue eft pour une bien grande falle , & qu'on le deftine à fervir dans un grand concert , il convient de le compofer de façon à produire l'effet qu'on doit en attendre. Nous allons en décrire de plufieurs efpeces , depuis le plus confidérable , pour un femblable ufage , jufqu'au plus petit , dans autant de Sections , afin qu'on ait lieu de choifir le devis convenable à l'objet qu'on fe propofe & à la dépenfe qu'on veut faire.

SECTION PREMIERE.

Compofition d'un Orgue convenable dans un très-vafte Salon , & propre pour l'ufage d'un grand Concert.

1294. IL faut d'abord obferver qu'il eft à propos de compofer un pareil Orgue un peu autrement que s'il étoit pour le Service divin dans une Eglife. L'ufage qu'on en fait dans un concert eft différent à plufieurs égards : on ne joue point dans un concert de ce qu'on appelle *verfets* ; on ne le touche guere tout feul , fi ce n'eft pour quelque concerto , ou quelqu'autre piece , pour entendre un habile Organifte qui aura une main fort brillante. Il eft fur-tout néceffaire de fournir cet inftrument de tout ce qu'il y a de mieux entre tous les jeux de l'Orgue pour les accompagnemens , afin de fortifier la fymphonie , au cas que quelquefois elle fe trouvât un peu foible. Il convient encore de le fournir d'un grand jeu affez fort pour augmenter l'effet dans les grands chœurs , fans cependant lui rien ôter de la douceur de l'harmonie.

1295. On appelle plein-jeu dans un Orgue , le mêlange d'un certain nombres de jeux , qui réunit tout ce que l'harmonie a de plus brillant , de plus plein & de plus moelleux. Malgré toutes ces belles qualités , je ne fais quel préjugé le fait profcrire de toutes les falles de concert. Il faut , dit-on , le reléguer dans les Eglifes ; eft-ce refpect , eft-ce mépris ? Peut-être en effet conviendroit-il que cette belle partie de l'Orgue ne fervît exclufivement qu'à contribuer à la majefté des louanges de Dieu ; mais ce n'eft pas vraifemblablement là ce qu'on veut dire. Le peu de religion dont on femble faire parade dans ce fiecle , ne voudroit-il pas jetter du ridicule fur ce genre d'harmonie , dont on eft fouvent ennuyé dans le Temple du Seigneur, où un refte de refpect humain nous conduit encore ? Mais ce n'eft pas ici le lieu d'approfondir la véritable raifon de ce dégoût. Si le plein-jeu avoit le mérite de la nouveauté , on verroit fe précipiter en foule un monde d'amateurs, dont les prétendues oreilles délicates ne courent qu'après ce qui eft le plus récemment découvert. Faut-il que ce qui devroit n'être foumis qu'aux regles du vrai beau , foit affujetti à l'empire de la mode & du préjugé ? Jugeons-en donc plus fainement ; & faifant abftraction que le plein-jeu foit ou ne foit pas en ufage dans les Eglifes , je crois qu'il ne pourroit faire qu'un bel effet dans les accompagnements d'un *grand chœur grave.* En Allemagne & dans d'autres royaumes, on a grand foin de fournir le mieux cette partie des Orgues: elles ne jouent guere que lorfque le chœur chante : on accompagne le chant avec le plein-jeu , dont les pédales font entendre une baffe très-diftincte ; rien de fi majeftueux , de fi brillant , de fi harmonieux , & qui rempliffe mieux l'ame du refpect qu'on y rend au Souverain Maître du Monde. Par quelle bifarrerie ce qui fait un fi bel effet dans un genre de mufique , en produiroit-il un fi mauvais qu'on le prétend , dans un autre qui y a un rapport fi marqué ? ce qui eft fi agréable dans une Eglife doit l'être par-tout ailleurs. Ne nous laiffons pas ainfi prévenir ; fi un plein-jeu foutient l'harmonie des voix & des inftruments dans un concert, pourquoi ne l'y admettroit-on pas ?

1296. On mettra à cet Orgue trois claviers à la main , & un clavier de pédale. Voici les jeux que je penfe convenir fur chaque clavier.

Grand Orgue , relatif au fecond clavier.

1°. Un grand cornet de 5 tuyaux fur marche , commençant au troifieme *C fol ut*, & finiffant en *E fi mi* en haut, tout en étain fin.

2°. Cornet de récit de 5 tuyaux fur marche , commençant au fecond *F ut fa*, & finiffant à l'*E fi mi* en haut.

3°. Un 8 pieds ouvert , tout en étain. Si l'on fait une montre à cet Orgue , on la garnira avec les tuyaux de ce jeu.

4°. Un bourdon de 16 pieds , les baffes en bois , & le refte en étain.

5°. Un bourdon de 8 pieds , les baffes en bois , & le refte en étain.

6°. Un preftant , tout en étain.

7°. Un fecond 8 pieds ouvert , les baffes en bois , & le refte tout en étain.

8°. Une flûte de 4 pieds , à l'uniffon du preftant , toute en cheminée & en étain.

9°. Une doublette , toute en étain.

10°. Une fourniture de 4 tuyaux fur marche , toute en étain.

11°. Un cymbale de 4 tuyaux fur marche , toute en étain.

12°.

12°. Une trompette de récit, de la même étendue que le cornet de récit.

13°. Une feconde trompette de récit femblable, à la précédente.

14°. Un cromorne de récit, de la même étendue que les autres jeux de récit ci-deffus.

15°. Une trompette toute en étain.

16°. Une feconde trompette, toute en étain.

17°. Un clairon tout en étain.

Pofitif, relatif au premier Clavier.

1297. 1°. Un cornet de 5 tuyaux fur marche, de plus menue taille que celui du grand Orgue, mais de la même étendue, & tout en étain.

2°. Un 8 pieds ouvert, tout en étain. S'il y avoit une montre, on la garniroit avec ces tuyaux

3°. Un preftant, tout en étain.

4°. Un bourdon de 8 pieds, femblable en tout à celui du grand Orgue.

5°. Une flûte de 4 pieds, toute en étain.

6°. Un fecond 8 pieds ouvert de 3 octaves, dont la premiere fera en flûte, fonnant 4 pieds ; le tout en étain.

7°. Un nazard en cheminée, tout en étain.

8°. Une quarte de nazard, toute en étain.

9°. Une tierce, toute étain.

10°. Une doublette, toute en étain.

11°. Un larigot, tout en étain.

12°. Une fourniture de 3 tuyaux, toute en étain.

13°. Une cymbale de trois tuyaux, toute en étain.

14°. Une trompette, toute en étain.

15°. Un cromorne, tout en étain.

16°. Un clairon, tout en étain.

17°. Un hautbois, tout en étain, avec un baffon pour remplir la baffe, également en étain.

Les jeux du récit relatifs au troifieme clavier n'ont pas befoin d'un fommier particulier, puifqu'ils feront pofés fur le même grand fommier, comme il eft énoncé ci-deffus. Ils auront leurs foupapes & leurs gravures particulieres, auffi bien que leur abrégé.

Jeux de Pédale de 36 marches.

1298. 1. Bourdon de 16 pieds, les baffes en bois, & le refte en étain.

2. Flûte de 8 pieds ouvert , les baffes en bois & le refte en étain.

3. Gros nazard , tout en étain.

4. Flûte de 4 pieds , en étain.

5. Groffe tierce , toute en étain.

6. Nazard , en étain.

7. Quart de nazard , en étain.

8. Tierce , en étain.

Tous ces huit jeux commenceront au premier *C fol ut* , c'eft - à - dire , qu'ils auront 29 tuyaux chacun feulement ; mais les trois fuivants auront de plus que les précédents le ravalement jufqu'en *F ut fa* en bas , c'eft - à - dire , qu'ils auront chacun 36 tuyaux.

9. Une trompette , toute en étain.

10. Une feconde trompette , toute en étain.

11. Un clairon , tout en étain.

1299. Un Orgue ainfi compofé de ces 45 jeux , feroit affurément un très-grand effet ; mais le grand chœur d'un concert bien fourni domineroit toujours , il en feroit bien orné & fort agréable. Les accompagnements feroient très-harmonieux , & les baffes biens marquées. On pourroit y faire fervir les pédales de flûte de 16 pieds , de 8 pieds & de 4 pieds enfemble. Pour augmenter encore l'effet dans les baffes , on y ajoutera les deux nazards , les deux tierces & la quarte. L'on peut accompagner les grands chœurs graves , avec le plein - jeu & les pédales des trompettes & clairon. L'on pourra accompagner les grands chœurs de mouvement avec le grand jeu. Un habile Organifte , qui aura du goût , fe fervira de cet Orgue , de façon à favorifer l'harmonie & le brillant d'un concert , & fi l'on defire l'entendre feul , on trouvera dans la compofition de cet Orgue ce qui fera néceffaire pour exécuter tout ce qu'on peut toucher de plus beau & de plus gracieux

Nous donnerons ici les regles des fommiers propres à contenir & faire jouer tous les jeux énoncés ci - deffus.

1300. L'on trouvera N°. 678 , pag. 236 , la regle d'un grand fommier pour le grand Orgue ; l'on pourra fuivre toute la partie de la régle qui contient les largeurs des gravures , & l'épaiffeur des barres ; ce qui tout enfemble fait la longueur d'une des deux parties dont le grand fommier eft compofé. L'on y ajoutera une double gravure dans la baffe pour le premier *ut* dieze , & deux doubles gravures dans les deffus pour le *mi* bémol & le *mi* en haut. Ces trois notes de plus rendront le fommier un peu plus long. Il y a quelques changements à faire pour la largeur du même fommier , en voici la regle.

	≡22
1. Grand Cornet................	18
	—12
2. Cornet de récit............	18
	—12
3. 8 pieds ouvert............	24
	—12
4. Bourdon de 16 pieds........	30
	—12
5. Bourdon de 8 pieds........	24
	—12
6. Preftant...................	20
	—12
7. Second 8 pieds	24
	—12
8. Flûte de 4 pieds............	20
	—12
9. Doublette	18
	—18
10. Fourniture	30
	—18
11. Cymbale	30
	—18
12. Trompette de récit..........	24
	—15
13. Seconde Trompette de récit....	24
	—15
14. Cromorne de récit..........	20
	—15
15. Trompette.................	24
	—15
16. Seconde Trompette..........	24
	—15
17. Clairon...................	24
	≡22

4 pieds 7 pouces 5 lignes de largeur.

La règle pour le Sommier du Positif sera comme il suit pour la largeur des regiftres & des faux-regiftres.

	≡22
1. Cornet....................	15
	—10
2. 8 pieds ouvert............	20
	—10
3. Preftant	18
	—10
4. Bourdon de 8 pieds..........	20
	—10
5. Flûte de 4 pieds............	18
	—10
6. 3 Octaves de deffus de 8 pieds...	20
	—10
7. Nazard	18
	—10
8. Doublette	15
	—10
9. Tierce	15
	—10
10. Quarte....................	15
	—10
11. Larigot	15
	—15
12. Fourniture................	20
	—15
13. Cymbale	20
	—15
14. Trompette	20
	—15
15. Cromorne	18
	—15
16. Clairon	20
	—15
17. Baffon & Hautbois..........	20
	≡22

3 pieds 8 pouces 9 lignes de largeur.

L'on trouvera les mefures des Gravures & des Barres, Nº. 682, pag. 239. On ajoutera comme au grand Sommier les trois notes qui y manquent.

Régle pour le Sommier de Pédale.

Barres & Gravures de la moitié du Sommier de Pédale.

≡24
2. 9
—24
4. 9
—24
6. 9
—24
8.12
—24
10.12
—24
12.12
—20
14.11
—20
16.11
—20
18.10
—20
20.10
—20
22. 9
—16
24. 9
—16
26. 8
—16
28. 8
—16
30. 7
—16
32. 7
—14
34. 6
—14
36. 6
≡24

3 pieds 8 pouces 9 lignes de longueur.

Regiftres & faux-Regiftres du Sommier de Pédale.

	≡24
1. Flûte de 16 pieds..........	30
	—18
2. Flûte de 8 pieds............	24
	—18
3. Gros Nazard................	24
	—28
4. Flûte de 4 pieds	20
	—18
5. Groffe Tierce..............	20
	—18
6. Nazard	20
	—18
7. Quarte	18
	—18
8. Tierce....................	18
	—24
9. Trompette	30
	—24
10. Seconde Trompette	30
	—24
11. Clairon	30
	≡24

3 pieds 6 pouces 6 lignes de largeur.

Les Gravures auront 3 pouces de profondeur, & les Soupapes auront 10 pouces de longueur.

La Soufflerie sera compofée de 3 Soufflets de 8 pieds de longueur fur 4 pieds de largeur, ou bien, de 5 Soufflets de 6 pieds de longueur fur 3 pieds de largeur, felon que le local fera difpofé.

1301. Le Buffet d'un Orgue, tel que nous venons de le détailler, doit avoir environ 22 pieds de largeur, fur à peu près autant de hauteur, & 5 à 6 pieds de profondeur, en fuppofant qu'on juge à propos d'en difpofer l'intérieure de la maniere fuivante.

Le grand fommier fera divifé en deux parties, qui auront chacune environ 5 pieds & demi de longueur, fur 3 pieds 8 à 10 pouces de largeur. On les pofera à la hauteur ordinaire, vers celle du pied des tourelles, en laiffant un efpace d'environ un pied entre deux. On pofera les fommiers de pédale après le grand fommier, en laiffant des allées d'un pied de largeur.

Comme le grand fommier eft ordinairement élevé au - deffus du plancher d'environ 10 pieds, on trouvera affez de place au - deffous pour pofer le fommier du pofitif, lequel dans ce cas l'on divifera en deux parties, pour être placées l'une d'un côté & l'autre de l'autre aux deux côtés des claviers, à environ deux pieds au-deffus du plancher, afin de pouvoir loger fon abrégé par-deffous. Cet abrégé fe fait toujours en fer en pareille occafion, parce que deux pieds de hauteur ne fuffiroient pas, pour placer un abrégé de bois. Du deffus du fommier du pofitif, jufqu'au deffous du grand fommier, il ne refteroit qu'environ 7 pieds, ce qui ne fuffiroit pas pour les plus grands tuyaux de la trompette ; & alors on en couderoit quelques - uns dans les baffes.

L'abrégé & les tirages des pédales fe logeront derriere l'abrégé du pofitif, ce qui fuppofe qu'on aura foin d'écarter fuffifamment celui du pofitif, afin qu'il y ait affez de place pour celui des pédales.

Lorfqu'on met le pofitif dans le foubaffement de l'Orgue, au lieu de panneaux qu'on a coutume d'y faire, on garnit les ouvertures par des ornements à jour, afin qu'on entende pleinement le fon des tuyaux.

1302. A l'égard de la forme du Buffet de l'Orgue, j'ai fuppofé jufqu'à préfent que le local permettoit, par une hauteur fuffifante, de lui donner la figure ordinaire des Orgues d'Eglife. Si l'on ne goûtoit point cette idée, on pourroit en employer une à peu près femblable ou approchante de celle de la Planche LXXIX, dans lequel Buffet on pourroit difpofer l'Orgue à peu près comme il vient d'être dit.

Si le local n'a pas affez de hauteur, & que l'on puiffe prendre de l'efpace en largeur, par exemple, 30 & 32 pieds, on n'aura befoin que de 12 à 15 pieds de hauteur. On placera les deux parties du grand fommier & celles du pofitif fur la même ligne, en laiffant des allées d'un pied de largeur entre chaque fommier. Les deux abrégés feront en fer, & pourront fe pofer deffus les claviers. On mettra toutes les layes fur le derriere, & on fera jouer lefdits abrégés par des pilottes.

Si l'on n'a pas fuffifamment de largeur & qu'on ait de la profondeur, on

mettra

mettra les deux fommiers du pofitif fur le devant au-deffous des claviers, &
ceux du grand Orgue derriere ceux-ci fur la même ligne. Cette difpofition
à la vérité n'eft pas bien avantageufe par la difficulté de l'entretien ; ainfi
l'on feroit mieux de réduire le fommier du pofitif en une feule partie, on
le mettroit au milieu au-deffous des claviers ; & les deux parties du grand
fommier fe poferoient fur la même ligne, un à chaque bout de celui du pofitif, en laiffant des allées convenables.

Si encore la fituation du lieu ne permet pas de faire ufage d'aucun des
moyens précédents pour la conftruction de cet Orgue, il faudra prendre le
parti de mettre fur le même grand fommier le grand Orgue & le pofitif.
Il faudroit dans ce cas en retrancher les jeux du récit, afin que le fommier
ne fût pas fi large & par conféquent les gravures trop longues. L'on feroit un
petit fommier féparé pour les jeux du récit.

L'infpection d'un local peut fournir bien des idées pour y conftruire un
Orgue confidérable. Par exemple, l'on peut divifer l'Orgue en deux Buffets
féparés, & placer l'un d'un côté de la falle, & l'autre qui lui faffe fymmétrie
de l'autre côté ; on met alors les claviers & les tirans en un Buffet, où font
pofés tous les jeux du grand Orgue ; les jeux du pofitif avec ceux des pédales feront pofés dans l'autre Buffet. Les claviers qui feront dans un des deux
Buffets, feront ouvrir les foupapes du fommier de l'autre Buffet, quand même
il y auroit 30 pieds ou plus d'un Buffet à l'autre ; ce qui fe fait par des
vergettes horifontales, pofées au-deffous d'une eftrade que l'on fait exprès.
Ces vergettes font maintenues d'efpace en efpace par des échelles, & font fufpendues par des fils de laiton un peu longs de toife en toife, pour empêcher
les frottements de ces vergettes, & lever par-là tout obftacle au très-facile
tirage, afin que les claviers foient bien traitables. L'on fait agir auffi les tirans
des regiftres, par des mouvements ou tringles quarrées de bois, bien main_
tenues de toife en toife par des planches percées de trous quarrés.

1303. L'on peut encore pofer les claviers fur une table, faite comme une
efpece d'armoire ou de fecretaire, qu'on placera au milieu entre les deux
Buffets, à peu près comme l'on voit en la Planche **LXXVII** ; l'on y ajufte tous
les tirants des regiftres, & tous leurs mouvements, auffi bien que les claviers
où aboutiffent tous leurs tirages, & de là, l'on fait jouer tout ce qui eft contenu dans les deux Buffets, quoiqu'éloignés l'un de l'autre. Tout ce mécanifme eft caché au-deffous d'une eftrade fort baffe.

Je ne fais au refte qu'indiquer en gros & en général, les différentes manieres de conftruire l'Orgue dont il s'agit, fans entrer dans aucun détail. On
trouvera dans le cours de ce Traité, la defcription détaillée des différentes manieres dont on aura befoin de fe fervir felon les circonftances : on
en fera l'application felon qu'il conviendra. Il faut néceffairement fuppléer
au refte par fon propre génie, qui fera toujours la meilleure reffource,

pour tirer un parti avantageux du local le plus gênant.

SECTION SECONDE.

Composition d'un Orgue moindre que le précédent pour une Salle moins grande.

1304. Cet Orgue sera également à trois claviers de la même étendue que ceux de l'Orgue décrit dans la Sect. I. Il y aura un clavier de pédale avec ravalement jusqu'en *A mi la*, en bas seulement. Les Jeux qui pourront convenir à cet Orgue, seront les suivants.

Jeux du grand Orgue.

1. Un grand Cornet de 5 tuyaux sur marche, tout en étain.
2. Montre de 8 pieds, toute en étain.
3. Prestant, tout en étain.
4. Bourdon de 8 pieds, les Basses en bois, & le reste en étain.
5. Flûte sonnant quatre pieds, toute en étain.
6. Un Dessus de 8 pieds, jusqu'au second *A mi la* d'étendue, le tout en étain; Le reste de la Basse en Flûte de 4 pieds, en étain.
7. Une Trompette, toute en étain.
8. Un Clairon, tout en étain.

Jeux du Positif.

1. Un 8 pieds ouvert, tout en étain, ou bien les Basses en bois.
2. Un Cornet de plus menue taille à 5 tuyaux, tout en étain.
3. Un Bourdon semblable au précédent.
5. Un Prestant, tout en étain.
6. Une Flûte de 4 pieds, toute en étain.
7. Une Quarte, toute en étain.
8. Une Tierce, toute en étain.
9. Une Trompette, toute en étain.
10. Un Cromorne, tout en étain.
11. Un Basson & un Hautbois, tout en étain.

Jeux du Récit.

1. Un Cornet de cinq tuyaux sur marche, tout en étain; qui commencera au second *G re sol.*
2. Une Trompette de la même étendue, toute en étain.

Jeux de Pédale.

1. Une Flûte de 8 pieds ; l'on pourra en faire une partie en bois, & le reste en étain.

2. Une Flûte de 4 pieds, toute en étain.

3. Une Trompette jusqu'au *La* du ravalement, toute en étain.

4. Un Clairon de même étendue & tout en étain.

La Soufflerie sera composée de 4 soufflets de 6 pieds de longueur sur 4 pieds de largeur.

Un Orgue ainsi composé, peut suffire pour un Concert médiocrement fourni, dans une salle qui ne seroit pas bien grande ; il y fera un grand effet. L'on peut en mettre tous les Jeux, tant du grand Orgue que du Positif & même ceux du Récit, sur le même grand sommier en le divisant en deux ou trois parties; parce qu'il seroit trop long en une seule. Le local doit déterminer comment on le logera dans un Buffet, & quelle forme l'on donnera à celui-ci. Voyez la Sect. I, pages 544, 545 N°. 1301-1303.

SECTION TROISIEME.

Composition d'un autre Orgue.

1305. Cet Orgue sera à deux claviers de 51 touches chacun, avec un marche-pied de pédale, qui tirera les basses des claviers.

Jeux du grand Orgue.

1. Un Cornet de 5 tuyaux sur marche, commençant à la clef de *C sol ut*, le tout en étain.

2. Un 8 pieds ouvert, dont les Basses feront en bois & les dessus en étain.

3. Un Prestant, tout en étain.

4. Un Bourdon de 4 pieds, sonnant 8 pieds, dont les Basses feront en bois & les Dessus en étain.

5. Une Flûte de 4 pieds, toute en étain.

6. Une Trompette, toute en étain.

7. Un Clairon, tout en étain.

Jeux du Positif.

1. Un Bourdon de 4 pieds, semblable au précédent.

2. Un Prestant, tout en étain.

3. Un Dessus de 8 pieds ouvert de 3 octaves, tout en étain ; & la première octave en 2 pieds bouché, ou en cheminée.

4. Un Nazard, tout en étain.

5. Une Flûte de 4 pieds, toute en étain.

6. Une Quarte , toute en étain.

7. Une Tierce , toute en étain.

8. Un Cromorne , tout en étain.

9. Un Baffon & un Hautbois , le tout en étain.

1306. J'ai vû un Orgue ainfi compofé dans une falle affez vafte ; faire un bel effet en un Concert exécuté par 30 ou 40 Amateurs. Comme la mufique en avoit été faite exprès , pour que les jeux de l'Orgue , avec leurs différents mélanges fuffent entendus tour-à-tour , les Affiftants furent fort fatisfaits de l'effet de ce Concert , qui étoit des plus agréables.

PLANCHE 80. Voici à peu près comment cet Orgue eft conftruit. Cette idée pourra fervir pour des Orgues plus ou moins confidérables. Voyez Planche LXXX.

A 3 pouces de diftance du plancher , *fig.* 1 , eft pofé le grand fommier *B* , c'eft-à-dire , celui du grand Orgue relatif au clavier fupérieur *A*. Sa largeur ne tient qu'une partie de la profondeur du Buffet *C D E F* , fur le derriere. L'on a pofé fur ce fommier les jeux du grand Orgue. On fait jouer les foupapes *G* , par des pilotes *H* , appuyés fur le bout antérieur des bafcules *K* , dont le bout poftérieur *L* , porte au-deffous des pilotins *M* , qui entrent dans la laye *N* , vis-à-vis des queues des foupapes *O* , qui font faites en bafcule. C'eft M. Lépine , Maître Facteur d'Orgues du Roi , à Paris , qui les a imaginées ; ce qui difpenfe de faire des bafcules brifées. Pour affujettir les pilotins *M* , on les couvre en-deffous au-dehors de la laye , par des bourfettes à l'ordinaire ; on met au-dedans de la laye une conduite , qui eft une tringle percée d'autant de trous qu'il y a de foupapes. En pofant ainfi le fommier bien bas , on a toute la hauteur néceffaire pour loger une trompette *P* , & les baffes de 8 pieds ouvert *Q* , que l'on porte fur les côtés.

L'on a placé à un pied au-deffus des claviers , le fecond fommier *R* , fur lequel on fait jouer les jeux du pofitif relatifs au clavier inférieur *S* , qui peuvent s'y placer ; attendu qu'il n'y en a aucun qui ait plus de 4 pieds. L'efpace d'un pied au-deffus des claviers fuffit de refte pour contenir un abrégé de fer *T* , dont les tirages doivent paffer au travers des touches du clavier fupérieur *A*. C'eft le clavier inférieur *S* , qui fait jouer les jeux du fommier fupérieur ; & le clavier fupérieur *A* , fait jouer les jeux du grand Orgue pofés fur le fommier d'en bas , au moyen des pilotes verticaux , dont le bout fupérieur eft furmonté & garni de morceaux de fil de laiton affez fort & bien écroui , pour qu'il ne fléchiffe point. L'on fait paffer librement ces pointes au travers des touches du premier clavier fans en toucher aucune ; afin qu'en évitant ainfi les moindres frottements , les claviers foient auffi doux & auffi vifs qu'il eft convenable & néceffaire.

La *fig.* 2 , repréfente cet Orgue vu de face ou par-devant. L'on y remarque fur le fommier d'en-haut *R* , les jeux du pofitif relatifs au premier clavier *S*. On y voit la laye *V* , dont la moitié eft ouverte & l'autre moitié fermée.

. mée. On y apperçoit les tirants U, U des regiftres, & le clavier de pédale X.

La *fig.* 3 repréfente le plan du même Orgue. On y remarque le fommier
d'en-haut R, & quelques parties du fommier d'en-bas B. On y voit la
place qu'occupent les baffes du 8 pieds ouvert Q, Q.

La *fig.* 4 repréfente en plan le fommier d'en-bas B, où font pofés les
jeux du grand Orgue, relatifs au clavier fupérieur.

On voit par là qu'un Buffet de 9 pieds de hauteur, fur 7 à 8 pieds de
largeur & 4 à 5 pieds de profondeur, peut contenir aifément cet Orgue.
La foufflerie eft compofée de 3 foufflets de 6 pieds de longueur fur 3 pieds de
largeur. Elle eft fort abondante. On pourroit même les faire un peu plus petits.

SECTION QUATRIEME.

Compofition d'un autre Orgue, moindre que le précédent.

1307. L'ORGUE dont nous allons nous entretenir a été exécuté en très-petit
volume. Il eft à deux claviers qui font jouer les jeux fuivants.

Jeux relatifs au premier clavier, qui eft l'inférieur.

1. Bourdon de 4 pieds.
2. Flûte de 4 pieds
3. Nazard.
4. Tierce.
5. Cromorne.

Jeux relatifs au fecond clavier.

1. Deffus de Bourdon de 4 pieds.
2. Deffus de 8 pieds ouvert.
3. Preftant.
4. Baffe de Cromorne.
5. Hautbois.
6. Baffon.

Comme la difpofition intérieure de cet Orgue eft affez compliquée, parce
qu'il eft fort à l'étroit, j'ai cru devoir le faire deffiner & graver, fans quoi
il auroit été trop difficile d'en entendre la mécanique.

1308. Le Buffet fe démonte en deux parties. On les voit féparées en Y &
X, Planche LXXXI. On remarquera les quatres tenons a, b, c, & d, qui
font reçus dans quatre mortaifes au-deffous de la partie du Buffet X : l'on voit
en D, au Buffet d'en-bas Y, le bout du porte-vent, qui étant fait en tenon, s'emboîte dans la partie fupérieure K, du même porte-vent. L'on voit
encore dans le corps d'en-bas, la piece gravée E, qui s'applique bien jufte

à une autre semblable piece gravée , placée au bas du corps d'en-haut ; pour
fournir du vent à plufieurs tuyaux de bois , appartenants au sommier du corps
d'en-bas ; de sorte que lorsque ces deux parties du Buffet sont l'une sur l'autre
elles ne forment qu'un seul Buffet. Cette séparation en deux parties a été imaginée pour rendre cet Orgue plus portatif. Je l'ai vû effectivement transporter dans
plufieurs petites Eglises où on l'avoit demandé.

N M , est le sommier d'en-bas ; O , est sa fermeture. P Q , sont des pilotins
de bois , quarrés , qui traversent la premiere chape seulement. On a fiché un
bout de fil de laiton affez fort au-deffus du bout inférieur de ces pilotins , & il
entre affez jufte, quoique bien librement , dans des trous qui traversent le
chaffis du sommier & vont appuyer fur le bout antérieur des foupapes. On
conçoit donc que fi l'on baiffe ces pilotins , les foupapes doivent s'ouvrir.

Il y a dans cet Orgue beaucoup de tuyaux poftés, le sommier étant très-petit.
L'on voit en N , un bon nombre de porte-vents. On remarque en A , des
tuyaux de bourdon en bois ; en B les baffes du nazard en bois , & C encore des baffes du même bourdon ; en R , les tirants des regiftres avec leur
tournants de fer. On a au refte repréfenté ce corps d'en-bas après en avoir ôté
tout ce qui étoit fur le devant , afin de faire voir tout ce dont nous venons
de faire mention.

L'on voit dans le corps d'en-haut, dabord en S , les deux claviers , & aux
deux côtés les tirants des regiftres du sommier T. Le faux-sommier est marqué
V. On voit en F une partie des baffes de la flûte d'en-haut , qui sont en
bois & bouchées : ce jeu fert de preftant. G , sont des tuyaux de bois , dont
les uns appartiennent alternativement à la suite du bourdon , & les autres à
la flûte.

L , est le foufflet double , auquel on remarque une foupape U L, qui
s'ouvre lorsque le foufflet est fort ouvert , ce qui, par ce moyen , fait perdre
l'excès du vent , pour qu'on ne puiffe pas le remplir trop : en ce cas, on entendroit des houpements fort défagréables dans le son de l'Orgue ; de plus ,
on pourroit fans cet expédient faire crever le foufflet. On apperçoit en U ,
une cheville fixe que la queue de la foupape U L atteint lorsque la table du
deffus du foufflet est fort élevée , ce qui la fait ouvrir.

1309. La Planche LXXXII repréfente le même Buffet monté , fans qu'il y
paroiffe aucune féparation. On voit dans le corps d'en-bas le sommier A C ,
avec fon faux-sommier B. L'on remarque une partie des pilotes ou baguettes D ,
dont le bout inférieur porte une petite pointe qui entre dans le bout fupérieur des pilotins quarrés. Le bout supérieur des pilotes paffe au travers d'une
conduite ou guide à trous quarrés , & ils vont jufqu'au deffous des touches
du premier clavier. L'orfqu'on en baiffe les touches , on fait baiffer également
les pilotes ; ceux-ci appuyant fur le deffus des foupapes , les font ouvrir. Il
faut fuppofer que tous les pilotes font pofés. On ne les a retranchés dans cette

Planche que pour faire voir le fommier. *E*, font quelques porte-vents, qui vont porter le vent à la piece gravée dont il eſt fait mention à la Planche précédente. L'on voit en *F*, dans le corps d'en-haut, le fommier avec ſon faux-fommier *H*, & au-deſſus des claviers l'abrégé de fer pour porter le mouvement des touches du ſecond clavier juſqu'aux ſoupapes.

K, eſt le ſoufflet bien ouvert. On n'en peut voir que deux tables *K* & *L*, dont celle *L*, ſert de plancher ou de couverture au Buffet ; celle de deſſous, qui eſt mobile eſt poſée au-deſſous de celle *L* ; on la fait mouvoir pour fournir le vent au ſoufflet en le faiſant jouer avec le pied qu'on poſe ſur la baſcule *O* ; par-là on fait un peu tourner le mouvement de fer *N*, qui par ſon bras *M*, tire la forte vergette *I M*, & l'on fait lever la table inférieure du ſoufflet. L'orſqu'on ne veut pas ſouffler ſoi-même, l'on peut faire ſouffler par une autre perſonne, au moyen de la baſcule *P Q*, qu'on fait mouvoir à la main avec beaucoup de facilité, ce qui produit le même effet que ſi l'on ſouffloit ſoi-même.

Réflexions ſur cet Orgue.

1310. D'APRÈS la deſcription que je viens de donner de cet Orgue, je ne prétends pas le donner pour modele à ſuivre. Son grand défaut conſiſte en ce que le Buffet eſt trop petit dans toutes ſes dimenſions, pour contenir aſſez aiſément tous les jeux qui y ſont. Comme on a été obligé de poſer le ſommier d'en-bas un peu haut, pour loger en deſſous pluſieurs des plus grands tuyaux de bois de la baſſe du bourdon de 4 pieds, on s'apperçoit aſſez qu'il ne peut y avoir guere plus d'un pied de hauteur du deſſus de ce ſommier juſqu'au deſſous des claviers, qui couvrent preſque entiérement & de fort près tous les tuyaux. Il s'enſuit néceſſairement que les baſſes du cromorne, qui eſt un jeu de 4 pieds, doivent être coudées en pluſieurs coudes ; ſur-tout le premier *C ſol ut.* J'ai vu ce tuyau dont les coudes ſont ſi multipliés qu'il n'a qu'un pied de hauteur. Beaucoup d'autres tuyaux ſont coudés. Le bas de cet Orgue eſt rempli de tuyaux, qui étant trop près les uns des autres, ſont pour le plus grand nombre offuſqués, & par conſéquent ne peuvent rendre une bonne harmonie. Ce ne ſont pas encore là tous les inconvénients ; mais quand il faut accorder tous ces tuyaux, dont le ſommet touche preſque au-deſſous des Claviers, c'eſt-là le difficile ! Quelle patience ne faut-il pas avoir ? Heureux encore ſi l'on peut y parvenir. L'on fera donc bien de ne pas imiter les dimenſions de cet Orgue. Cette conſtruction ſera bonne ſi l'on fait le Buffet plus grand pour pouvoir placer plus à l'aiſe les baſſes du bourdon, poſer le ſommier d'en-bas auſſi bas qu'il ſera poſſible, & les claviers de quelques pouces plus haut. Le Buffet étant plus large de 3 ou 4 pouces de chaque côté, la profondeur augmentée de 4, 5 ou 6 pouces, & la hauteur à peu près d'autant, on ménagera une place ſuffiſante pour loger les tuyaux, en forte qu'ils ne foient pas offufqués. L'on doit faire les fommier un peu plus grands.

1311. Il faut remarquer que l'on doit toujours mettre une foupape à la table de deffus de tout foufflet double, pour lui faire perdre le vent, en cas qu'on le rempliffe trop. On obfervera encore une chofe effentielle pour empêcher les houpements auxquels ces fortes de foufflets font fujets ; c'eft qu'il faut mettre des attaches de ruban de fil aux côtés de la foupape de la table du milieu, afin d'empêcher qu'elle ne leve trop, & cependant qu'elle puiffe lever affez. C'eft dans ce jufte milieu de l'ouverture de cette foupape que confifte l'expédient pour empêcher que le foufflet ne houppe. Pour réuffir à trouver ce point, l'on met ces rubans de fil affez longs pour qu'ils fortent en-dehors aux côtés du foufflet. On le met en expérience en faifant jouer l'Orgue ; on tire ou l'un ou l'autre de ces rubans, ou on les lâche jufqu'à ce que les coups de pied ne foient plus fenfibles au fon des tuyaux. Alors on les arrête à demeure.

S E C T I O N   C I N Q U I E M E.

Compofition d'un autre Orgue.

1312. Voici un Orgue qui eft très-bien difpofé, & peut fervir de modele. Voyez Planche LXXXIII. *D E F G*, *fig.* 1, eft le Buffet, qui a environ 6 pieds & demi de hauteur, fur 3 pieds 7 à 8 pouces de largeur, & environ 2 pieds de profondeur. *A*, eft le devant du fommier. *B*, eft fa laye repréfentée ouverte, dans laquelle on voit les foupapes, &c. on apperçoit l'abrégé de fer au-deffous de cette laye. *C*, eft le clavier. *H I*, eft la table de deffus du foufflet, où l'on voit en *I*, fa ventoufe pour faire perdre le vent lorfqu'on remplit trop le foufflet. *K*, eft la table du milieu du même foufflet. *L O*, eft la table de deffous, qui eft plus courte que les deux autres. Cette partie du foufflet n'a qu'un pli rentrant, ce qui a été fait ainfi, afin qu'on puiffe fouffler plus facilement. L'on voit par la defcription de ce foufflet qu'il eft double.

1313. *M*, eft le porte-vent qui eft fixé au-deffus de la table fupérieure du foufflet, & qui va aboutir par fon bout fupérieur au-deffous de la laye du fommier. Ce porte-vent eft de peau blanche & à reffort, afin qu'il puiffe fe raccourcir à mefure que la table de deffus du foufflet s'éleve, & qu'il s'allonge lorfque la même table baiffe. Pour faire ce porte-vent on doit avoir un moule de bois qui ne foit pas tout à fait cylindrique, d'environ 3 pouces de diametre, & d'une longueur fuffifante pour atteindre depuis le deffus du foufflet jufqu'au deffous du fommier. On commence par le revêtir d'une peau qu'on ne colle qu'aux deux bords, en forte qu'il n'y ait rien de collé fur le bois. La colle étant feche, on emmanche à chaque bout une virole de bois, *fig.* 3, enforte qu'elle foit collée par-deffus la peau. On entoure en forme de vis un

fil

fil de laiton écroui, comme celui des reſſorts des ſoupapes, ou un peu plus gros. A cet effet on commence par en arrêter un bout ſur une des viroles de bois. On fixe s'il le faut celle-ci ſur le moule par une ou deux pointes, afin qu'elle reſiſte à la tenſion du fil de laiton. Les pas que forme ce fil ainſi entortillé autour de la peau ſur le moule, doivent avoir un demi pouce de diſtance en-tr'eux; & l'on finit cette opération en arrêtant l'autre bout du fil de laiton ſur l'autre virole. Quand le tout eſt bien arrêté, on colle une autre peau, qui couvre totalement la premiere & le fil de laiton : l'on y applique le linge trempé dans l'eau chaude, & tordu pour en ôter l'eau ſuperflue. Quand le tout ſera bien ſec, le fil de laiton & les viroles de bois ſe trouveront ſoli-dement arrêtées, & ce porte - vent ſera ſolide, quoique flexible. On en ôtera le moule, qui étant un peu conique ſe dépouillera aiſément de ce porte-vent. Ces viroles de bois dont nous venons de parler ſe feront au tour, avec deux gorges *a* & *b*, *fig.* 3, & une portée entre - deux.

1314. Pour poſer ce porte-vent, on fera un trou rond à la table de deſſus du ſoufflet, en *N*, vers la charniere & le plus vis-à-vis qu'il ſe pourra du trou ſemblable, qui doit être fait au - deſſous de la laye du ſommier. Ces deux trous doivent être du même diamettre que le dehors des gorges des viroles de bois. Peu importe d'ailleurs que le trou du ſoufflet ſoit fait vers le bord ou vers le milieu de la largeur de la table, pourvu qu'il ſoit près de la charniere du ſoufflet, afin que le porte-vent faſſe moins de mouvement. Le porte - vent étant poſé, on collera proprement une bande de peau au-tour de la portée des deux viroles, tant à celle d'en-haut qu'à celle d'en-bas pour en étancher parfaitement les jointures. Ce porte - vent eſt bien imagi-né; il épargne bien du travail; il eſt fort facile à faire & à poſer, & il eſt on ne peut plus ſolide.

P, eſt la baſcule, au moyen de laquelle on ſouffle ſoi - même avec le pied.

1315. Les Jeux de cet Orgue conſiſtent en un Bourdon, un Preſtant, un Cromorne, un Baſſon & un Hautbois. Tous les Deſſus du Bourdon & du Preſtant ſont en étain, & poſés immédiatement ſur le ſommier. Les Baſſes du Bourdon ſont en bois & toutes poſtées aux côtés, comme on le voit en *Q Q*. Les Deſſus ſont en *R*. Les Baſſes *S*, du Preſtant ſont en tuyaux de bois bouchés & poſtés. Les Deſſus *T*, ſont en étain & ouverts. L'on voit en *V V* une partie des porte-vents, qui portent le vent aux tuyaux de bois. Le Cromorne auſſi bien que le Hautbois ſont poſés en *V X*.

1316. La figure 2 repréſente le même Orgue vu par le côté droit. L'on y apperçoit en *A B* tous les tuyaux de bois, qui ſont les Baſſes du Bourdon & du Preſtant; l'on y voit auſſi les Deſſus de ces deux Jeux. *C* eſt une Conſole, qui tient arrêtée une tringle de bois, à laquelle les tuyaux de bois ſont accrochés. *D* eſt une des traverſes qui ſoutiennent les faux-Sommiers. *E* & *F* ſont les traverſes entre leſquelles roulent les tournants de bois *a, a, a, a,*

pour faire mouvoir les Regiſtres dont on apperçoit les bouts. L'on y remar-
auſſi les tirants des Regiſtres.

G eſt le Porte - vent de cuir à reſſort , qui eſt ſcellé par ſon bout ſupé-
rieur au - deſſous de la laye du ſommier , & par ſon bout inférieur au - deſſus
du Soufflet *H.* L'on voit en *I* par le bout , le pli rentrant du deſſous du
Soufflet.

Tous les Jeux de cet Orgue ſont briſés , les Regiſtres étant coupés par
le milieu en travers , en ſorte que le *C ſol ut* du milieu du clavier eſt
dans les deſſus ; & le *B fa ſi* , qui le précede immédiatement eſt dans la Baſſe.

1317. La diſpoſition de cet Orgue peut donner des idées pour en faire
dans ce même goût de plus conſidérables & de moindres. Si l'on veut en faire
un plus fourni , on peut augmenter de 7 à 8 pouces la largeur du Buffet,
auſſi bien que la longueur du ſommier. Ce Buffet qui n'a que 2 pieds de
de profondeur , peut être augmenté d'autant. On aura alors aſſez de place
pour y ajouter pluſieurs autres Jeux , comme 3 octaves de 8 pieds ouvert, &
ſa premiere octave de 2 pieds bouché. Plus un Nazard, une Quarte &une Tierce.

1318. Si l'on vouloit que l'Orgue fût à deux claviers , l'on mettroit un
autre ſommier dans le pied du Buffet , auſſi bas qu'il ſeroit poſſible. On place-
roit les claviers de 3 pouces plus haut , & l'on auroit aſſez de place pour
y faire jouer pluſieurs autres Jeux , qui ſerviroient pour les accompagnements
comme un Bourdon & un Preſtant , un Deſſus de 8 pieds ouvert de deux
octaves au moins. En ce cas il ne faudroit pas briſer les Jeux qui ſont ſur
l'autre ſommier. Le Soufflet qui ſeroit augmenté en longueur & en largeur
ſeroit placé au-deſſus du Buffet. Nous aurons occaſion de renouveller cette
idée dans la Section ſuivante. Si l'on vouloit faire un Orgue moins conſidérables que celui dont nous venons de nous entretenir , on donneroit moins
de profondeur au Buffet , on feroit le ſommier plus étroit , & on n'y mettroit qu'un Bourdon tout ſeul , ou un ſeul Preſtant , ou un ſeul Jeu d'anche.

SECTION SIXIEME.

Compoſition d'un autre Orgue.

1319. JE vais donner ici la deſcription d'un Orgue aſſez conſidérable quoiqu'en aſſez petit volume. Il eſt ſi bien diſpoſé, qu'on peut l'entretenir commodément. Voyez la Planche 84, *fig.* 1 ; elle repréſente toute ſa décoration extérieure. L'on y voit la montre qui n'eſt que pour l'ornement , car elle ne joue
point. L'on remarque dans le ſoubaſſement deux panneaux percés à jour , pour
faire entendre les Jeux du Poſitif, qui eſt poſé au-deſſous des claviers. L'on
voit auſſi un clavier de Pédale , qui tire ou fait baiſſer les touches des baſſes
des claviers à la main. On ôte toute cette décoration avec beaucoup de facilité , lorſqu'on veut accorder les Jeux d'anche ou les Jeux à bouche : mais

on commence par enlever les tuyaux de la montre: pour les portes d'en-bas, on se contente de les ouvrir, ou bien on les ôte entiérement.

PLANCHE 84.

1320. La figure 2 repréfente le plan du Buffet, qui eft plus large fur le derriere que fur le devant ; ce qui eft bien imaginé : l'on trouve par-là plus d'efpace pour pofter bien des tuyaux. L'on trouvera aifément toutes les dimenfions de ce Buffet, au moyen de l'échelle qui eft au-bas de la planche.

La Planche 85, repréfente le même Orgue, dont on a ôté toute la décoration du devant. Voici les Jeux que contient la partie fupérieure nommée grand Orgue. Ils font relatifs au fecond clavier.

PLANCHE 85.

1. Bourdon de 4 pieds bouché.
2. Preftant.
3. Deffus de 8 pieds ouvert.
4. Trompette.
5. Clairon.

Le foubaffement contient les Jeux fuivants, relatifs au premier clavier, nommé, du Pofitif.

1. Bourdon de 4 pieds bouché.
2. Flûte de 4 pieds.
3. Nazard.
4. Doublette.
5. Tierce.
6. Cromorne.
7. Un Baffon & un Hautbois, quoiqu'il y ait actuellement une Voix humaine. Plus, un Tremblant doux & un Tremblant fort.

Le Soufflet de cet Orgue eft double ; il eft pofé au-deffus du Buffet, & lui fert de plancher, qui le couvre totalement : on en apperçoit en *A*, une partie du deffous. *B B*, font les tuyaux de bois de la Baffe du Bourdon. *C C*, font les tuyaux du Deffus du 8 pieds ouvert. On aperçoit un peu les deffus du Preftant. *E E*, font les tuyaux de la Trompette. *F F*, font ceux du Clairon.

PLANCHES 84 & 85.

1321. La Trompette étant un Jeu de 8 pieds, on n'auroit jamais pu en placer les tuyaux de la Baffe dans une hauteur de 4 pieds, fans les couder en plufieurs coudes. L'on peut voir dans la Planche 84, comment fe font ces coudes. La figure 3, repréfente une maniere de couder un tuyau de Trompette. La figure 4, en repréfente une autre. L'on voit dans la figure 5, une maniere de couder qui baiffe beaucoup un tuyau, il eft coupé en 8 pieces. Enfin dans la figure 6, on en voit une autre, où une partie du tuyau eft de bois creufé en-dedans, comme on l'apperçoit en la coupe *c d*, *fig.* 7, de la figure 6. Cette maniere de couder, *fig.* 6 & 7, eft fort commode, en ce que la partie *f g*, du tuyau fe peut ôter de place, pour retoucher lorfqu'il en eft befoin, à la languette, qui eft dans le pied de la boîte *h* ; le tout se fait sans ôter la partie *k l* du tuyau, qui seroit toujours embarrassante à déplacer, sur-tout dans de petits espaces. La partie *m d* du tuyau se loge dans une petite feuillure pratiquée dans le bois en *d*, afin que par son poids le tuyau ne s'y enfonce pas trop. Il en est de même de l'autre partie *n o*. On a soin de coller une bande de peau, à l'entour de l'intérieur du bois, afin que les bouts du tuyau y joignent bien.

1322. Tous ces coudes se font de façon à ne pas raccourcir sensiblement le tuyau. L'on commence par construire le Jeu tout entier à l'ordinaire, comme si l'on ne devoit en couder aucun tuyau. Lorsqu'on le pose, on examine quels tuyaux, & comment on doit les couder ; c'est ce qu'on doit faire le plus commodément selon la place & la disposition des autres Jeux. Lorsqu'on est déterminé à couder un tuyau, il faut si bien prendre ses mesures que l'on fasse la coupe parfaite au premier coup, par un trait de scie bien droit, en sorte qu'en retournant du côté opposé la partie du tuyau qu'on a coupé, les morceaux joignent bien, c'est-à-dire, que les deux coupes s'ajustent bien l'une sur l'autre. Si l'on manque ce coup de scie, & que par conséquent il soit nécessaire d'y retoucher avec le couteau ou le rabot, on raccourcit le tuyau, & les deux coupes ne peuvent plus s'ajuster ensemble à cause que le tuyau est conique. Il n'en seroit pas de même si le tuyau étoit cilindrique. On pourroit retoucher & recouper tant qu'on voudroit, on ne gâteroit rien : en faisant le tuyau un peu plus long qu'il ne faut, quand on le construit, on en seroit quitte.

G, Pl. 85, est le sommier du grand Orgue, dont une moitié de la laye est représentée ouverte, & l'autre fermée. L'on voit au dessous en *H*, le petit abrégé & les deux claviers. Dans le corps d'en-bas qu'on nomme le Positif, on voit en *I* le sommier, dont la moitié de la laye est représentée ouverte & l'autre moitié fermée. Comme il est garni de beaucoup de tuyaux, on a peine à en distinguer les différents jeux. L'on y remarque l'abrégé de fer avec les pilotes. Il faut observer que ces pilotes ne sont pas continués en bois du haut en-bas ; ils sont en grande partie en fil de laiton, assez fort & assez écroui, pour qu'il ne fléchisse pas facilement. Ce fil de laiton a été mis pour donner plus de jour au-devant de cette partie de l'Orgue, & donner par la plus de facilité pour l'entretien & pour accorder le Cromorne, qui est sur le devant. Ces pilotes vont aboutir par leur bout inférieur à des petits parallélipipedes ou pilotins quarrés de bois, comme je l'ai expliqué dans la Section IV.

1323. *K* est un clavier de pédale, qui tire les basses des claviers ; on en voit les tirages en vergettes de bois en *L*. Il y a au-dessous un petit abrégé qu'on ne peut voir ici. Ces tirages traversent librement le premier clavier, & sont accrochés au-dessous du second : celui-ci fait mouvoir les touches du premier clavier, lorsque le second est tiré un peu en-devant. Alors le clavier de pédales fait baisser les touches des basses des deux claviers ensemble. *M*, est une
bascule

bascule au moyen de laquelle celui qui touche l'Orgue souffle lui - même avec le pied.

1324. On peut faire la Regle pour les deux Sommiers de cet Orgue de la maniere suivante.

L'autre partie de la Regle des largeurs des Regiſtres & faux-Regiſtres pour le Sommier du grand Orgue.

1. Bourdon de 4 pieds..............26

2. Preſtant........................26

3. Deſſus de 8 pieds 26

4. Trompette......................26

5. Clairon........................26

}
18 pouces 4 lignes.

L'autre partie de la Regle des largeurs des Regiſtres & faux Regiſtres, pour le Sommiers du Poſitif.

1. Bourdon 18

2. Flûte de 4 pieds...............18

3. Nazard 18

4. Doublette 15

5. Tierce 15

6. Cromorne 18

7. Baſſon & Hautbois.............18

}
18 pouces 4 lignes de largeur.

Pour l'un & l'autre ſommier les barres auront 2 pouces de largeur, & les ſoupapes auront 5 pouces de longueur.

Regle des Barres & Gravures pour l'un & l'autre Sommier.

1.5—6
3.5—6
5.5—6
7.5—6
9.5—6
11.5—6
13.4—6
14.4—6
15.4—6
16.4—6
17.4—6
18.4—5
19.4—5
20.4—5
21.4—5
22.4—5
23.4—5
24.4—5
25.4—5
26.4—5
27.4—5
28.4—5
29.4—5
30.4—5
31.4—5
32.4—5
33.4—5
34.4—5
35.3—4
36.3—4
37.3—4
38.3—4
39.3—4
40.3—4
41.3—4
42.3—4
43.3—4
44.3—4
45.3—4
46.3—4
47.3—4
48.3—4
49.3—4
50.3—6
12.5—6
10.5—6
8.5—6
6.5—6
4.5—6
2.5

3 pieds 3 pouces 1 ligne de longueur.

CHAPITRE SECOND.

Des Orgues en Tables.

IL s'agit préfentement d'une autre forte d'Orgues qui ne paroiffent pas fi propres à un concert. Ils font cependant eftimés & fervent à un amufement gracieux dans une chambre. On verra qu'ils font d'autant plus agréables qu'ils ne tiennent aucune place dans un appartement, puifqu'une feule table ordinaire, eft tout leur appareil. On ne devine pas même en la voyant que ce foit un Orgue, qu'une feule perfonne tranfporte facilement d'une chambre à l'autre : nous en décrirons de deux efpeces dans les deux Sections qui compoferont ce Chapitre.

SECTION PREMIERE.

Defcription d'un Orgue en Table fimple.

1325. UN Orgue caché dans une table fimple ne paroît qu'une table ordinaire fur fes quatre pieds de biche. Tout l'inftrument n'occupe que la partie fupérieure. Voyez la Planche 86, *fig.* 1, où il eft repréfenté tout entier en perfpective. $ABCD$, eft proprement la table, qui fait ici le couvercle de l'Orgue. Elle eft repréfentée levée & arrêtée par la tringle *a b*. L'Orgue tout entier eft contenu au-dedans du bâti $CEFD$, des pieds de la table ; & il eft maintenu & arrêté par quelques vis à bois, enforte qu'on ôte cet Orgue du dedans de ce bâti quand on le juge à propos en retirant les vis. GH, eft le foufflet qui eft double. On voit fa table inférieure I au-deffous. K eft une poulie, fur laquelle paffe la petite corde IKL, pour faire jouer le foufflet, lorfqu'on appuie le pied fur la pantoufle L, on tire en en-bas la corde LKI, & l'on fait lever le deffous I du foufflet. Celui-ci n'a pas le poids dont on le charge ordinairement au-deffus & au-dehors de fa table fupérieure, mais on l'attache en dedans, au-deffous de la même table. MN, eft le clavier, compofé de cinq octaves, y ayant un ravalement en haut & en bas. OP, eft une barre adhérente au couvercle de l'inftrument, afin que lorfqu'on l'abat, elle couvre le devant du clavier. On peut même fermer le tout à clef.

1326. La Planche 87, repréfente géométralement l'Orgue ou table à demi-grandeur, & tout monté. AB eft le clavier. CD font les tuyaux pofés horifontalement ou couchés ; on peut y remarquer qu'ils font plus grands dans toutes leurs dimenfions vers D, où font les baffes, que vers C où font les deffus. L'on voit à chacun fa rafette *a*, *b*, *c*, &c. EF eft la table de deffus du foufflet. GH eft une poulie pour faire jouer le foufflet. H eft une pointe de fer pour empêcher que la corde qui paffe fur la poulie ne forte de

L ANCHE 86.

PLANCHE 87.

fa place. La figure 3 repréfente une petite planche, qu'on peut nommer *l'étouffoir*.
On la double d'une étoffe de laine qu'on y colle en-deffous , pour qu'elle faffe
mieux fon effet. Elle fert à couvrir le deffus des tuyaux. Les deux petits
tenons *e* , *f* , fe logent dans les entailles *g* , *h* , *fig.* 1. La figure 2 repréfente une
autre planche qu'on met de champ en *g* , *h* , *fig.* 1 , enforte qu'elle defcend
jufques fur l'extrémité inférieure du fommier ; ce que nous allons voir dans
la planche fuivante où nous décrirons ce fommier. On peut comprendre ,
par le foin que l'on a de couvrir & d'enfermer les tuyaux, qu'on cherche
à en diminuer le fon , afin que l'inftrument ne foit ni dur ni criard dans une
chambre , ou on le place ordinairement.

PLANCHE 87.

1327. La figure 1 , de la Planche 88, repréfente en perfpective une partie des gravures du fommier , qui font fort différentes de celles des fommiers des grandes Orgues. *A B* eft une planche, qui eft la même que *A B* de la
figure 2, ou *A B*, *fig.* 3 , qui repréfentent en profil géométral & de toute grandeur chacune des parties du même fommier. *C D* , *fig.* 1 , font les ouvertures
par lefquelles le vent paffe pour faire parler les tuyaux. On voit les mêmes
ouvertures en *C D*, *fig.* 2 : *C D*, *fig.* 3 , repréfente également une de ces
ouvertures. On voit au-deffous , *fig.* 2 , la foupape ouverte, la touche *FG* étant
baiffée ; & on la voit fermée en *C D* , *fig.* 3. Le pilotin *H C*, *fig.* 2 & 3 , eft un
fil de fer ou de laiton , qui traverfe la planche *H I*, celle *A B*, & va appuyer
fur la foupape , au-deffous de laquelle l'on voit fon reffort *M*. Revenons à la
figure 1.

PLANCHE 88.

1328. On fait fur la planche *E B*, *fig.* 1 , des entailles *a* , *b*, pour y coller des
cloifons *c*, *d*, à bois debout, qui étant recouvertes par la planche fupérieure *F H*,
ou *K I* , *fig.* 2 , au-deffous de laquelle l'on fait de femblables entailles , forment
des efpeces de gravures , dont le bout poftérieur *I B fig.* 2 , eft bouché par le
tuyau *I B* , & le bout antérieur eft fermé par des bouchons de bois *I* , *fig.* 1, ou
A K, *fig.* 2 , ou *N*, *fig.* 5. Les foupapes fe mettent au-deffous de la planche *E B*,
fig. 1 , pour boucher les ouvertures *C D*. Il y a par conféquent une autre
planche au-deffous des foupapes , comme on le voit en *E L*, *fig.* 2 ou 3. Les
foupapes font maintenues & arrêtées en leur place par leur queue de peau
f , qui eft engagée entre la planche & le derriere de la Laye *f g* , *fig.* 2.
A E g f, *fig.* 2 , étant le de-dans de la laye , n'a point de cloifons pour fé-
parer les foupapes , comme celui *A K I B* ; il eft feulement fermé fur le
devant par une planche *A E* , de toute la longueur de l'ouverture , & fur le
derriere , par la planche fixe *f g*, laquelle en même-temps engage & arrête toutes les queues des foupapes.

1329. Les touches *F G*, *fig.* 2 ou 3 , font arrêtées par des queues de peau
doublée, c'eft-à-dire , de deux peaux collées l'une fur l'autre ; elles font
auffi collées dans le bout poftérieur des touches : l'autre-bout de la même
queue eft engagé & arrêté entre le deffus du champ de la planche *O* , *fig.* 3 ,

& le deſſous de la tringle *G*, que l'on arrête par quelque pointes fichées d'eſpace en eſpace. Cette fente que l'on voit au bout poſtérieur des touches eſt une aſſez profonde & petite rainure, que l'on fait avec un bouvet à fer fort étroit, lorſque le clavier n'eſt encore qu'un panneau & que les touches ne ſont pas encore ſciées. On ſent bien que cette rainure ou fente doit être juſte de l'épaiſſeur de la double peau des queues des touches. On laiſſera un très-petit intervalle entre le bout poſtérieur des touches & les tringles qui les tiennent, afin qu'elles puiſſent baiſſer librement.

1330. Les tuyaux ſont tous à anche, ils ne conſiſtent qu'en un petit morceau de bois de tilleul percé d'un bout à l'autre par un trou de la groſſeur de l'anche qu'il doit recevoir. On en a repréſenté un dans ſa place en *I*, *fig.* 2; c'eſt le plus grand de tous, & qui a par conſéquent le plus grand anche; & un autre en la figure 4, qui eſt le plus petit, & qui a le plus petit anche. La figure 6, repréſente celui-ci en perſpective. Ce jeu ſe nomme *Régale*. Quoique ſes tuyaux ſoient fort petits, il parle à l'uniſſon du 8 pieds ouvert, ou d'une trompette.

Le Sommier, quant à ſes diviſions, eſt égal & ſemblable au Clavier. Par là chaque ſoupape ſe trouve vis-à-vis & au-deſſous de ſa touche reſpective du Clavier; par conſéquent toutes les ſoupapes ſont égales dans toutes leurs dimenſions, & la partie de tous les tuyaux qui entre dans leur place reſpective, eſt auſſi égale, & doit la boucher parfaitement.

1331. La figure 2 de la Planche 86 repréſente un Soufflet double, tel qu'il doit être pour cette eſpece d'Orgue. Il eſt compoſé de trois tables : celle de deſſus *AB*, celle du milieu *CD*, & celle de deſſous *DE*. La partie *ABFG* donne le vent à l'Orgue par les deux ouvertures *F* & *G*. On rapporte, pour les former, la tringle *FHG*, que l'on colle & que l'on arrête ſolidement ſur le bord de la table du milieu, vers le milieu de laquelle on fait une ſoupape, comme aux autres ſoufflets ordinaires. La partie *CDE* fournit le vent dans l'eſpace *ABGF*. La table de deſſous *ED* contient une autre ſoupape ſemblable à la précédente. Ce Soufflet eſt arrêté dans ſa place par la table du milieu qui doit toujours être un peu plus large que les deux autres. Du reſte la main-d'œuvre pour ce Soufflet eſt la même que pour tous les Soufflets ordinaires, & tels qu'on les fait pour les grandes Orgues.

SECTION SECONDE.

Deſcription d'un Orgue en Table, à deux Jeux.

1332. La Planche 89, figure 1, repréſente un Orgue tout entier, à deux Jeux, en perſpective. Le couvercle *AB* de cette table eſt en deux pieces. On en voit une partie *CD* ſur le derriere, qui ne paroît qu'à demi, & qu'on tient élevé avec un bâton *CF*. La partie du couvercle ſur le devant *AB*, ſe tient

à

à demi-renversé, & porte un pupitre *G.* Les deux claviers se voyent à découvert. Le premier, qui est le plus bas, fait jouer une flûte de 4 pieds, à l'unisson du prestant; c'est un deux pieds bouché tout en bois. L'autre Jeu est une régale de bois, qui parle une octave plus bas, & à l'unisson d'une trompette. Cette régale est semblable à celle de l'Orgue précédent. On voit la pantouffle *H*, sur laquelle on met soi-même le pied pour donner le mouvement au soufflet, lorsqu'on veut toucher l'Orgue.

PLANCHE 89.

1333. Quoiqu'un soufflet semblable à celui de l'Orgue en table simple soit bon pour celui-ci, on y trouvera cependant une petite différence. Il est représenté par la figure 2, même Planche. La table de dessous est comme ployée dans son milieu, & il n'y a qu'une moitié *KL* qui sert de soufflet pour fournir le vent dans la capacité supérieure. L'autre moitié de cette table *LM*, n'est que la planche de bois tout nud. C'est au bout de celle-ci qu'est attaché le tirage *MN* qui va aboutir à la pantouffle. L'on comprend déja que quoique tout ce dessous du soufflet soit fait d'une seule piece, il doit avoir une charniere dans son milieu, & que lorsqu'on tire en en-bas, au moyen de la pantouffle, le bout *M* de la Planche *MLK*, l'autre bout *K* s'éleve en haut, & renvoie le vent qu'il contenoit, dans la capacité supérieure. On voit les deux overtures par lesquelles le soufflet dégorge son vent dans les layes du sommier.

1334. La Planche 90. représente en profil géométral le sommier de cet Orgue avec ses deux claviers. *AB* est le second clavier, qui fait jouer le jeu de régale; & *CD* est le premier clavier, qui fait jouer le jeu de flûte. En baissant la touche *CD*, on fait descendre le pilotin de fer ou de cuivre *EF*, lequel appuyant sur la soupape *F*, la fait baisser & ouvrir : le vent contenu dans la laye *FP*, passe alors dans le conduit *FM*, & va faire parler un tuyau de flûte, dont le jeu est posté au-dessous du sommier. Semblablement lorsqu'on baisse la touche *AB* du second clavier, le pilotin de fil de cuivre *G H*, fait baisser la soupape *H*; alors le vent contenu dans la laye *H O*, entre dans l'espace ou réservoir *T*, & fait parler le tuyau de régale *N.*

PLANCHE 90.

1335. Lorsqu'on veut faire jouer ensemble la régale & la flûte, on pousse en arriere le clavier *CD*; alors le pilotin *I K* se trouve au-dessous du point *V* de la touche *CD*, qui étant baissée fait descendre, & par-là fait ouvrir la soupape. Ainsi en mettant les mains sur ce seul premier clavier, les deux Jeux jouent ensemble. Il faut remarquer que le pilotin *G H* passe au travers d'une mortaise *I* faite dans chaque touche du clavier *C D*. La longueur de cette mortaise tient depuis *X* jusques un peu au-delà de *I*. L'effet que cette longueur produit est qu'on peut baisser la touche *CD*, sans appuyer sur le pilotin *IK*, qui dans ce cas entre dans la mortaise. Mais lorsqu'on ne pousse en arriere que le clavier *CD*, le point *V* de la touche, qui n'est point mortaisé, appuie sur le pilotin *IK*, & le fait baisser. La longueur de cette mor-

PLANCHE
89.

taife *XI* procure encore la commodité de pouvoir avancer ou reculer le clavier *CD*, fans gêner le mouvement du pilotin *GH*, puifque rien n'y touche.

L, eft la traverfe d'appui des touches du fecond clavier. On y fait des trous en mortaifes, vis-à-vis du deffous de chaque touche; & ces mortaifes font affez grandes pour que les pilotins *GH*, qui paffent au travers, n'y touchent point. *Q & R* font les traverfes de derriere des deux claviers. On y apperçoit au-deffous, une tringle de fer retenue avec des vis à bois de diftance en diftance, pour engager & arrêter les queues de peau des touches des claviers. *HO & FP* font les deux layes du fommier: elles contiennent les refforts des foupapes qui font retenus de la même maniere que celle de l'Orgue de table fimple, décrit ci-deffus. *S S* font le haut des pieds de la table.

PLANCHE
91.

1336. La Planche 91 repréfente géométralement & à demi - grandeur tous les tuyaux du Jeu de flûte. Ils ne paroiffent que felon leur plus petite face; car le plus grand *C*, a un pouce 10 lignes fur le devant & le derriere; mais aux côtés il a 3 pouces 8 lignes, c'eft-à-dire, que ces tuyaux ont le double plus de largeur fur les côtés, que fur le devant & le derriere.

Les baffes *C D* font appliquées immédiatement par leur derriere fur une grande planche. Les autres tuyaux *EF & GH* font appliqués fur ceux des baffes. Ils font difpofés en forte que toutes les bouches foient bien découvertes, pour qu'aucune ne foit offufquée. Tous les tuyaux font bouchés. On voit les manches des bouchons en *IK*. Les baffes *C D* de ce Jeu prennent leur vent par le bas du derriere de chaque tuyau, au moyen d'une piece gravée qui y eft appliquée. Les autres depuis *E* jufqu'à *F*, prennent leur vent par leur pied, au moyen d'une autre piece gravée, & les deffus *GH* par le deffous du bas des tuyaux également par une piece gravée.

1337. Il faut s'imaginer que la partie *AB* de tout cet enfemble de tuyaux eft pofée horifontalement au-deffous du fommier, enforte que *AB*, qui eft une piece gravée, regarde en en-bas & vers le devant. La partie *DL* fe trouve vers le derriere de l'Orgue. On voit donc tous les tuyaux, en regardant l'Orgue, au-deffous de la table; le deffous de la grande planche contre laquelle ils font attachés ne peut fe voir, étant appliquée au-deffous du fommier. Le vent fe diftribue à chaque gravure des pieces gravées par le ca-

PLANCHE
90.

nal *M*, *Pl.* 90. Il y a un femblable canal *M*, provenant de chaque foupape du fommier, pour chaque gravure, & par conféquent pour chaque

PLANCHE
91.

tuyau. *AB*, *Pl.* 91, eft la principale piece gravée, dont les gravures fourniffent & communiquent à celles fur lefquelles les tuyaux font pofés.

CHAPITRE TROISIEME.

Des Orgues à Cylindre.

Une autre forte d'Orgues va nous occuper dans ce Chapitre ; elles different des autres en ce que pour les faire jouer, même fort agréablement, elles n'exigent aucune connoiffance dans la Mufique, ni dans l'art de toucher, que bien peu de perfonnes poffedent jufqu'au point de fe bien fatisfaire. L'on fait que pour apprendre cet Art il faut beaucoup de temps, une grande habitude, & une longue étude. Le grand & pénible travail auquel on eft obligé de fe réfoudre pour apprendre un Art fi difficile, a porté des gens induftrieux à faire bien des effais & des recherches pour trouver le moyen de fe fervir avec beaucoup de facilité & de fuccès des inftruments à clavier, fans avoir befoin de confumer une grande partie de la vie à acquérir l'art de les favoir toucher. Ils y font enfin parvenus par l'ingénieufe invention du Cylindre noté, qu'on met en mouvement, foit par une manivelle qu'on fait tourner avec la main, foit par un rouage à reffort ou à poids. On peut affurer qu'avec cet expédient on touche un Orgue avec autant d'agrément & de précifion que le peut faire le plus habile Organifte. Nous ferons voir qu'il eft très-poffible d'appliquer le Cylindre à toutes fortes d'Orgues, même à celles d'Eglife ; ce qui pourra être commode pour beaucoup de Paroiffes ou Abbayes dans la Campagne, où il eft fi difficile d'avoir un Organifte qui ait quelque capacité. Nous penfons donc que pour faire bien entendre cette matiere, nous devons d'abord traiter de ces Orgues à cylindre, & en décrire de plufieurs façons. Nous commencerons par le plus petit, qui eft la Serinétte ordinaire ; & nous en viendrons jufqu'à enfeigner à faire jouer un grand Orgue par une manivelle, foit en le conftruifant exprès pour cela, foit qu'il foit déja conftruit à l'ordinaire. Enfin nous décrirons la maniere de noter avec la plus grande exactitude ces fortes de cylindres, ce que nous réferverons pour le Chapitre quatrieme, qui fera confacré tout entier à nous entretenir uniquement de cet objet.

SECTION PREMIERE.

Defcription de la Serinette ordinaire, qu'on appelle auffi Turlutaine (a).

1338. La figure 1 de la Planche 92 repréfente une Serinette en perfpective dans les trois quarts de fa grandeur, & vue par-devant. *ABCD* eft

______

(a) C'eft ainfi que l'on nomme cet inftrument à Nancy, où l'on croit qu'il a été inventé.

la boîte qui la contient. Il y a des rainures verticales aux quatre principaux montants , pour y inférer en façon de couliffes quatre panneaux minces. Cette boîte eft alors fermée de tous côtés, & l'on y met par-deffus un couvercle qui n'eft pas repréfenté , non plus que ces panneaux. *E F* font les tuyaux d'étain dont on ne voit que le bout fupérieur. *G H* eft une barre , au-deffous de laquelle eft attaché le clavier *a b.* On voit au-deffous de chaque touche une pointe plate de fer *c* & *d.* La barre *GH* eft preffée en en-bas par les deux refforts de fil de fer *I* & *K.* Les deux vis *G* & *H* tiennent cette barre au degré de hauteur convenable , afin que les pointes du Cylindre prennent les touches comme il faut, qu'elles fe maintiennent en place & qu'elles ne foient ni trop hautes ni trop baffes. *IM* eft un gros cylindre de bois , ordinairement de tilleul , exactement tourné & bien uni. Son bout *M* eft crané en façon d'une denture dans laquelle engrene une vis fans fin de bois *NO*, dont l'axe de fer *D* fort au dehors de la boîte. On viffe fur fon bout, qui eft taraudé , une manivelle avec laquelle on fait tourner cette vis fans fin , laquelle engrenant dans la denture du cylindre, le fait tourner.

1339. *P Q R*, font les trois tables du Soufflet, qui n'a qu'un pli rentrant en *S* & *T.* Ces plis ne font que de peau , à laquelle on donne la roideur néceffaire , en y paffant du côté du duvet une couche bien liquide de gomme adragant , ou de colle-forte bien claire. La table *R* eft bien arrêtée ; il n'y a que celle *P* & celle *Q* qui puiffent s'élever & baiffer , pour donner le vent à l'Orgue. *V* & *U*, font deux refforts affez forts de fil de fer, qui chargent le foufflet par leur preffion. *P V* eft une foupape preffée par un reffort *X* pour faire perdre le vent, au cas qu'on rempliffe le foufflet d'une trop grande quantité d'air ; ce qui arrive lorfqu'on tourne trop vîte la manivelle ; car celle-ci fait agir le foufflet, comme nous allons le voir dans un moment. *YZ* eft le fond de la boîte. *Y* eft un petit crampon de fil de fer, qui fert à arrêter le panneau de devant. Celui-ci contient également un autre crampon , dont la fonction eft d'arrêter le couvercle de la boîte.

1340. La figure 2 repréfente géométralement la même Serinette vue par derriere. On y remarque les tuyaux d'étain qui font inférés & collés chacun dans un trou du fommier *A. B* eft la barre qui porte les touches, que l'on voit par leur bout poftérieur, auquel font attachées les petites tringles qui font ouvrir les foupapes, & que les tuyaux cachent dans cette figure. *C*, eft une goupille dont nous verrons bientôt l'ufage.

1341. La figure 1 de la Planche 93 , repréfente géométralement la même Serinette vue par le bout où fe trouve la vis fans fin. *A*, eft le cylindre dont le bout eft crané ou dentelé. Il engrene dans la vis fans fin *B. C*, eft un des fupports du cylindre dont on voit l'axe de bois *C*, qui eft arrêté fur ce fupport par une bride de fil de fer. A l'autre bout du cylindre , il y a un autre fupport femblable. Ils font tous deux folidement

affemblés

assemblés fur une planche *I*, à laquelle tient folidement une forte cheville de
fer *K*, qui porte autant de crans qu'il y a d'airs différents à la Serinette.
Cette cheville eft affez longue pour fortir au dehors de la boîte ; & c'eft
dans cette partie faillante que font faits tous ces crans. Cet enfemble mobile
de pieces qui porte le cylindre, fe nomme le *chariot*. On fait aller & venir
ce chariot en le tirant ou repouffant par la cheville de fer *K* ; par-là on fait
aller ou venir le cylindre pour changer d'air comme on le défire.

PLANCHE
93.

1341. *E*, eft le bout du fommier. *F*, eft une des petites tringles attachées
avec de la peau par leur bout fupérieur au bout poftérieur des touches du
clavier ; & il y a à leur bout inférieur une pointe affez fine de fil de laiton,
qui entre librement dans un petit trou du fommier, & va repofer fur une
des foupapes pour la faire ouvrir, lorfque le bout antérieur de la touche
s'éleve. *L*, eft le reffort de preffion pour tenir affujettie la barre *D* qui porte
les touches du clavier. *N & O* font les deux forts refforts qui chargent la table
de deffus du foufflet. Il y a en *P* un trou quarré, dans lequel on fiche une
cheville de fer, qui fort au dehors de la boîte, & qui fert à élever le clavier lorfqu'on veut faire avancer ou reculer le chariot pour changer d'air.
M, eft la manivelle pour faire tourner la vis fans fin, par conféquent le
cylindre, & en même temps pour faire agir le foufflet. *Q*, eft une efpece
de poteau fixe, qui fert de conduite & de féparation entre le foufflet &
le chariot. *R*, eft un crochet de fil de fer, pour maintenir & fervir de guide
au fond du chariot, lequel a cependant la liberté d'aller & venir. *S*, eft le
bout antérieur de la vis fans fin dentée à dents penchées, comme on les fait à
un rochet ; c'eft un encliquetage pour empêcher la manivelle de tourner à
rebours.

1342. La figure 2 repréfente la même Serinette, vue par le bout, à la po-
fition de la vis fans fin. *A*, eft une échancrure au moyen de laquelle on fait
agir le foufflet par fa partie *B*, qui étant excentrique, fait l'effet d'une manivelle. La piece de fer ou de laiton, *fig. 4*, eft attachée en *B*, *fig. 2.*
Cette piece, *fig. 4*, eft compofée de deux lames jointes & arrêtées enfemble
par une rivure vers le milieu. La partie fupérieure de cette piece embraffe
la partie excentrique de la vis fans fin, & la partie inférieure embraffe la
cheville qui eft enfilée dans l'enfourchement *G* qui forme la queue du foufflet, *fig* 1. *L*, *fig. 2*, eft la denture du bout de la vis fans fin pour l'encliquetage. *C*, eft une cheville de fil de fer, pour faire ouvrir la foupape de
la table de deffus du foufflet, lorfqu'il eft trop plein. On voit en *D* le bout
de la queue de cette foupape, garantie par un cramponet de fil de fer, qui
l'empêche de vaciller. *E*, eft une touche du clavier qui cache toutes les autres. Elle eft retenue contre le deffous de fa barre par un petit crampon de fil
de fer, comme toutes les autres. *F* eft une tringle de bois, attachée avec de
la peau collée au-deffous du bout poftérieur de la touche : cette tringle, com-

me toutes les autres, a une pointe de fil de laiton *G*, qui entre dans le fommier, & atteint la foupape *H*. Celle-ci eft foutenue en en-haut par le reffort qu'on voit au-deffous. On peut remarquer le conduit qui va jufqu'au tuyau *K*. Le fommier *GH* eft repréfenté ouvert. On le ferme par une bande de peau ou de papier qu'on y colle. *IH*, eft le porte-vent ou le canal de bois, qui porte le vent du foufflet au fommier.

1343. La figure 3 repréfente féparément la vis fans fin. On voit en *S* fa denture d'encliquetage, & en *B* fa partie excentrique qui fait l'effet d'une manivelle, pour faire agir le foufflet.

1344. La figure 1 de la Planche 94 repréfente géométralement le clavier de la Serinette, vu par-deffus fa barre. Il faut y remarquer les deux queues *A* & *B*. Elles fe pofent aux côtés intérieurs des deux principaux montants de la boîte, & elles y tiennent par la goupille *C*, *fig. 2*, *Pl. 92*. On conçoit par-là que la barre *DE*, *fig. 1*, *Pl. 94*, peut fe hauffer & fe baiffer, fur fon centre de mouvement qui eft fur les goupilles pofées en *A* & *B*. La piece de bois *C*, fixée fur la cheville de fer qui fort au-dehors de la boîte, s'appuie fur une bande de fer verticale, dont le bout inférieur entre dans les crans de la cheville de fer deftinée à faire aller & venir le cylindre pour changer d'air. Lorfqu'on veut en jouer un autre, on dégage de fon cran la bande de fer en la rehauffant ; par conféquent on rehauffe également la barre *DE*, & l'on change le cylindre de place, en tirant ou repouffant plus ou moins la cheville : on remet la bande de fer dans le cran dont il s'agit, & on baiffe la barre pour remettre en prife les touches avec les pointes du cylindre. Si l'on ne rehauffoit pas la barre du clavier, lorfqu'on veut faire aller ou venir le cylindre, les pointes de celui-ci accrocheroient celles des touches, & l'on gâteroit tout.

1345. La figure 2 repréfente la même barre du clavier vue par-deffous ; pour montrer comment les touches y font attachées. On remarque d'abord un trou affez grand au milieu de chaque touche ; c'eft pour diminuer le frottement de la touche fur fon axe. On fait un petit trou au travers de la largeur de la touche ; on y introduit un fil de laiton, que l'on replie en équerre de chaque côté, & l'on enfonce fes deux extrémités pointues dans la barre. On entrevoit ce fil de laiton au travers des grands trous des touches, auffi-bien que fes deux angles de chaque côté. Les pointes de fil de fer plat paroiffent au bout antérieur des touches en *AB*, & l'on voit en *CD* le bout des petites tringles verticales. *EF* font les deux queues par lefquelles la barre eft attachée dans la boîte.

1346. La figure 3 repréfente la même barre portant toutes les touches. On y diftingue bien les pointes plates des touches, les cramponets qui les attachent à la barre, les tringles fufpendues aux touches, avec les pointes de fil de laiton fichées dans leur bout inférieur.

La figure 4 repréſente en perſpective l'intérieur du ſommier. On y voit
les ſoupapes avec leur queue de peau collée contre le fond vertical de la laye
du ſommier.

La figure 5 repréſente la place où doit être poſé le ſommier. On y voit
de petits trous deſtinés à recevoir les reſſorts qui font relever les ſoupapes.
P eſt un bout du porte-vent.

1347. Telle eſt la conſtruction ordinaire de la Serinette qui, en cet état,
ne peut produire aucun air. Il reſte à garnir le cylindre d'une quantité de
pointes avec un certain arrangement, & en telle ſorte qu'en le faiſant tourner au moyen de la vis ſans fin & de la manivelle, ces pointes paſſant ſuc-
ceſſivement, & rencontrant celles qui ſont fichées au-deſſous des touches, elles
faſſent lever celles-ci, & par-là ouvrir les ſoupapes dans l'ordre qu'exige
l'air qu'on a noté. Nous enſeignerons, comme nous l'avons dit plus
haut, à noter ainſi ſur le cylindre dans le Chapitre ſuivant. La Serinette, dont nous venons de donner la conſtruction, eſt l'Orgue le plus petit
qu'on puiſſe faire, puiſqu'il n'y a que 10 tuyaux, ce qui n'eſt que la cinquieme partie d'un Jeu de la Doublette. Comme cet Orgue n'eſt deſtiné
qu'à jouer de petits airs, d'une étendue aſſez bornée, pour apprendre à des
petits oiſeaux à les chanter, cette conſtruction eſt ſuffiſante, & les tuyaux
tirés d'un deſſus de doublette ſont bien choiſis ; attendu qu'il a fallu prendre
l'uniſſon de la voix de ces oiſeaux. Mais ſi l'on deſtine un pareil Orgue à faire
chanter des merles ou des bouvreuils, on prend alors des tuyaux qui parlent une quinte ou une octave plus bas, qu'on tire également de la doublette. On peut même les faire d'une plus groſſe taille, pour s'accommoder
à l'uniſſon de la voix des merles. Cet Orgue change alors de nom ; on l'appelle une *Merline*.

SECTION SECONDE.

*Maniere de faire jouer une Serinette (ou même un Orgue un peu
plus conſidérable) d'elle-même, au moyen d'un mouvement
à roues & à reſſort.*

1348. La figure 1 de la Planche 95 repréſente une Serinette à reſſort
toute montée, & vue par devant. *A* eſt le cylindre noté : *B* eſt le clavier ;
C, les tuyaux : *D*, le ſoufflet : *E*, la ſoupape qui s'ouvre par la cheville *I*,
lorſque le ſoufflet eſt trop plein : *FG*, les poids de plomb, en forme de
parallélipipedes : *H* & *U*, les deux deſſous du ſoufflet, pour fournir le vent
au-deſſus du même ſoufflet.

1349. *KM* eſt la cage du rouage. *N* & *O* ſont les deux barillets, qui
contiennent chacun un grand reſſort. Ces reſſorts ſont auſſi forts que ceux

d'une Pendule qui va 15 jours fans être remontée. Il y a une forte corde de boyau attachée aux deux barillets, & à l'un d'eux il y en a une autre qui va aboutir à la fufée ; enforte qu'un barillet tire par fa propre force le fecond ; & celui-ci , dont la force eft réunie à celle de l'autre , ayant par conféquent double force , tire la fufée par une autre corde qui s'entortille autour d'elle. C'eft ce qu'on peut un peu appercevoir , & qu'on entendra mieux par une autre figure. Il y en a qui, au lieu d'une corde de boyau, font la dépenfe d'employer une forte chaîne de la même façon que celles qui font en ufage dans les Montres de poche, mais beaucoup plus groffe. Cette pratique eft certainement meilleure , mais plus chere. *K L Q R* font les quatre aîles du volant. *P*, eft l'arbre & l'encliquetage du barillet *N. S*, eft l'arbre & l'encliquetage du barillet *O. T*, eft le remontoir de l'un & l'autre barillet. En tournant la clef fur le quarré *T*, on fait tourner la roue *V* fixée fur l'arbre de la fufée ; par conféquent celle-ci s'enveloppe de la corde de boyau. *X*, eft un chaperon ou rondelle de cuivre, qui porte une cheville , à laquelle eft accrochée une tringle de fer *P* : le bout inférieur de celle-ci eft accroché à un bras du levier *P Z W*, dont on voit la tige *Z W*. A l'autre bout de cette tige il y a un autre bras qui ne paroît pas , & qui leve le deffous *H* du foufflet. A la même tige eft rivé un troifieme bras *U*, qui leve l'autre partie *U* du deffous du même foufflet. Ces deux bras font attachés à cette tige dans un fens contraire, enforte que l'un baiffe quand l'autre leve. Il s'enfuit que la cheville du chaperon *X*, tandis que celui-ci tourne , fait lever & baiffer alternativement les deux deffous du foufflet ; ce qui a exigé que ceux-ci fuffent pofés l'un à rebours de l'autre , par rapport à leurs charnieres : à l'un , on voit les plis en *H*, & la charniere *U* à l'autre. On divife en deux parties féparées le deffous du foufflet, afin que le chaperon *X*, par fes révolutions, faffe fouffler en baiffant & en levant fa cheville.

1350. La figure 2 repréfente la même Serinette , vue par derriere. *A* eft le fommier fur lequel les tuyaux font pofés. *B C* eft le même mouvement à roues que celui de la figure 1. *B* eft le volant. On y voit quatre aîles qui tournent fur elles-mêmes à frottement dur comme la tête d'un compas , pour prendre plus ou moins d'air, afin de faire jouer la Serinette plus ou moins vîte. *D* eft une étoile , contre laquelle le limaçon *G* eft rivé. *E* eft le fautoir de l'étoile avec fon reffort. *F* eft une piece en forme de *T* , qui appuie toujours contre le limaçon ; & le bout du cylindre appuie de même contre ce *T*, y étant continuellement pouffé par le reffort *H*, qu'on voit féparément , *fig.* 3. On remarque en *I* un des deux barillets enveloppé de la corde de boyau , qui va aboutir à la fufée *K*.

1351. Pour bien entendre le jeu de tout ceci, il faut voir la Planche 96, où les différentes pieces du rouage font repréfentées plus fenfiblement. La

figure

figure 1 repréſente le mouvement vu par la face oppoſée au cylindre. *A & B*
ſont les deux encliquetages des deux barillets. *C* eſt le remontoir, avec ſa
roue *D* attachée ſur l'axe de la fuſée. *E* eſt le chaperon qui porte une
cheville, à laquelle la tringle *EG* eſt accrochée. Il faut remarquer au même
chaperon pluſieurs trous, pour placer la cheville à celui qui convient le
mieux, pour faire hauſſer ou baiſſer le ſoufflet au point qu'il faut. *GH* eſt
un bras du levier, qui fait agir alternativement deux autres bras du même
levier au-deſſous du même ſoufflet, par le mouvement qui leur eſt communi-
qué au moyen de la cheville du chaperon *E*. Le volant eſt déſigné par *F*.

1352. La figure 2 eſt repréſentée géométralement, vue par la face qui regarde le cylindre. *EGKH* eſt une platine, dont l'axe *KH* eſt le même que
celui de la ſeconde roue du mouvement. Cet axe eſt revêtu d'un canon rivé à
la platine. Ce canon entre aſſez librement dans un trou fait au centre du cylindre. Ce trou dans le cylindre eſt revêtu intérieurement d'un autre canon
de cuivre, qui y tient ſolidement. *G* eſt une cheville aſſez forte, qui entre
dans un autre trou du cylindre aſſez éloigné du centre. Cette cheville oblige
néceſſairement le cylindre d'avoir le même mouvement que la platine, qui
elle-même tourne comme la ſeconde roue qui la porte. *E* eſt une coche dans
laquelle tombe la détente *F*. On ne voit dans cette figure qu'un bras de
cette détente. Nous verrons l'autre dans la figure ſuivante.

1353. *AC* eſt l'étoile, avec ſon ſautoir & ſon reſſort. Elle a 12 pointes,
parce qu'il y a 12 airs différens à la Serinette. Chaque pointe porte vers
ſon extrémité une cheville. A chaque tour que fait la platine *EGK*, (qui
fait faire une révolution entiere au cylindre, ce qui fait jouer un air entier)
la languette *KI* rencontrant une des pointes de l'étoile, la fait ſauter d'un
point ou de la douzieme partie de ſa circonférence ; alors le limaçon avance
d'un point plus élevé, étant lui-même un plan incliné : le *T*, déſigné par
D, avance ou s'éleve également, pouſſe le cylindre & le fait avancer,
celui-ci étant toujours appuyé contre le *T* avec un certain effort, par le
moyen d'un reſſort appliqué contre l'autre extrémité du cylindre, comme
nous l'avons dit plus haut. Ce changement de l'étoile, du limaçon & du cylindre arrive toujours au moment où un air eſt fini. Dans le même temps le
bras de la détente *F* tombant dans la coche de la platine ; l'autre bras qui
eſt dans le mouvement, baiſſe ſuffiſamment pour ſe mettre en priſe avec une
cheville rivée ſur le limbe de la troiſieme roue, & tout eſt arrêté. Si avec le
doigt on leve cette détente, en faiſant une petite preſſion ſur une queue
qui ſort au-dehors de la boîte de la Serinette, elle jouera l'air ſuivant. Si on
veut que l'inſtrument joue tous ſes 12 airs de ſuite, ſans s'arrêter, ou juſqu'à
ce que les grands reſſorts ne tirent plus, on accroche la queue de la détente *F*, enſorte qu'elle ne puiſſe pas tomber dans la coche *E* de la platine.

1354. Si on veut que la Serinette joue toujours le même air ſans diſcon-

PLANCHE
96.

tinuer, il faut empêcher que la languette *KI* ne faſſe ſauter l'étoile. Pour produire cet effet, on tire en dehors la queue *N* du croiſſant *ML* ; alors il ſe trouve dans la ſituation déſignée par des points. Il s'enſuit de là que cette languette, ayant ſon centre *K* de mouvement excentrique à l'égard de la platine, eſt d'abord entraînée en en-haut par la cheville *a*. Lorſque celle-ci eſt arrivée vers *b*, la cheville *b* ſe trouve vers *M*, & la languette étant dans une ſituation verticale, tombe ſur la cheville *b*. Dans cette circonſtance elle ne ſort pas au-delà de la platine, à cauſe que ſon centre de mouvement eſt excentrique, & que le croiſſant l'empêche d'avoir aſſez de ſaillie pour atteindre juſqu'à l'étoile, étant pour ainſi dire obligée de ſe tenir renfermée, le croiſſant lui bouchant le paſſage. Cet effet ne pourroit avoir lieu, ſi le centre de mouvement de cette languette étoit le même que celui de la platine. Cette excentricité lui donne donc la propriété de ſe raccourcir ſuffiſamment pour éviter la pointe de l'étoile. Cette languette ne laiſſe pas d'être toujours entraînée par la cheville *a*, mais elle ſe tient renfermée tant qu'elle traîne ſur le croiſſant ; lorſqu'elle ceſſe de le toucher, elle ſort à l'ordinaire au-dehors de la platine, & cela n'arrive que lorſqu'elle a paſſé la pointe de l'étoile, qu'elle ne touche point. Cette manœuvre ſe continue à chaque tour que fait la platine ; par conſéquent la Serinette jouera toujours le même air, tant que les grands reſſorts qui ſont dans les barillets tireront.

1355. La figure 3 repréſente le calibre du rouage. *A* & *B* ſont les deux barillets. *C* eſt la premiere roue qui a 96 dents, à laquelle tient la fuſée, avec ſon garde-chaîne, ou mieux ici ſon garde-corde, qui arrête le remontoir lorſque la corde eſt arrivée au ſommet de la fuſée, tout comme à une montre de poche. Cette roue engrene dans le pignon de 12 aîles fait à l'arbre de la ſeconde roue *D* de 90 dents. C'eſt l'axe de cette ſeconde roue, qui étant prolongé, porte la platine *GK*, *fig*. 2, & s'emmanche dans le centre du cylindre. Cette roue *D*, *fig*. 3, engrene dans un pignon de 10 aîles, qui eſt ſur l'arbre de la troiſieme roue *E*, de 44 dents. L'axe de cette roue *E* eſt aſſez prolongé pour porter le chaperon *E*, *fig*. 1, qui donne le mouvement au ſoufflet, au moyen de la tringle *EG* & du levier *GH*. Cette troiſieme roue *E*, *fig*. 3, a une cheville qui donne priſe à la détente *HG*. Celle-ci eſt la même que la détente *F*, *fig*. 2 ; ce ſont deux bras différents fixés au même axe. Tant que le bras *F*, *fig*. 2, ſe trouve au-deſſus du bord de la platine *GK*, cette détente tient ſon autre bras *H*, *fig*. 3, aſſez élevé, pour qu'il ne ſoit pas en priſe avec la cheville de la roue *E* ; mais auſſi-tôt que le bout du bras *F* tombe dans la coche *E* de la platine, *fig*. 2, l'autre bras *H*, *fig*. 3, de la même détente, arrête le mouvement du rouage par la cheville de la roue *E*. On voit en *G* la queue de cette détente, par laquelle on fait aller ou arrêter la Serinette, comme on le juge à propos. Cette troisieme roue *E* engrene dans une vis sans fin, qui tient à l'axe *I* du volant.

1356. La figure 4 représente comment on met les cordes sur les deux barillets & sur la fusée. Un bout d'une des cordes est d'abord attaché en *a* au barillet *A*. L'autre bout de la même corde est attaché en *b*, au barillet *B*. Un bout d'une autre corde est attaché en *d* au barillet *B*, & l'autre bout de cette seconde corde est attaché en *g*, sur la fusée *C*. La seule inspection de la figure fait assez entendre comment les deux grands ressorts dans les barillets réunissent leurs forces sur la fusée *C*. Pour une plus grande intelligence, on observera que la corde qui va du barillet *A* sur le barillet *B*, est presque noire ; & celle qui va du barillet *B* à la fusée est beaucoup plus blanche ; par là on les distinguera mieux. Les points représentent les tours de la corde qui sont au-dessous des barillets, comme si ceux-ci étoient transparents.

1357. La figure 5 représente le mouvement tout monté ; c'est le même que celui de la figure 3, mais vu par le dessus. *AB* est un bout du cylindre. *CD*, le canon de la platine, rempli de son axe. Il est inféré dans le centre du cylindre. On peut remarquer en *C* que le trou du centre du cylindre est assez profond, pour qu'il puisse recevoir toute la longueur du canon de la platine, lorsque le *T* se trouve à la plus grande élévation du limaçon, & que le même canon de la platine est assez long, pour qu'il ne puisse pas sortir du même trou du cylindre lorsque le *T* se trouve au point le plus bas du limaçon. Il faut en dire de même de la cheville *AD*, qui est attachée & rivée à la platine, & inférée dans un trou excentrique du cylindre, pour l'obliger à tourner lorsque la platine tourne. *G* est le chaperon, avec sa cheville, pour faire agir le soufflet. *H* est le limaçon dont on apperçoit bien la forme. On voit aussi en *I* la fonction du *T*. Le cylindre qui est toujours appuyé & le *T* est lui-même appuyé sur le limaçon. Le reste n'a pas besoin d'explication ; on peut facilement l'entendre, après tout ce que nous avons dit ci-dessus.

Les figures 6 & 7 représentent en perspective l'étoile avec son limaçon, & la figure 8 est le volant dessiné géométralement.

RÉFLEXION.

1358. LE mouvement à roues que je viens de décrire est bien entendu pour les petites Serinettes, où il n'y a qu'une rangée de fort petits tuyaux, tels qu'on les emploie pour faire chanter de petits oiseaux, & où il n'y a que des airs à une seule partie. Mais s'il s'agit des airs à deux parties, qu'il y ait deux ou trois rangées de tuyaux, au double ou au triple plus grands, ce mouvement est insuffisant. J'ai toujours remarqué peu d'harmonie dans toutes ces petites Orgues, jouant d'elles-mêmes, par des grands reſſorts & un rouage. Cela vient de ce que la machine n'a pas aſſez de force, pour donner aſſez de vent aux tuyaux. La troiſieme roue, qui fait agir le ſoufflet, n'a pas aſſez de force pour mettre en mouvement un ſoufflet ſuffiſamment chargé ; on n'a qu'une très-petite quantité d'air à donner aux tuyaux, ſur-tout ſi les airs ſont à deux parties. On aime beaucoup que l'inſtrument joue le plus long-temps poſſible, ſans qu'il ſoit néceſſaire de le remonter. Il paroît qu'il ſeroit plus ſatisfaiſant que l'inſtrument ne jouât pas ſi long-temps, & que les tuyaux parlaſſent bien. A cet effet, je penſe que, pour augmenter la force de la machine, on pourroit 1°, augmenter de quelques lignes le diametre de la fuſée : 2°, aggrandir le ſoufflet le plus qu'on pourroit, & le charger un peu plus : 3°, on pourroit faire de 16 aîles le premier pignon dans lequel engrene la roue de fuſée, aulieu de 12. 4°, Enfin, on pourroit mettre deux grands reſſorts à chaque barillet, en les faiſant plus profonds, & par conſéquent en donnant plus de hauteur à la cage. Ces deux reſſorts ſe mettent, l'un au fond du barillet, & l'autre par deſſus le premier, avec une rondelle entre deux, afin qu'ils ne ſe touchent point. La valeur de tous ces changements, réunie, ſe trouveroit augmenter la force preſqu'au double ; ce qui donneroit le moyen de faire bien parler les tuyaux : il eſt vrai que l'inſtrument ne joueroit pas ſi long-temps ; il faudroit le remonter un peu plutôt.

1359. Ceux qui veulent faire plus de dépenſe, font les touches du clavier en cuivre, qui ne ſont pas ſujettes à s'arrêter dans les temps humides. On fait même quelquefois le cylindre en cuivre, il conſerve mieux ſa rondeur.

On fait quelquefois de ces petites Orgues, qui vont d'elles-mêmes, par un rouage, qu'on met en mouvement par un poids. Dans ce cas on ſupprime les deux barillets, & on fait un cylindre cannelé en vis autour de ſa circonférence, que l'on met au lieu & place de la fuſée. Cela eſt fort facile à entendre.

SECTION TROISIEME.

Des Orgues portatives à manivelle, plus conſidérables.

1360. Si l'on veut conſtruire de ces Orgues portatives, à manivelle, qui faſſent plus d'effet, qui ſoient plus harmonieuſes & plus agréables, on y met deux rangées de tuyaux, qui parlent à l'octave l'une de l'autre ; comme un deſſus d'un bourdon à tuyaux bouchés, & un deſſus d'un preſtant à tuyaux ouverts : ou encore mieux, un deſſus de bourdon, comme nous venons de le dire, & un deſſus de 8 pieds ouvert. Un Orgue de cette eſpece doit être au double plus long, & au double plus large, ou encore plus ſelon l'étendue qu'on donne à ces deux Jeux. Le ſommier doit auſſi être beaucoup

plus

plus grand à proportion, & il faut le faire à deux regiſtres. On a vu la conſtruction d'un ſommier à regiſtres ; mais celui-ci peut ſe faire d'une maniere
beaucoup plus ſimple. La table, les gravures & les barres ſe font d'une ſeule
piece. On creuſe les gravures & les barres avec un ciſeau & un bédane, &
on rapporte les deux regiſtres, avec une ſeule chape qui les recouvre tous
deux. Dans cette eſpece d'Orgue on fait ordinairement tous les tuyaux
en bois, que l'on couche au-deſſous de la boîte de l'Orgue, où ils ſont
bien arrêtés & collés. Leur conſtruction même eſt ſinguliere, en ce qu'ils
tiennent tous enſemble, comme s'ils étoient en une ſeule piece : voici en
quoi cela conſiſte.

Maniere de conſtruire un nombre de Tuyaux de bois , enforte
qu'ils tiennent tous enſemble ; ce qu'on nomme un Peigne.

1361. Sur une planche de grandeur convenable à contenir tous les
tuyaux qu'on veut faire, on pratique & on colle des ſéparations qu'on poſe
de champ, écartées l'une de l'autre, & d'une largeur conforme à la dimen-
ſion que doit avoir chaque tuyau. Chaque ſéparation forme alors un canal ;
on ajuſte & on colle de petites planches en travers, qui forment les biſeaux
des tuyaux, ſur leſquels on colle la levre inférieure, qui n'eſt autre choſe
qu'une ſimple tringle aſſez longue pour former la lumiere à chaque tuyau.
On fait enſuite une autre planche ſemblable à la premiere ; on y taille à un
bord la levre ſupérieure de chaque tuyau dans la proportion convenable. Enſuite toutes les ſéparations étant bien égaliſées, on colle cette grande planche par-deſſus ; on l'aſſujettit avec de petites pointes ſur toutes les ſéparations.
On en met auſſi ſur la planche de deſſous. On voit que par cette conſtruction on gagne bien du terrein, qu'on s'épargne bien du travail, du temps &
du bois, puiſque ſi on met à cet Orgue, par exemple, 36 tuyaux, il ne
faudra que 39 principales planches pour les faire, au lieu qu'il en faudroit
144 pour la conſtruction ordinaire. Mais cette méthode demande une exécution bien ſoignée, beaucoup de préciſion & de propreté, pour que les ſéparations ſoient bien exactement collées ; que les levres ſupérieures ſoient
bien taillées & proportionnées : que les biſeaux ſoient bien faits & bien ajuſ-
tés, enſorte que toutes les lumieres qu'ils forment avec la levre inférieure
ſoient bien proportionnées, &c. je ne parle point des pieds de ces tuyaux ;
on comprend aſſez que l'on forme le réſervoir à chaque tuyau, au-deſſous
du biſeau, ſelon la maniere dont on ſe propoſe de leur donner le vent. On
peut le leur donner, ou par la grande planche de deſſous, ou par le bout
inférieur de chaque tuyau, ſelon qu'on diſpoſe la piece gravée. On ſent
déja que cette conſtruction eſt encore très-propre pour rendre un Orgue
bien portatif. Comme dans cette eſpece d'inſtrument, on met un plus grand

nombre de tuyaux, l'on peut y noter des airs à deux parties, & le foufflet peut être affez chargé pour fournir fuffifamment de vent.

1362. On fait des Orgues encore plus confidérables, qui ne laiffent pas que d'être portatives. On en promene dans les rues de Paris, qui ont jufqu'à deux pieds 3 pouces de longueur, fur environ 15 pouces de largeur, ou un peu plus. On y met un bourdon, un preftant, un nazard & une dou-blette, & quelquefois une tierce. Tous les airs font notés fur le cylindre à deux & quelquefois à trois parties. Les baffes du bourdon & du preftant font en bois, & pofées au-deffous de l'Orgue fuivant la conftruction que je viens de décrire. On coude même plufieurs tuyaux felon la même méthode. Le fommier fe fait à quatre ou à cinq regiftres, & on place en dedans tous les tuyaux qu'on n'a pas pu pofer au-deffous. On les met debout, fur le fommier à l'ordinaire, & on les fait tous en étain. Comme on bouche toutes les baffes, cela fait qu'il n'y a pas de tuyaux trop grands. On n'y met jamais les jeux de quatre octaves; on fe contente de deux ou deux octaves & demie. On ne fait commencer les jeux qu'au fecond *c fol ut*, & ordinairement les gammes font feulement *diatoniques* avec les deux *b fa fi b*. On compofe les airs ou les pieces d'une étendue convenable à celle des jeux, & l'on fait enforte que la gamme chromatique n'y foit pas néceffaire. Cependant on en voit d'autres où les deux gammes font chromatiques; les pieces que l'on y note font de meilleur goût, & de plus belle mufique. Voilà ce qu'on fait de plus confidérable pour les Orgues por-tatives à manivelle. Si on veut en conftruire un, qui foit propre à une Eglife même affez grande, comme pour une Paroiffe à la Campagne, & qu'on ne veuille pas d'Organifte en forme pour le toucher, on peut le faire & le difpofer exprès pour être joué par un cylindre, ce que nous allons décrire dans la Section fuivante.

S E C T I O N   Q U A T R I E M E.

Conftruction d'un Orgue de 8 pieds, pour être joué par un Cylindre, fans avoir befoin d'un Organifte.

1363. Il eft aifé de comprendre qu'un Orgue que l'on fait jouer par un cylindre, ne peut être fufceptible de tous les agréments dont le jeu d'un habile Organifte eft orné dans les Orgues ordinaires, en ce qu'il varie & change continuellement fes idées & fon goût, & donne toujours du nouveau. Les pieces qui font notées fur le Cylindre, ne peuvent être que toujours les mêmes. Cependant à caufe de la parfaite régularité de leur exécution, telles qu'elles le feroient fi elles étoient touchées par un habile Organifte, elles plairont d'avantage que ce que l'on oue dans la plupart des Paroiffes ou des Chapitres des petites Villes ou Bourgs de la Campagne , où il n'y a que des Organistes bien foibles. Ils se répetent continuellement , & ce qu'ils touchent étant toujours incorrect & sans goût , ne peut qu'ennuyer & déplaire beaucoup , sur-tout devant des Connoisseurs ou des Musiciens. Quoiqu'il faille s'attendre qu'un Orgue à cylindre jouera toujours tour à tour les mêmes pieces , on peut les varier en quelque sorte , en les exécutant sur des mélanges de jeux bien différents. Un plein jeu peut se jouer non-seulement sur ce qu'on appelle le plein jeu proprement dit , mais encore sur les fonds de l'Orgue , ou sur les jeux d'anche. Les accords ne peuvent que bien faire sur ces différents mélanges. Un duo peut se jouer sur un nombre de différents mélanges. Un récit de flûtes peut se jouer sur un dessus de cromorne, de trompette , &c. On peut varier assez pour qu'on ne s'apperçoive que fort peu de la répétition des mêmes airs. Il est donc bien avantageux de pouvoir construire un grand Orgue dans ce goût. C'est ce que je me propose d'enseigner ici , ensorte qu'une personne , qui n'a aucune connoissance de la musique , ni de l'art de toucher l'Orgue , puisse le faire jouer.

1364. Le Buffet de cet Orgue sera construit à l'ordinaire , excepté qu'on laissera au-devant du bas du soubassement autant de jour qu'il se pourra. On construira le positif dans un corps séparé à l'ordinaire , avec un peu moins de distance qu'à l'ordinaire , du Buffet du grand Orgue. Les jeux qui peuvent y convenir sont les suivants :

1. Un grand Cornet de 27 marches , le tout en étoffe.

2. Un 8 pieds ouvert en montre , en étain fin , & les Dessus également en étain fin , sur pieds d'étoffe.

3. Un Prestant , dont une partie de la basse en montre , & le reste , dont le corps sera d'étain fin , sur pieds d'étoffe.

4. Un Bourdon de 4 pieds bouché , la basse en bois de chêne , & le reste tout en étoffe.

5. Un Bourdon de 16 pieds , à commencer en *f ut fa* , 6ᵉ tuyau ; la basse en bois de chêne , & le reste en étoffe.

6. Un Dessus de 8 pieds ouvert , commençant au second *a mi la* , en étain fin , sur pieds d'étoffe.

7. Un Nazard ouvert , à la quinte du Prestant , tout en étoffe.

8. Une Doublette ; le corps d'étain sur pieds d'étoffe.

9. Une Tierce , à la Tierce de la Doublette , les Corps d'étain sur pieds d'étoffe.

10. Une Fourniture de 4 Tuyaux sur marche , les Corps d'étain fin , sur pieds d'étoffe.

11. Une Cymbale de 4 tuyaux sur marche , les Corps d'étain fin , sur pieds d'étoffe.

12. Une Trompette ; les Corps d'étain fin , sur pieds d'étoffe.

13. Un Clairon, de même.

14. Une Voix humaine , les Corps d'étain fin, sur pieds d'étoffe.

Positif.

1. Un Dessus de 8 pieds ouvert , commençant au second *c sol ut* , & la premiere octave en flûte de 2 pieds en cheminée. Les tuyaux du 8 pieds en étain fin , sur pieds d'étoffe. Les plus grands pourront garnir la montre. La flûte en étoffe.

2. Un Prestant, dont les Basses rempliront la montre , & les Dessus en étain fin , sur pieds d'étoffe.

3. Un Bourdon semblable à celui du grand Orgue.

4. Un Nazard en cheminée , & les Dessus en fuseau, tout en étoffe.

5. Une Doublette en étain fin , sur pieds d'étoffe.

6. Une Tierce , toute en étoffe.

7. Un Larigot , tout en étoffe.

8. Une Fourniture de 3 tuyaux sur marche , les Corps d'étain fin , sur pieds d'étoffe.

9. Une Cymbale de 3 tuyaux sur marche , les Corps d'étain fin , sur pieds d'étoffe.

10. Une Trompette , les Corps d'étain fin , sur pieds d'étoffe.

11. Un Cromorne , les Corps d'étain fin , sur pieds d'étoffe.

Pédales.

1. Une Flûte de 8 pieds ouvert, en bois, commençant au premier *c sol ut.*

2. Flûte de 4 pieds ouvert ; la Basse en bois, & les Dessus en étoffe.

3. Trompette , commençant au double *a mi la* du ravalement ; les Corps d'étain fin , sur pieds d'étoffe.

4. Un Clairon , de même.

On peut y joindre un Nazard ou Quinte du Prestant, une Quarte & une Tierce ; le tout en étoffe.

1365. Voici la regle pour le Sommier des Pédales & du grand Orgue. Ces deux Sommiers n'en font qu'un, ils sont joints & confondus ensemble, attendu

---

Barres & Gravures pour la moitié du Sommier de Pédale.

N	a	b
	≡	20
2	7	9
4	7	9
6	7	9
8	7	9
10	7	9
12	7	9½
14	6	10
16	6	10
18	6	10
20	6	10
22	6	10
24	6	10
26	6	10
28	6	10
30	6	9½

Barres & Gravures pour la moitié du Sommier du grand Orgue.

N	a	b
1	7	9
3	7	9
5	7	9
7	7	9
9	7	9
11	7	9½
13	6	10
15	6	10
17	6	10
19	6	10
21	6	10
23	6	10
25	6	10
27	6	10
29	6	10
31	6	10½
33	5	11
35	5	11
37	5	11
39	5	11
41	5	11
43	5	11
45	5	11
47	5	11
49	5	11
51	5	
	≡	20

4 pieds 9 pouces 3 lignes de longueur.

Barres & Gravures pour le Sommier du Positif.

N	a	b
	≡	20
1	6	9
3	6	9
5	6	9
7	6	9
9	6	9
11	6	9
13	6	8
14	6	8
15	6	8
16	6	8
17	6	8
18	6	8
19	6	8
20	5	8
21	5	7
22	5	7
23	5	7
24	5	7
25	5	7
26	5	7
27	5	7
28	5	7
29	5	7
30	5	7
31	5	7
32	5	7
33	5	7
34	5	7
35	5	7
36	5	7
37	4	6
38	4	6
39	4	6
40	4	6
41	4	6
42	4	6
43	4	6
44	4	6
45	4	6
46	4	6
47	4	6
48	4	6
49	4	6
50	4	6
51	4	6
12	6	9
10	6	9
8	6	9
6	6	9
4	6	9
2	6	9
	≡	20

4 pieds 7 pouces 3 lignes de longueur.

attendu que le même Cylindre fera jouer les Jeux de l'un & de l'autre ; ce qui dispense de faire bien des machines qu'on a coutume de construire pour les Pédales.

Nous venons de voir les regles des Barres & Gravures des Sommiers de Pédale du grand Orgue & du Positif. Voici celles des largeurs des Registres & faux-Registres pour chacun en particulier.

GRAND ORGUE.

1. Grand Cornet............18
2. Montre de 8 pieds........24
3. Prestant................24
4. Bourdon de 4 pieds.......24
5. Bourdon de 16 pieds......30
6. Dessus de 8 pieds........24
7. Nazard.................18
8. Doublette..............15
9. Tierce 15
10. Fourniture 30
11. Cymbale 30
12. Trompette 24
13. Clairon 20
14. Voix humaine.........18.

Largeurs des Registres & faux-Registres du grand Sommier.

3 pieds 9 pouces, largeur.

POSITIF.

1. Dessus de 8 pieds 20
2. Prestant.................15
3. Bourdon 24
4. Nazard.................20
5. Doublette..............15
6. Tierce 15
7. Larigot 15
8. Fourniture 15
9. Cymbale..............18
10. Trompette............18
11. Cromorne............18

Largeurs des Registres & faux-Registres du Sommier de Positif.

2 pieds 4 pouces 8 lignes, largeur.

PÉDALES.

1. Flûte de 8 pieds..........36
2. Flûte de 4 pieds..........30
3. Trompette 30
4. Clairon 30

Largeurs des Regist. & faux-Regist. du Sommier de Pédales.

1 pied 4 pouces 8 lignes, largeur.

1367. Il faut observer que le sommier de Pédales doit être tellement uni au grand sommier, comme nous l'avons déja dit, qu'il en est véritablement une suite, comme on peut s'en appercevoir à l'inspection de la regle des Barres & gravures ; mais ses registres sont totalement distincts & séparés, c'est pourquoi nous les avons mis ici à part. Les registres du grand Orgue n'iront que jusqu'à la partie qui sert pour les Pédales exclusivement ; & leurs balanciers ou autres mouvements qui les feront jouer, seront posés au milieu, entre les deux parties du fommier. Ceux des Pédales ne peuvent aller que jufqu'à la partie du fommier deftiné pour le grand Orgue exclufivement ; & leurs balanciers ou autres mouvements feront pofés aux deux bouts extérieurs du fommier, en faifant communiquer le même mouvement de leurs tirants aux deux moitiés du même regiftre ; enforte qu'un feul tirant faffe ouvrir & fermer enfemble les deux regiftres des deux moitiés du fommier, comme l'on fait ordinairement dans toutes les grandes Orgues.

On remarquera dans la regle des barres & gravures du grand fommier, & de celui des pédales, que la diftance d'une foupape à l'autre eft par-tout égale, & de 16 lignes. Cette égalité eft néceffaire pour noter 16 airs ou pieces différentes fur le cylindre.

1368. Comme cet Orgue, tel que nous venons de le détailler, eft fort confidérable, & que le fommier doit être en deux pieces, le cylindre ne fera point conftruit en un feul corps, attendu qu'il faudroit qu'il eût près de 10 pieds de longueur, ce qui en rendroit la conftruction trop difficile & trop embarraffante ; mais on le fera en deux parties, & on laiffera, comme entre les deux parties du fommier, un efpace de 9 à 10 pouces, lorfqu'on les joindra enfemble bout à bout. C'eft dans cet efpace que l'on mettra la partie dentée, qui doit engrener avec la vis fans fin. On les fera communiquer enfemble par les moyens que nous indiquerons bientôt, enforte que le mouvement de la vis fans fin ne foit qu'un pour les deux cylindres, c'eft-à-dire, que les deux cylindres n'en feront plus qu'un pour ce qui regarde le mouvement. La piece de bois qui fera dentée, fera faite de quelque bois dur, comme du noyer, afin qu'il foutienne mieux & plus long-temps fa denture. Ces deux parties du cylindre doivent être pofées fur un feul chariot, qui pour cela ait la longueur totale des deux cylindres enfemble, & de plus l'efpace entre les deux cylindres, prefque tout occupé par la partie dentée.

Le clavier, qui confifte en des bafcules, doit être auffi en deux parties, qui feront ainfi de moitié moins pefantes, & par conféquent plus faciles à élever lorfqu'on voudra changer d'air.

1369. On peut concevoir que les pédales joueront fort fimplement & fort facilement, puifque leurs notes feront fur le même cylindre, & leur clavier auffi. Mais il n'en fera pas de même du pofitif, qu'il faut faire jouer enfemble ou féparément du grand Orgue, felon qu'on le défire. Voici comment on pourra faire produire cet effet. On mettra par terre, fur un chevalet, des bafcules de champ, d'une longueur fuffifante, pour atteindre d'un bout au-deffous du fommier de pofitif, & de l'autre, à l'à-plomb de la queue des bafcules qui fervent de clavier au cylindre. Cet enfemble des bafcules du pofitif formera un éventail. On mettra des pilotes verticaux & déliés, comme on le pratique ordinairement pour un pofitif, dont le bout inférieur portera sur les bascules du positif, & le bout supérieur se trouvera au-dessous de chaque bascule du cylindre. Ce bout supérieur des pilotes passera au travers d'un guide mobile, qui puisse, au moyen d'un tirant ordinaire, aller & venir selon sa longueur. Lorsqu'on ne voudra pas que le positif joue, on poussera le tirant, qui, faisant avancer le guide, poussera de même les pilotes, & les mettra hors de prise aux bascules du cylindre; & les y remettra lorsqu'on tirera ce tirant. Pour faire jouer le positif seul, sans le grand Orgue, on fera l'acrochement des vergettes du grand Orgue aux bascules du cylindre, ensorte qu'un autre guide, au travers duquel toutes les vergettes passeront, puisse les accrocher ou les désaccrocher, selon qu'on tirera ou qu'on poussera un autre tirant. Il faut une traverse sur laquelle reposent toutes les queues des bascules du cylindre. Le guide des pilotes du positif pourroit en servir.

1370. La maniere de faire jouer le positif avec le grand Orgue, ensemble ou séparément, par les mêmes bascules qui servent de clavier, dont nous venons de faire la description, n'est certainement pas d'une facile exécution; on peut s'être apperçu déja de plusieurs inconvéniens, sur-tout en ce que les bascules du positif doivent être d'une longueur excessive. Nous proposerons un autre moyen plus facile, mais qui exigera un cylindre beaucoup plus long. C'est de mettre le positif, non pas dans un corps séparé, mais de faire un sommier double, pour contenir ensemble le positif, le grand Orgue & les pédales. En voici la regle où il faut toujours observer les distances égales d'une soupape à l'autre.

Barres & Gravures de la moitié du Sommier qui contient les Pédales, un grand 8 pieds & le Positif, toutes les trois parties de l'Orgue ensemble.

Gravure (pouces)	Barre (lignes)
	20
Péd. 2—7	9
Péd. 4—7	9
Péd. 6—7	9
Péd. 8—7	9
Péd. 10—7	9
Péd. 12—7	9
Péd. 14—6	9½
Péd. 16—6	10
Péd. 18—6	10
Péd. 20—6	10
Péd. 22—6	10
Péd. 24—6	10
Péd. 26—6	10
Péd. 28—6	10
Péd. 30—6	10
Gr. 1—7	10½
P. 2—7	9
G. 3—7	9
P. 4—7	9
G. 5—7	9
P. 6—7	9
G. 7—7	9
P. 8—7	9
G. 9—7	9
P. 10—7	9
G. 11—7	9½
P. 12—6	10
G. 13—6	10
P. 14—6	10
G. 15—6	10
P. 16—6	10
G. 17—6	10
P. 18—6	10
G. 19—6	10
P. 20—6	10
G. 21—6	10
P. 22—6	10
G. 23—6	10
P. 24—6	10
G. 25—6	10
P. 26—6	10
G. 27—6	10
P. 28—6	10
G. 29—6	10
P. 30—6	10
G. 31—6	10
P. 32—5	11
G. 33—5	11
P. 34—5	11
G. 35—5	11
P. 36—5	11
G. 37—5	11
P. 38—5	11
G. 39—5	11
P. 40—5	11
G. 41—5	11
P. 42—5	11
G. 43—5	11
P. 44—5	11
G. 45—5	11
P. 46—5	11
G. 47—5	11
P. 48—5	11
G. 49—5	11
P. 50—5	11
G. 51—5	11
	20

7 pieds 6 pouces 7 lignes, largeur.

1371. Voici la regle des largeurs des Regiſtres & faux-Regiſtres du grand Orgue, & du Poſitif enſemble.

                    ≡20
Gr. Or. 1. Grand Cornet............18
                    —12
Gr. 2. Montre de 8 pieds......24
                    —12
Poſit. 3. Deſſus de 8 pieds........24
                    —12
Gr. 4. Preſtant................24
                    —12
Po. 5. Preſtant................24
                    —12
Gr. 6. Bourdon de 16 pieds.....30
                    —12
Gr. 7. Deſſus de 8 pieds........24
                    —12
Gr. 8. Bourdon de 4 pieds.....24
                    —12
Po. 9. Bourdon de 4 pieds......24
                    —10
Gr. 10. Nazard................18
                    —10
Po. 11. Nazard................18
                    —10
Gr. 12. Doublette.............15
                    —10
Po. 13. Doublette.............15
                    —10
Gr. 14. Tierce................15
                    —10
Po. 15. Tierce................15
                    —10
Po. 16. Larigot...............15
                    —18
Gr. 17. Fourniture............30
                    —18
Po. 18. Fourniture............30
                    —18
Gr. 19. Cymbale..............30
                    —18
Po. 20. Cymbale..............30
                    —18
Gr. 21. Trompette 24
                    —12
Po. 22. Trompette 24
                    —12
Gr. 23. Clairon...............20
                    —12
Po. 24. Cromorne 20
                    —12
Gr. 25. Voix humaine.........18
                    ≡20

5 pieds 3 pouces 11 lignes, largeur.

Planche 97.

On trouvera à la page 238, art. 681, les largeurs des Barres & la longueur des Soupapes, avec pluſieurs avis que l'on ne répétera pas ici.

La longueur du Sommier de Pédales, du grand Orgue & du Poſitif enſemble étant en deux parties, & chacune ayant 7 pieds 6 pouces 7 lignes, la longueur du Cylindre doit être du double, plus la partie dentée de 6 pouces, & un autre eſpace de 3 pouces, dont nous parlerons bientôt; ce qui fait en tout 16 pieds 10 pouces 2 lignes.

Par cet arrangement, l'Orgue ſera plus ſimple, plus facile à conſtruire, & plus commode pour exécuter les plus beaux morceaux de Muſique. On fera jouer des Trio ſur pluſieurs mélanges; des Duo ſur différents claviers; des Tierces en taille, ou Trompettes, ou Cromornes en taille; en un mot, tout ce qu'un habile Organiſte touche de plus beau. Il ne s'agit que de bien noter le tout ſur le Cylindre, qu'il eſt important de bien conſtruire. Je vais donner là-deſſus mon idée. On la réformera ſi on le juge à propos.

§. I. *Conſtruction d'un grand & gros Cylindre d'Orgue.*

1372. Ce Cylindre devant avoir 33 pouces de diametre, on comprend déja qu'il doit être creux & auſſi léger qu'il ſera poſſible, mais pourtant ſolide, & ſur-tout qu'il ne perde pas ſa rondeur. Puiſqu'il ne doit pas être ſujet à ſe tourmenter, les bois qui ſerviront à ſa conſtruction doivent être très-ſecs, de fil droit, & d'une épaiſſeur ſuffiſante; par conſéquent il ſera néceſſairement d'un poids fort conſidérable. Voici comment on pourra s'y prendre.

1373. On fera d'abord 14 plateaux de bois de chêne ou de noyer, *Pl.* 97, *fig.* 3. Ils auront 31 pouces de diametre. De ces plateaux, quatre auront un pouce 6 lignes d'épaiſſeur, & les autres auront un pouce. Les plateaux les plus épais étant deſtinés à être placés aux deux extrémités du cylindre, porteront chacun une croiſée forte & bien aſſemblée à tenons & mortaiſes; le tout collé & chevillé: *voy. fig.* 2. On pourra les faire avec des *Jantes*, comme on conſtruit les roues de carroſſe, mais autrement aſſemblées. Il faut les faire avec des tenons & des mortaiſes, le tout bien collé

&

&

& chevillé. Les jantes feront au nombre de quatre, ou mieux de fix, elles en conferveront mieux la rondeur. La conftruction des plateaux avec des jantes, les rendra de moitié moins pefants que s'ils étoient pleins, y ayant au milieu un vuide de 19 pouces de diametre ; car les jantes feront affez fortes, fi elles ont 6 pouces de largeur tout à l'entour.

PLANCHE 97.

Les plateaux étant faits, arrondis avec beaucoup de foin, & bien exactement égaux de diametre, on fera trois ou quatre tringles, *fig.* 1, *A, B, C, D,* affez fortes, & de toute la longueur d'un des deux cylindres ; c'eft-à-dire, de 7 pieds 6 pouces 7 lignes. On difpofera de champ les fept plateaux *E, F, G, H, I, K,* à égale diftance entr'eux, enforte que les deux des extrémités *E L* foient ceux de 18 lignes d'épaiffeur, & on clouera à demi, par-deffus, une des tringles. On clouera de même, contre les plateaux, les deux ou trois autres tringles à diftances égales entr'elles. On fera bien attention que les 7 plateaux, & fur-tout ceux *E L* de chaque bout du cylindre, foient pofés à angles droits ; les tringles ferviront à diriger l'équerre.

1374. Le cylindre étant ainfi monté, on fera des planches de bois de tilleul (ou fi l'on veut, de bois plus folide, comme de poirier fauvage ou d'olivier) en forme de douves, d'un pouce ou environ d'épaiffeur, fur 3 ou 4 pouces au plus de largeur, bien dégauchies : on en ajuftera une fur fa place, faifant enforte qu'elle foit tant foit peu creufe dans fa longueur, afin qu'elle joigne exactement fur tous les plateaux, & on dreffera avec foin les deux champs. Lorfqu'elle fera bien ajuftée, on la collera fur fa place, & on l'y arrêtera avec de petites chevilles quarrées & collées, en en mettant au moins deux fur chaque plateau, c'eft-à-dire, une cheville à chaque bord. On ajuftera de même la feconde douve, & lorfqu'on verra qu'elle joindra de toute fon épaiffeur contre la premiere & fur les plateaux, on la collera & on la chevillera comme la premiere. On continuera de même jufqu'à ce que le cylindre foit entiérement couvert, ôtant les tringles qu'on avoit mifes au commencement, à mefure qu'elles embarrafferont, & qu'elles deviendront inutiles. Il feroit néceffaire de laiffer pendant quelques mois ce cylindre dans un endroit bien fec & même chaud, pour qu'il pût faire tous fes effets ; & s'il y a des parties qui fe fendent ou fe disjoignent, on les remplira avec des tringles du même bois bien collées, après quoi on le tournera.

1375. Il faut remarquer qu'un des plateaux qui termine chaque cylindre au bout extérieur, doit porter un pivot de très-bon fer, doux, bien tourné & poli, & qui ait au moins un pouce de diametre. Ces pivots feront fortement rivés au centre d'une croifée de fer, *Pl.* 98, *fig.* 2, entiérement entaillée dans celle de bois, *Pl.* 97, *fig.* 2, & fixée dans celle-ci par des vis, dont les écrous de cuivre feront engagés dans le bois. Par ce moyen ces pivots tiendront d'une façon inébranlable, comme devant porter un cylindre d'environ 300

PLANCHES 97 & 98.

Planches
97 & 98.

livres pefant. Ce plateau doit être tourné fur fon tournant à pivot , afin que ceux-ci foient bien centrés. Cette opération fe fera avant de monter le cylindre.

1376. On obfervera que devant pofer entre les deux cylindres la partie dentée , qui engrenera avec la vis fans fin , il faut conftruire cette piece , *Pl. 97 , fig. 4*, en façon de cercle, avec des jantes. Le bois doit avoir 5 à 6 pouces d'épaiffeur, & on l'attachera au plateau qui fait un des bouts du cylindre. C'eft à ce plateau & fur fes croifées, qu'on fichera un pivot d'une forme telle qu'il ferve auffi pour l'autre cylindre , *voy. fig. 1 , Pl. 98.* Ce pivot PQ portera à chaque bout une croifée de fer $ABCD$, & $EFGH$, rivée par le centre. C'eft par ces croifées que ce pivot fera folidement attaché à un bout de chaque cylindre par plufieurs vis, qui doivent avoir leur écrou dans l'intérieur du bois de la croifée. Outre cela , elles y feront entaillées & affleurées. Les vis auront leur tête percée , afin de les faire tourner avec une broche de fer , pour les enfoncer & les ferrer. Chaque bras des croifées portera deux chevilles de fer d'un pouce de longueur, fur 5 à 6 lignes de diametre , qui feront bien rivées aux bras des croifées. Elles ferviront à mettre, dans fa véritable place, chaque croifée, lorfqu'on montera toute la machine dans fa place.

1377. Le cylindre en cet état, n'a befoin que d'être bien arrondi & bien dreffé fur toute fa furface extérieure ; ce qu'on fera aifément lorfqu'il fera monté , & qu'il tournera fur fon chariot, qui ne demande pas moins de foins pour fa conftruction que le cylindre même. On fent bien qu'il doit être fort & bien affemblé. Le chariot d'une Serinette n'eft compofé que de trois planches affemblées en queue d'aronde , c'eft tout ce qu'il faut ; mais il n'en eft pas de même de celui dont il s'agit , comme il doit porter un très-grand & gros cylindre, qui pefe environ 600 livres, les deux cylindres enfemble, il eft néceffaire d'y prendre bien plus de précautions.

Planche
99.

$CD, fig. 2 , Pl. 99$, repréfente en perfpective ce chariot, dans lequel le cylindre ne doit pas avoir le moindre balottement. Les pivots en tourrillons repofent & roulent fur des couffinets de cuivre ou de bronze E, F, G, bien enchâffés fur l'épaiffeur de chacun des trois montants E, F, G, qui portent le poids du cylindre. On doit mettre 6 roulettes de bronze bien tournées, de 5 à 6 pouces de diametre C, H, D, fur un bon pouce d'épaiffeur, afin qu'elles ne fillonnent pas au-deffous du chariot, vis-à-vis des trois montants de chaque côté ; mais elles ne failliront au-deffous que d'environ 6 lignes. Elles rouleront dans des mortaifes fur des tourrillons de fer, également tournés & polis.

Ce chariot marchera fur deux planches affez fortes , ou deux petits foliveaux $AB, fig. 3$, d'un peu plus de la longueur des deux cylindres enfemble. On fera un bâtis fur ces deux foliveaux vers B, pour porter le levier, au moyen duquel on fera avancer le cylindre d'un côté ou de

l'autre. Cette espece de charpente doit être solidement arrêtée sur le sol de
l'Orgue, pour qu'elle ne puisse faire aucun mouvement.

1379. Lorsque toute cette construction sera faite, & le cylindre étant
dans sa place, on le fera tourner avec la vis sans fin & sa manivelle, &
en tenant ferme une gouge de Tourneur sur le bord du chariot, on fera
plusieurs sillons sur le cylindre, qui conduiront à passer une varlope un peu
creuse, en façon de mouchette, & on rabottera jusqu'à ce que les sillons
aient entiérement disparu. Alors le cylindre sera bien dressé & bien arrondi.

On pourroit, pour plus grande exactitude & plus de facilité, ajuster
au-dessus du cylindre deux soliveaux en bois de champ, & parallelement au cylindre, qui serviroient à conduire un rabot entre deux. Il auroit une feuillure
de chaque côté, qui entreroit entre ces soliveaux jusqu'à toucher le cylindre.
Il est aisé de concevoir qu'en promenant ce rabot, il ne pourra mordre
sur le cylindre que jusqu'à ce qu'il touche aux soliveaux au fond de ses
feuillures ; & que si les soliveaux sont bien dressés, le cylindre le sera
également.

Le bas de la figure 4, *Pl. 98*, représente géométralement la partie du bout du
cylindre où est attaché le gros cercle denté *M*, dans lequel engrene la vis sans
fin *N*, soutenue & portée sur les deux supports *R*, *S*, qui sont attachés au lit *VU* du chariot. On voit les deux roulettes *P* & *Q* du même
chariot *O*.

Tout cet équipage étant fini, il y faut ajouter plusieurs autres machines
pour gouverner le cylindre ; c'est ce que nous allons voir dans le Paragraphe
suivant.

§. II. *Construction des Pieces qu'il faut ajouter au Cylindre, pour le gouverner.*

1380. Nous n'expliquerons point comment on fait tourner le cylindre
avec facilité, & bien réguliérement ; c'est par le même moyen que l'on fait
jouer celui de la Serinette, c'est-à-dire, par une vis sans fin. Mais il est
nécessaire qu'il fasse d'autres mouvements.

1°, Que l'on puisse le faire avancer de droite à gauche, & de gauche à
droite, pour changer d'air.

2°, Que l'on puisse découvrir sur le champ à quel air il se trouve.

3°, Qu'on le puisse mettre à tel air qu'on voudra.

Faire avancer le Cylindre de gauche à droite, ou de droite à gauche, pour changer d'air.

1381. Il paroît impraticable de produire ce mouvemement à un aussi
grand cylindre, par les mêmes moyens qui sont en usage pour les cylindres

des petites & grandes Serinettes. Voici un autre expédient avec lequel on fera mouvoir ce gros cylindre avec beaucoup de facilité. Ce fera par un double levier qu'on établira fur une petite , mais forte charpente, qu'on fera au bout *B* , *fig.* 3 , *Pl.* 99 , du lit du chariot. On voit en *L* le premier levier , qui confifte en une barre de fer affez forte pour être entiérement inflexible. On voit cette barre de fer plus en grand , *fig.* 4. Il y a un trou en *b* , où eft le centre de mouvement fortement arrêté par l'agraffe , *fig.* 5 : *a* eft un autre trou , dans lequel eft enfilé le bout *f* , *fig.* 6 , du fecond levier de fer. On engage le trou *g* dans l'enfourchement du fupport *k* , au moyen d'un boulon de fer à vis *l*. Le fort piton fourchu *m* s'attache par des vis contre le bas extérieur du chariot.

1382. On peut entendre aifément que lorfqu'on prend avec la main le bout *d* de la grande barre de fer , *fig.* 4 , & qu'on la pouffe horifontalement , par exemple , de droite à gauche , le point *a* va également de droite à gauche , & l'on fait faire le même mouvement au bout *f* , *fig.* 6 , du levier *f h* , qui eft fortement arrêté à la charpente du lit du chariot par fon trou *g* , & par le fupport *k n* : le trou du bout *h* étant auffi engagé dans le piton fourchu *m* , & ce dernier étant bien arrêté contre le bas du bout extérieur du chariot , force celui-ci à aller de gauche à droite. La grande barre de fer , *fig.* 4 , porte une languette *c* , qui s'engage dans un des crans faits au bas de l'ouverture horifontale par où fort le bout *d* de ce levier. Ce qui détermine la quantité de mouvement que l'on doit faire faire au cylindre , pour jouer l'air que l'on fouhaite.

1383. La figure 3 , *Pl.* 98 , repréfente géométralement le cylindre vu par-deffus. *A* eft un bout du cylindre. *BC* eft le fupport qui porte fon pivot. *DE* eft le grand levier de fer qui , par le fecond levier , pouffe le cylindre de droite à gauche. *EF* eft l'ouverture horifontale où font les crans , dans l'un defquels on engage le bout *E* du grand levier *DE* , pour mettre le cylindre à l'air qu'on veut.

§. III. *Découvrir à quel air le Cylindre fe trouve.*

On y parviendra par un moyen bien fimple , en pofant horifontalement une tringle de bois , dont la longueur foit de toute la profondeur du Buffet. On l'appuiera vers fon milieu , au-deffus de l'extrémité du long bras horifontal de l'équerre de fer. Le bout poftérieur de la tringle tiendra fixe , comme en charniere , contre le derriere du Buffet ; & le bout antérieur fortira en dehors fur le devant du Buffet , & coulera dans une ouverture longue & verticale que l'on fera dans un panneau. Comme le cylindre avance ou recule pour changer d'air quand on veut , ce bras de l'équerre hauffe ou baiffe pareillement ; il fera , par conféquent , monter ou defcendre la tringle de
bois.

bois. On marquera donc le long de l'ouverture, de haut en bas, des traits qu'on numérotera. A cet effet, on mettra la machine en expérience, & on marquera 1 sur le panneau , vis-à-vis du point où la tringle se trouvera. On fera aller le cylindre au second air , & on marquera 2 sur le panneau , vis-à-vis de la tringle ; on fera de même pour tous les autres airs , c'est-à-dire, jusqu'à 16 ; car nous supposons qu'il y aura 16 airs sur le cylindre.

§. IV. *Découvrir à quelle partie de sa circonférence le Cylindre se trouve.*

1384. CELA s'obtiendra par un moyen assez simple. On arrêtera avec des vis à bois un plateau X, *fig. 6, Pl. 98*, d'environ un pouce d'épaisseur , qui aura un ressaut X, & qui sera taillé en spirale dans sa circonférence, comme on le voit en la figure qui représente le bout A à droite, du cylindre. On arrêtera une tringle de bois quarrée CD, en charniere par son bout postérieur contre le derriere FG du Buffet de l'Orgue. Le bout antérieur D de cette même tringle sortira en dehors par une mortaise verticale ED, faite sur le devant du Buffet. La piece de bois B, est un plan incliné, attaché solidement au-dessous de la tringle.

1385. Par la construction de la machine, on comprend déja que si on fait tourner le cylindre par la vis sans fin, de X vers A, la tringle quarrée étant appuyée sur le plateau spiral par son plan incliné B, montera successivement, & le bout D parcourra la petite ouverture verticale DE, jusqu'à ce que le cylindre, ayant fait le tour entier, retombe dans le ressaut. On n'aura qu'à diviser la hauteur de l'ouverture ou de l'espace ED, que parcourt le bout D de la tringle quarrée , par exemple, en quatre parties, si l'on a noté quatre petits airs dans la circonférence du cylindre ; il sera aisé de reconnoître, lorsqu'on en aura besoin, à quel air précisément se trouve le cylindre, ayant égard, en même temps, à quel cran de l'ouverture horifontale se trouve le grand levier de fer.

§. V. *Mettre le Cylindre à l'air qu'on voudra.*

1386. ON comprend déja, par ce qui a été dit dans les deux Paragraphes précédents, que lorsqu'on veut mettre le cylindre à un certain air, il faut d'abord pousser le grand levier à droite ou à gauche , jusqu'au cran convenable, & faire tourner le cylindre par la vis sans fin , jusqu'à ce que le bout D de la tringle quarrée soit monté ou descendu à la division l'ouverture verticale ED.

1387. Il faut remarquer que toutes les fois qu'on voudra faire tourner le cylindre, sur-tout à gauche, sans que l'Orgue joue, ou le faire aller à droite ou à gauche par le grand levier, il ne faut jamais manquer d'élever de quelques lignes l'espece de clavier qui est sur le cylindre, & dont nous parlerons bientôt. Sans cette précaution on courroit rifque de tout gâter, ou du moins de faire quelque défordre. On n'indiquera point ici comment on élévera ce clavier, ce fera par des moyens fi connus par ceux qui conftruifént les Orgues, qu'il paroît fort fuperflu d'en parler davantage.

1388. Pour faire jouer l'Orgue dont il s'agit, au moyen du cylindre qu'on vient de décrire, il n'eft pas néceffaire qu'il y ait un abrégé, quoique les tuyaux des jeux ne foient pas arrangés de fuite dans leur ordre naturel, & qu'ils foient tranfpofés, comme on le pratique ordinairement. La laye *A* du fommier *B*, *fig.* 4, *Pl.* 98, ne doit pas être fur le devant *C* vers la montre, mais plutôt vers le derriere *A*: toutes les foupapes doivent être à diftances égales entr'elles, & il faut les faire un peu plus longues qu'à l'ordinaire, afin qu'avec moins d'ouverture on puiffe obtenir plus de vent ; car moins il y aura de levée aux touches, plus il y aura de précifion dans le notage. On fera les bourfettes, les ofiers à l'ordinaire ; mais les refforts des foupapes feront moins forts. On fufpendra à chaque foupape une vergette *D*, qui, par le bout inférieur *E*, s'accrochera au bout poftérieur *F* des bafcules *F G*, fervant de clavier.

1389. La conftruction de cette efpece de clavier demande bien de l'attention. On fera d'abord deux barres ou petits foliveaux *C D*, *fig.* 1, *Pl.* 99, de la longueur de chaque partie du cylindre. On en divifera la face du deffous en 51 points, diftants entr'eux de 16 lignes, comme l'efpace d'une foupape à l'autre. On fera des trous fur tous ces points pour y ficher des tenons de cuivre de trois lignes d'épaiffeur, fur un pouce de faillie : voyez plus en grand, d'abord la barre *A*, *fig.* 5, *Pl.* 98. *B*, font les tenons de cuivre fichés en deffous. *C* eft un de ces tenons de cuivre repréfenté féparément.

Comme cette conftruction pourroit gêner, lorfqu'il feroit queftion de retoucher ou de rectifier ce qu'il y auroit de défectueux à chaque touche en particulier, attendu qu'il faudroit en déranger plufieurs pour en avoir une, voici un moyen de pouvoir les enlever toutes féparément.

Au lieu de placer leur centre de mouvement, comme on l'a dit, fous les foliveaux qui les portent, ce feroit de le placer fur le côté, pardevant, en faifant fondre de petites chappes de cuivre, dans lefquelles elles feroient bien ajuftées fans ballotement ; & ces chappes feroient entaillées & fixées à la barre par le moyen de deux ou trois vis. Voyez *fig.* 7, *Pl.* 98 ; & à part une de ces chappes, *fig.* 8.

On fent bien qu'il faut faire fondre ces chappes en bon laiton, & qu'il faut faire le modele de façon que les deux joues foient écartées, afin de donner la facilité au Fondeur de les mouler. Les joues fe refferreront aifément, avec un marteau, jufqu'au point convenable : la figure 9 repréfente ce modele. Il feroit à défirer que tous les claviers des inftruments à cylindres fuffent conftruits avec de femblables chappes.

Chaque tenon aura un trou très-petit , dans lequel s'enfileront les axes ou pivots des bascules *F F*. Voyez, *fig.* 5 , *Pl.* 98 , plus en grand & féparément une bascule dans fa largeur & longueur, garnie de fa pointe, de fon pivot, & de fa boucle ou anneau. On voit fon épaiffeur par-deffus en *E*. Celles-ci auront, à l'endroit où fera fixé le pivot, 12 lignes & demie d'épaiffeur. Elles auront en tout 18 pouces de longueur, & le pivot fera placé à 6 pouces de la tête, qui fera réduite à 6 lignes d'épaiffeur. La queue, à laquelle on attache la vergette , portera une boucle de fil de fer. L'épaiffeur fera réduite à 3 lignes. La largeur de ces bascules fera d'un bout à l'autre de 15 lignes. On fichera une pointe d'acier d'une ligne & demie de faillie, fur trois quarts de ligne de largeur , en forme de plan incliné, au-deffous de la tête de chaque bascule. Ce fera cette pointe qui fe rencontrera avec celle du cylindre. Tout cela doit être fi bien ajufté que les bascules n'ayent point de ballotement, & que cependant elles foient très-libres. On a repréfenté en *G*, *fig.* 5 , trois tenons avec deux bascules affemblées, vues par le bout. Du refte, *C I* repréfente le devant du Buffet, & *A K* le derrière. *L* eft la manivelle attachée fur l'axe de la vis fans fin.

1390. Il faut prendre fes mefures pour placer la laye *A* du fommier *B*, & tout l'équipage du cylindre, enforte que les vergettes *DE*, tombant bien à-plomb, fe trouvent au bout poftérieur *F* des bascules *FG*, & que les pointes *G* de la tête de celles-ci fe trouvent à l'à-plomb de l'axe du cylindre *Z*. On pofera un rateau *a* deffous les queues *F* des bascules, pour les empêcher de faire du mouvement de gauche à droite, ou de droite à gauche, ce qui leur feroit éviter les pointes du cylindre. Ce rateau aura encore un autre effet, qui eft de foutenir en plufieurs cas les queues des bascules. Nous ne parlons point des fupports néceffaires pour porter le clavier à bascules, &c. L'infpection du local donnera les idées convenables à cet égard. Comme il faut dans le foubaffement du Buffet de l'Orgue, où le cylindre fera pofé avec fon clavier , des tournants à l'ordinaire, avec leurs fupports, on trouvera quelque embarras pour le paffage des vergettes ; mais on fe tirera aifément de cette difficulté , foit en faifant paffer ces vergettes par des trous qu'on fera aux fupports, foit par quelque tranfport de mouvement, &c.

1391. On peut avoir une idée de tout cet arrangement, par l'infpection de la figure 1 de la Planche 99. *G H I* eft le fommier, ou plutôt la laye, dont une partie eft repréfentée ouverte. *G D* & *I C* font les vergettes, dont le bout fupérieur eft attaché aux ofiers des bourfettes, & le bout inférieur tient au bout poftérieur des bascules. *K* eft la tringle quarrée qui repofe fur le plateau fpiral, dont nous avons parlé. *E F* font les bascules. *D F C* font les deux grandes barres, qui portent en leur deffous les bascules. On voit les pointes fichées au bout extérieur , & à la tête des bascules. Chacun imaginera affez les fupports pour foutenir les grandes barres *CFD* , qu'on n'a point repréfentées , pour éviter la confufion. *EL* eft tout l'équipage pour faire tourner le cylindre , avec le gros pivot rivé de chaque bout, aux deux croifées de fer. *LMN* eft le chariot. *OP* eft le lit fur lequel porte le chariot. *QP* eft l'équipage pour faire marcher le chariot horifontalement pour changer d'air ou de rangée de pointes des cylindres. *H* , font une partie des enfourchements pour lier les regiftres d'un fommier à l'autre. *A* & *B* font les deux cylindres. On remarquera qu'il y a 80 vergettes & 80 bafcules, parce que les pédales font jointes aux autres jeux fur le grand fommier.

1392. Dans la regle du fommier que nous avons donnée pour cet Orgue, nous avons fuppofé les jeux de 51 tuyaux. Cependant il pourroit arriver que tout ce nombre de 51 tuyaux ne fût pas néceffaire. Avant que de commencer à faire cet Orgue, & fur-tout le fommier , il faut avoir toute la mufique que l'on doit noter fur le cylindre, pour le remplir totalement de pointes. A l'infpection de tous les airs & de toutes les pieces, on examinera fi toutes les 51 notes doivent fervir. Si cela eft, il faut néceffairement compofer les jeux de 51 tuyaux. Mais fi l'on trouve qu'il y ait un nombre de notes qui foient inutiles, on fera très-bien de les fupprimer. Dans ce fecond cas, on auroit l'avantage de placer fur le même fommier les jeux ordinaires que l'on joue par le clavier du récit : on pourroit donc noter fur le cylindre des pieces, où les Organiftes font dans l'ufage d'employer les jeux du récit ; ce qui fera d'un grand avantage , & un agrément inappréciable.

1393. Le cylindre, tel que nous l'avons décrit, de 33 pouces de diametre, & qui contient 68 mefures à 2 temps, compofées de 4 noires chacune , durant environ deux fecondes & demie à chaque mefure, demeurera 2 minutes 45 fecondes à faire une révolution ; ce qui affurément fera bien fuffifant pour remplir un Offertoire. A l'égard des verfets qu'il faut jouer au *Kyrie*, au *Gloria*, au *Magnificat*, Profe, &c, les verfets de plain-chant, feront bien fuffifamment longs , s'ils durent 16 ou 20 fecondes chacun, c'eft-à-dire, 16 ou 20 mefures d'un mouvement ordinaire ; par conféquent il y aura 5 à 6 verfets à chaque révolution du cylindre. Si on veut jouer en plain-chant les verfets du *Kyrie* & du *Gloria* , la premiere ftrophe de l'Hymne de Vêpres, &c, il n'y aura pas ordinairement le quart de la révolution du Cylindre, qui, dans bien des cas , pourra fournir 5 à 6 verfets de ce genre.

SECTION

SECTION CINQUIEME.

Construction d'un autre Orgue beaucoup moindre que le précédent, pour être également joué par une manivelle.

1394. LES jeux qui peuvent convenir à cet Orgue, font les suivants :

1. Un Deſſus de 8 pieds ouvert, de deux octaves dans les deſſus ; mais il faut étendre ce Jeu autant qu'on le pourra vers les Baſſes, juſqu'à deux octaves & demie ; ou mieux, juſqu'à trois octaves, & on achevera de le completter par un deux pieds en cheminée, en étoffe.

2. Un Preſtant tout ouvert, en étain, ſur pieds d'étoffe. On peut, ſi on veut faire une montre, la remplir par ces deux Jeux.

3. Un grand Cornet de cinq tuyaux ſur marche, qui commencera au *C ſol ut* du milieu du Clavier ; le tout en étoffe.

4. Un Bourdon de 4 pieds bouché, la Baſſe en bois, & le reſte d'étoffe.

5. Un Nazard à la quinte du Preſtant, tout ouvert, & en étoffe.

6. Une Doublette, les Corps d'étain, ſur pieds d'étoffe.

7. Une Tierce, en étoffe.

8. Une Fourniture de 4 tuyaux, les Corps détain, ſur pieds d'étoffe.

9. Une Cymbale de 3 tuyaux, les Corps d'étain, ſur pieds d'étoffe.

10. Une Trompette, les Corps d'étain, ſur pieds d'étoffe.

11. Un Clairon, de même.

12. Un Cromorne, les Corps d'étain, ſur pieds d'étoffe.

13. une Voix humaine, les Corps d'étain, ſur pieds d'étoffe.

Largeur des Regiſtres & faux-Regiſtres.

		≡20
1. Deſſus de 8 pieds	. . . . .	30
		—10
2. Preſtant.	. . . .	30
		—10
3. Grand Cornet	. . . . .	24
		—10
4. Bourdon	. . . .	30
		—10
5. Nazard	. . . .	18
		—10
6. Doublette	. . . . . .	18
		—10
7. Tierce	. . . .	18
		—12
8. Fourniture	. . . . . .	24
		—12
9. Cymbale	. . . . . .	24
		—12
10. Trompette	. . . . . .	30
		—12
11. Clairon	. . . .	30
		—10
12. Cromorne	. . . . . .	30
		—10
13. Voix humaine	. . . . . .	30
		≡20

3 pieds 6 pouces, largeur.

Voici la regle des Barres & Gravures du Sommier propre à contenir & faire jouer ces Jeux, avec celle des Regiſtres & faux-Regiſtres. On briſera le Bourdon & le Preſtant, pour les faire ſervir aux Pédales de Flûtes. On briſera de même la Trompette, le Clairon, le Cromorne & la voix humaine. Dans cette briſure on fera enſorte que le troiſieme *C ſol ut* ſe trouve dans la Baſſe. On voit, par la regle des Gravures, qu'il y a doubles Gravures aux 25 premieres, pour avoir la commodité de faire jouer des Pédales ſéparées, ſans altération. Les Jeux d'anche ſeuls ſeront poſés ſur une Gravure particuliere, cependant les deux Soupapes ouvriront enſemble. Mais le Bourdon & le Preſtant ſeront poſés, comme les autres Jeux, ſur une gravure, autre que les Jeux d'anche

1395. On voit, par la regle de ce ſommier, qu'il y a 20 lignes de diſtance d'une Soupape à l'autre, & que toutes ces diſtances font égales. Le ſommier ayant 7 pieds pieds 4 pouces

de longueur, le cylindre doit en avoir 7 pieds 8 pouces, & l'on y ajoutera la partie dentée au bout, laquelle doit avoir 5 à 6 pouces de longueur.
On pourra mettre sur ce cylindre 20 rangées de pointes, ce qui donnera
beaucoup d'airs & de pieces. On peut le construire d'environ 2 pieds de diametre, ou mieux, aussi gros que celui que nous avons décrit. Du reste, on
y exécutera tous les équipages & machines dont on a vu la description dans
la Section précédente, & que nous ne répéterons pas ici. On fera bien,
comme nous l'avons déja dit, d'examiner, avant de commencer l'Orgue,
toute la musique que l'on doit y noter, afin de retrancher dans les jeux tous
les tuyaux inutiles. Cela rendra le sommier & le cylindre plus courts, sup-
posé que le cas ait lieu.

Section sixieme.

Moyen de faire jouer, par un Cylindre & une Manivelle, un Orgue déja construit avec des Claviers à l'ordinaire, &c.

1396. Nous supposons un Orgue déja fait à l'ordinaire, dont la laye est
par-devant, du côté de la montre ; & où il y a des claviers, un abrégé, &c. Il
s'agit de le jouer par un cylindre, sans rien déranger dans sa construction,
ensorte qu'un Organiste puisse toujours le toucher par les claviers, si l'on
veut, & que cependant on puisse faire jouer cet Orgue sans Organiste, s'il
est besoin. En voici le moyen.

Planche
97.
1397. La laye *A* du grand sommier *B C*, *fig.* 7, *Pl.* 97, par-devant,
avec les claviers & l'abrégé, ne peuvent servir de rien ; il faut laisser le
tout sans y rien faire. Mais on doit construire une autre laye *D* dessous le
derriere du grand sommier *B C*, sans ôter de place celui-ci, ni rien
déranger.

1398. On fera, avec un canif, des ouvertures au-dessous du sommier
sur le derriere, s'il est doublé de peau ou de parchemin ; ou bien avec un
ciseau, s'il est tringlé en bois. Ces ouvertures seront de la longueur convenable à celle des soupapes qu'on doit employer. Toutes les gravures étant
ainsi ouvertes, on y appliquera une regle de toute la longueur du sommier,
& on marquera par-dessus des traits qui répondent bien exactement à chaque gravure & à chaque barre. On emportera cette regle à l'attelier, &
après avoir tiré à l'équerre tous ces traits, on aura la regle & toutes les
mesures convenables pour construire cette laye.

1399. On fera deux barres *B D*, *fig.* 5, de toute la longueur du sommier
A C, de 18 lignes en quarré. On y transportera tous les traits de la regle,
& on y fera des denticules *E F*, *fig.* 6, comme si l'on vouloit en construire un sommier. On assemblera aux deux bouts une traverse *G H*, qui
contienne les mêmes mesures du chassis des côtés du sommier ; on fera des

barres *I K*, qu'on affemblera & qu'on collera dans ces denticules, à l'ordinaire, comme l'on fait aux fommiers. Mais il y a ici une obfervation à
faire. Tous les fommiers des Orgues font divifés de maniere que, dans les
baffes, les gravures, & par conféquent les foupapes, font plus écartées entr'elles que dans les deffus. Lorfqu'il s'agit de faire jouer un Orgue par un
cylindre, les foupapes doivent être dans tout le fommier à diftances égales.
Il faut donc les rendre telles dans cette nouvelle laye, quoiqu'elles ne le
foient pas au fommier.

1400. Lorfqu'on conftruira la grille de la laye de rapport, il faut tailler
les barres de biais. Pour fe regler à cet égard, avec facilité, on fera une
divifion à points égaux fur la même regle qui contient toutes les mefures des barres & des gravures du grand fommier. On tirera des lignes des premiers points aux feconds, & par-là on aura le biais qu'il faut donner aux
barres. On verra qu'il fera différent prefqu'à toutes, comme on peut le
remarquer dans la figure 6, qui repréfente la grille de cette laye démon-
tée, dont une partie des barres femble tenir encore aux denticules de la
barre du chaffis du côté, comme *E F*, & l'autre partie à l'autre barre *LM*.
On y apperçoit les denticules *EF*, qui biaifent différemment entr'elles, pour
trouver l'égalité de la diftance des foupapes. On peut remarquer encore
que les gravures du fommier *A C, fig.* 5, font à diftances inégales de l'une
à l'autre. La ligne *BD* contient exactement les mêmes mefures des gravures & des barres à diftances inégales. La ligne *N O* eft celle où les diftances font rendues égales entr'elles. Les efpaces blancs défignent les barres,
& les noirs repréfentent les gravures, au-deffous defquelles on voit les
foupapes, les S, les bourfettes, &c, qui font à l'ordinaire dans la laye.
On voit en *N* & en *O* les vis qui attachent cette laye au-deffous du fommier. On voit un efpace *P Q* entre le fommier & la laye *N O R S*, qui
doit difparoître lorfque la laye eft appliquée par des vis contre le deffous
du fommier *A C*. La diftance d'une rangée de points fur la regle doit être
de la même largeur que les barres, c'eft-à-dire, de 18 lignes. Les figures 5
& 6 de la Planche 97 repréfentent tout cela.

1401. La grille étant finie, on rapportera en-deffous les flipots, pour
tenir les queues des foupapes. On collera le parchemin fur les barres, qu'on
rabottera; on garnira en peau blanche les foupapes, & on les collera à
leur place. On y fichera leurs guides. On rapportera la Planche du derriere
de la laye en languette, & on la collera auffi-bien que celles des bouts. On
fera la planche des bourfettes qu'on garnira de fes ofiers; en un mot, on montera cette laye comme à l'ordinaire. On fera une ouverture pour lui donner
le vent, & enfin on collera une bande de peau fur toute les parties qui
doivent joindre contre le deffous du grand fommier; & avant que ces
bandes de peau foient feches, on mettra en place cette laye, l'arrêtant for-

Planche
97.

tement par des vis à bois, posées de distance en distance sur le rebord qu'on a dû laisser aux deux côtés de la laye, & aux deux bouts. Si tout cela est bien exécuté, le vent ne se perdra par aucun endroit, & le tout sera aussi solide que si l'on avoit construit cette laye en faisant le sommier.

1402. Toute la méchanique qui accompagne le cylindre peut s'exécuter comme si l'Orgue avoit été construit pour être joué par un cylindre, & comme nous l'avons décrit dans la Section quatrieme. On peut cependant trouver quelque embarras. Les claviers avancent ordinairement beaucoup dans l'intérieur du Buffet. Mais on peut faire aller le cylindre de quelques pouces au-dessous d'eux. Les tournants du positif sont quelquefois fort avancés dans le Buffet. On peut les changer de place, ou bien leur substituer d'autres moyens fort connus, & qui ne tiennent pas tant de place. La grande traverse, qui soutient les grands tournants, est quelquefois posée bien bas. Dans ce cas, il faut la placer plus haut, & raccourcir les tournants. On levera facilement toutes les autres difficultés qu'on pourroit rencontrer, sans préjudice toujours des claviers ordinaires, qu'on laissera dans tout leur entier, afin qu'on puisse toucher l'Orgue à l'ordinaire, quand l'occasion s'en présentera.

1403. Nous n'avons proposé jusqu'à présent que de faire jouer par le cylindre les jeux posés sur le grand sommier, comme le grand Orgue & le récit, s'il se trouve posé sur le grand sommier. Il ne seroit pas impossible de faire jouer également le positif ensemble ou séparément du grand Orgue par le même cylindre. Je hazarderai une idée là-dessus. On mettra une rangée de pilotes verticaux, dont le bout supérieur sera posé au-dessous des queues des bascules servant de clavier au cylindre. Le bout inférieur portera sur un bout des bascules brisées horizontales, qui formeront un éventail, & dont l'autre bout donnera au-dessus de l'extrémité des bascules du positif. On posera sur cet éventail le guide du cylindre, c'est-à-dire, le lit sur lequel doit marcher le chariot.

1404. Pour jouer séparément le grand Orgue du positif, il faudra que le guide ou regle percée, au travers de laquelle les pilotes passent pour les maintenir, soit mobile, en sorte qu'au moyen d'un tirant on puisse pousser ce guide ou cette regle, & par conséquent les pilotes, pour que leur bout ne se trouve plus au-dessous des queues des bascules. Pour faire jouer le positif seul, il faudra que les tirages des soupapes du grand Orgue soient faits de façon que le mouvement qu'on donnera à un autre guide, qui les enfilera tous, puisse les desaccrocher tous des bascules du cylindre ; ce que chacun imaginera fort aisément. Dans ce cas il faudra qu'il y ait une traverse aussi longue que le cylindre, posée au-dessous des bascules du cylindre, afin de les maintenir toujours dans la même situation, quoiqu'elles soient desaccrochées de leurs tirages. Toutes ces différentes machines

n'empêcheroient

n'empêcheroient pas qu'on ne pût toucher l'Orgue par les claviers ordinaires, quand l'occafion s'en préfenteroit.

1405. On peut encore faire jouer les pédales féparément, telles qu'elles font difpofées pour l'ordinaire dans les Orgues, par le même cylindre, en faifant à chaque bout, celui-ci plus long de quelques pouces, qui feront réfervés exprès pour noter ce qu'il faudra jouer par les pédales. On y adaptera des bafcules, qui, par des vergettes, en tireront d'autres brifées, & par ce moyen feront ouvrir les foupapes. On fera toujours enforte que l'on puiffe jouer les pédales quand on voudra, par leur clavier ordinaire : chacun pourra étendre ces idées, ou les réformer comme il le jugera à propos. Comme les pédales ne forment ordinairement dans l'exécution que des tenues, & qu'il leur faut plus de vent qu'aux claviers à la main, il n'y aura aucun inconvénient à tenir les pointes du cylindre qui les concernent, plus hautes que les autres, afin de procurer plus d'ouverture aux foupapes.

CHAPITRE QUATRIEME.

Maniere de noter un Cylindre d'Orgue.

Pour noter un Cylindre, il faut plufieurs outils que nous ferons connoître dans la premiere Section de ce Chapitre. Dans la feconde, divifée en plufieurs paragraphes, on donnera quelques notions de la Mufique ; de la valeur des notes, de leurs différentes tenues & de leurs différents filences ; on expliquera ce que c'eft que les *Tactés* ; la diftinction en premieres & fecondes pour les croches, & quelquefois pour les noires ; l'inégalité des croches. Dans la troifieme, on entrera dans le détail des agréments du Chant. Il s'agira plus particuliérement dans la quatrieme, du notage des Cylindres, au moyen du cadran : on y enfeignera fa combinaifon avec les airs. Dans la Section cinquieme, on propofera, pour premier exemple, le notage de la Barcelonette, au moyen du cadran. On fera connoître dans la fixieme, la groffeur des pointes, le piquage du cylindre. Dans la Section feptieme, on expliquera, dans le plus grand détail, le notage de la Romance de M. Balbaftre, fur différents cadrans. On fera plufieurs obfervations fur le goût & le vrai mouvement de cette piece.

SECTION PREMIERE.

Defcription des Outils néceffaires pour le notage des Cylindres.

1406. Un des principaux outils eft le laminoir, repréfenté dans la Planche 100. On le voit, *fig.* 1, géométralement par le bout. *AB* font deux forts montants de fer, joints enfemble par l'entre-toife *C*, à leur bout fupérieur, & par la traverfe *DE* qui eft la bafe, fur laquelle ils font bien arrêtés par des écrous VX, *fig.* 2, ou YZ, *fig.* 3. F, G, font deux couffinets de cuivre, fur lefquels appuient les pivots des rouleaux d'acier H & I. C, eft une vis de preffion pour faire approcher plus ou moins l'un de l'autre les deux rouleaux, felon qu'on le juge à propos. K, eft une manivelle pour faire tourner les rouleaux.

1407. On voit entre les pieds de l'établi du laminoir, un compas de réduction au quart, de l'invention du Pere Engramelle, Religieux Auguftin du Fauxbourg S. Germain à Paris. Ce compas fert à fixer ou jauger jufte les épaiffeurs des pointes pour toutes les circonftances poffibles, dans le notage; & ces épaiffeurs font prifes, avec ce compas, fur le cylindre même après qu'il eft noté. Il eft effentiel que ce compas, fans être matériel, foit folidement exécuté, à peu-près de la grandeur dont on le voit ici. On en indiquera l'ufage dans la Section fuivante, §. 5.

1408. La figure 2 repréfente le même laminoir, dont on voit les deux rouleaux de face & les montants de profil. La figure 3 repréfente le même laminoir, dont on a ôté les deux montants d'un bout, pour laiffer voir les rouleaux à découvert.

1409. La figure 4 repréfente géométralement le laminoir vu par-deffus & attaché fur l'établi, au moyen des deux écrous A & B. KLM, *fig.* 1, eft l'élévation géométrale de l'établi fur lequel le laminoir eft fixé. La table NO de cet établi eft prolongée jufqu'à N & O, avec un grand enfourchement aux bouts, pour recevoir deux roues PN & OQ. Le fil de laiton ou de fer, que l'on applatit par ce laminoir, paffe & fe roule fur ces deux roues. A cet effet, on roule le fil de laiton rond, de la groffeur convenable, tel qu'on l'achete chez les Marchands, autour de la roue PN; on en fait paffer un bout entre les deux rouleaux, & l'on attache ce même bout fur la roue OQ. Ce fil eft toujours tendu au moyen des deux poids R & S. A mefure que l'on fait tourner la manivelle K, le fil de laiton s'écrafe entre les rouleaux, & paffe fucceffivement de la roue PN à celle OQ, à quoi aident les poids R & S. On le fait ainfi paffer plufieurs fois, s'il le faut, entre les rouleaux, les faifant approcher à chaque fois l'un de l'autre, au moyen des vis C, jufqu'à ce qu'il foit au degré d'épaiffeur qu'on juge convenable.

L'on voit dans la figure 4, les deux roues C & D, fur lefquelles s'enveloppe le fil de laiton, auffi bien que les deux poulies E & F, fur lefquelles s'entortillent les cordes auxquelles les poids font fufpendus.

1410. La Planche 101 repréfente plufieurs inftrumènts avec lefquels on travaille le fil de laiton applati. Il faut d'abord le couper en morceaux, de la longueur convenable à chaque efpece de note. La figure 1, repréfente dans fa grandeur naturelle, & en perfpective, la tenaille à couper. Elle coupe le fil plat, en le prenant de champ, de maniere qu'elle fait, à cha-

que pointe , la tête quarrée & la queue pointue , comme l'on voit à la
figure 2 , en *a* & en *b*.

1411. Lorfqu'on a coupé le nombre des morceaux qu'on s'eft propofé ,
il en faut plier plufieurs ; ce qu'on fait aifément, au moyen d'une des quatre pincettes graduées, *fig.* 3 , 4 , 5 , & 6. On plie fort aifément ces *Ponts*
en 20 grandeurs différentes, s'il eft befoin, qui font toutes les efpeces qui
puiffent être néceffaires. Pour fe fervir de ces pincettes , on met un morceau de fil plat dans la pincette, au cran ou au degré dont on a befoin,
fig. 5. On appuie la pincette fur un petit tas, *fig. 6* ; & avec un petit
marteau, on frappe fur le morceau de cuivre pour le bien quarrer. On retourne la pincette, & on en fait autant de l'autre côté. L'on voit dans la
figure 7, deux ponts ainfi ployés. Les cinq autres font de fimples pointes
de différentes épaiffeurs. Toutes ces pieces, dans la figure 7, font repréfentées 8 fois plus grandes & plus groffes qu'elles ne doivent l'être naturellement : les outils, *fig.* 1, 3, 4, 5 & 6, font repréfentés de grandeur
naturelle.

1412. La Planche 102, repréfente la boîte dans laquelle on met les
pointes à mefure qu'on les fait. On voit géométralement, *fig.* 1, les 24
caffetins, dans lefquels on remarque toutes les efpeces de notes dont on
peut avoir befoin, avec leur arrangement. La figure 2, repréfente la même
boîte en perfpective ; & la figure 3, en fait voir le couvercle, qui eft conftruit de façon à bien boucher tous les caffetins. Il faut concevoir que le
couvercle, *fig.* 3, s'ajufte & entre en partie dans la boîte, *fig.* 4, & joint
bien contre toutes les cloifons des caffetins ; afin que, fi on la renverfoit,
étant fermée, les pointes d'un caffetin ne puiffent paffer dans un autre.

1413. La Planche 103 , repréfente différents outils. La figure 1, eft une
pincette droite ; & la figure 5 , une pincette courbe. Elles fervent l'une &
l'autre principalement à faifir les pointes par la tête , & à les contenir
lorfqu'on les enfonce, (ce que l'on fait ordinairement à la main aux Serinettes) ; ou pour les arracher ou redreffer lorfqu'il en eft befoin.

1414. La *Fig.* 2 , eft une groffe aiguille à coudre, emmanchée : on l'aiguife
enforte qu'elle foit plate au bout. Elle fert à faire les trous pour y mettre
les pointes. La figure 3, eft un repouffoir fourchu ; on s'en fert pour enfoncer les pointes, enforte qu'elles aient toutes une faillie bien égale. La
figure 4, eft un autre repouffoir au même ufage que le précédent. L'un
eft plus commode pour les ponts, & l'autre pour les fimples pointes.

1415. Les figures 6 & 7, repréfentent toutes les pointes & les ponts
dont on peut avoir befoin. La figure 8 eft un calibre pour faire, avec jufteffe, tous les crans aux quatre pincettes, *fig.* 3 , 4 , 5 , & 6 de la Planche
précédente. La figure 9 , repréfente un cylindre prêt à être piqué , &
que l'on a enveloppé bien jufte d'un papier blanc dans toute fa furface

circulaire, fans y être collé. Il ne l'eft qu'à la partie, où les deux bords du papier chevauchent l'un fur l'autre ; mais il ne faut pas que la colle touche du tout le cylindre. Cette colle n'eft que de la fine farine cuite avec de l'eau.

PLANCHE 104.

1416. La planche 104, *fig.* 1, repréfente la Serinette toute montée, & difpofée comme il le faut, lorfqu'il s'agit de piquer le cylindre pour marquer la place précife de chaque pointe. *A*, eft une rondelle de carton, qu'on nomme *cadran*, qui contient, à fa circonférence, un certain nombre de divifions faites felon qu'il convient au degré de mouvement de l'air qu'on veut noter. On y remarque une aiguille *B* de carton ou de cuivre, qui eft fixée fur l'axe de la manivelle & de la vis fans fin *C*. Le cadran eft arrêté & immobile fur la boîte de la Serinette. Les figures 2 & 3 font deux autres cadrans avec des divifions différentes. Nous reviendrons à tout ceci, lorfque nous aurons expliqué la maniere de noter les cylindres ; ce que nous allons faire dans les Sections fuivantes.

S E C T I O N   S E C O N D E.

De la Tonotechnie ou Notage des Cylindres. *

Des notions néceſſaires fur la Muſique, & premiérement de la valeur des Notes.

1417. Il eft une maniere de concevoir la Muſique, toute différente de celle qu'on enfeigne dans tous les Traités de cet Art ; elle eft fondée fur l'exécution même.

---

* A l'inftant où je me difpofois à publier cette derniere Partie de l'Art du Facteur d'Orgues, il m'eft tombé entre les mains un Livre intitulé : *La Tonotechnie, ou l'Art de noter les Cylindres* ; par le P. Engramelle, Religieux Auguftin du fauxbourg S. Germain ; 1 vol. in-8°, à Paris, chez Delaguette. J'avoue que j'ai été finguliérement fatisfait des regles qu'il y établit, & des procédés qu'il emploie. J'ai trouvé qu'il avoit traité fupérieurement cette matiere, qui n'avoit été qu'effleurée par quelques Auteurs, qui n'en ont donné qu'une bien légere connoiffance, fans en avoir atteint les vrais principes. Ils n'ont pas dit un mot des agrémens du chant, ni de la combinaifon des *filences*, des *tenues*, des *tactés*, pour former les articulations de la Muſique, &c ; de la diftinction des *premieres* & *fecondes* croches, & des *noires* &c ; de leur inégalité, &c : toutes ces obfervations font pourtant effentielles, & conftituent l'effence de la belle exécution, telle que la pratiquent les plus habiles Organiftes, & ainfi que j'ai eu occafion de le remarquer dans plufieurs morceaux que M. Balbaftre, très-habile Organifte, a bien voulu exécuter devant moi. Notre célebre Artifte, pour procurer plus de facilité dans le notage, a ingénieufement imaginé plufieurs fignes ou caracteres, qu'il applique convenablement aux notes de la Muſique, felon le vrai goût de fon exécution. Ne voulant rien négliger de ce qui peut contribuer à la perfection de mon Traité, fur-tout en ce qui en fait un des principaux objets, j'ai cru ne pouvoir mieux faire que d'engager le P. Engramelle, à concourir avec moi à la defcription du notage. Cet habile & laborieux Auteur, n'ayant pour but que le bien public, & le progrès des Arts, s'eft rendu avec grace à ma priere. Pour ne rien m'approprier de ce qui lui appartient, je vais rapporter la defcription qu'il m'a donnée, fans y rien changer, perfuadé que le Public verra avec fatisfaction, un peu plus développées, les regles qu'il a établies dans fon Ouvrage, & qu'on fera bien de confulter. Ce favant Religieux a bien voulu auffi préfider à la gravure des Planches relatives à la partie qu'il a traitée, & qu'il entend fi bien.

Je dois encore témoigner ici publiquement ma reconnoiffance à M. Gouffier, Ingénieur & très-habile Deffinateur à Paris, pour le fervice effentiel qu'il m'a rendu par fon induftrie, d'avoir imaginé de repréfenter le notage fur des fragmens de cylindres, & d'en faire voir la correfpondance à côté, aux notes de la Muſique, pour rendre la pratique du notage plus intelligible & plus inftructive.

Les

Les cylindres doivent exprimer cette exécution dans le plus grand détail ; c'eſt-à-dire, faire valoir non-ſeulement les notes, mais toutes leurs parties conſtitutives, dont l'enſemble produit tout l'effet dans l'exécution.

Quant à la valeur des notes, on les diſtingue en ronde $\circ$, blanche ƥ , noire ƒ , croche ♪ , double-croche ♪ , triple-croche ♪ , &c. mais pour les quadruple-croches, dont il faudroit 64 pour une ronde, elles ne pourroient s'exécuter que dans des pieces d'une lenteur exceſſive : ce cas eſt preſque métaphyſique ; c'eſt pourquoi on n'en parlera pas ici.

La durée des notes ſe meſure proportionnellement l'une par l'autre. Une ronde vaut deux blanches, parce qu'il faut autant de longueur de temps pour exécuter une ronde, que pour exécuter deux blanches ; par la même raiſon, une blanche vaut deux noires, une noire vaut deux croches, une croche vaut deux double-croches, une double-croche vaut deux triple-croches, &c.

Un point à la fin de chacune de ces notes, en augmente la valeur de moitié ; ainſi une ronde pointée vaut trois blanches, une blanche pointée vaut trois noires, &c.

Toutes les notes ont deux parties eſſentiellement conſtitutives, qui ſont la *tenue* & le *ſilence*, leſquels réunis, font la valeur totale de la note. La *tenue* occupe toujours la premiere partie de la note, & le *ſilence* la termine. Ces deux parties des notes ont une durée déterminée dans l'exécution de la muſique, & elles doivent être appréciées avec exaĉtitude dans le notage ; ainſi il faut exprimer la valeur, non-ſeulement des parties parlantes de chaque note, mais celle de leurs *ſilences*, qui ſervent à les détacher pour former l'articulation de la muſique ; & ſans leſquelles, elle ne produiroient qu'un mauvais effet, ſemblable à celui d'une muſette, dont le défaut le plus choquant eſt de n'avoir aucun ſon articulé.

Comme toutes les notes, compris leur *tenue* & leur *ſilence*, doivent occuper, ſur la circonférence des cylindres, des longueurs proportionnelles & déterminées ; pour mieux comprendre leur valeur dans le notage, on pourroit les comparer à quelque meſure familiere, comme, par exemple, à quelques parties du pied de Roi.

Si la ronde valoit quatre pouces de longueur, la blanche n'en vaudroit que deux ; la noire, un ; la croche, ſix lignes ; la double-croche, trois lignes ; la triple-croche, une ligne & demie, &c : une ronde pointée vaudroit ſix pouces ; une blanche pointée, trois pouces ; une noire pointée, un pouce & demi ; une croche pointée, neuf lignes ; une double-croche pointée, quatre lignes & demie ; & une triple-croche pointée, deux lignes & un quart : cette comparaiſon familiere eſt plus que ſuffiſante pour donner une idée exaĉte de la valeur proportionnelle de notes, compris leur *tenue* & leur *ſilence*.

§. I.

De la tenue *des Notes.*

1418.: J'APPELLE *tenue* des Notes leur partie parlante, qui en occupe toujours le commencement ; ce qui les termine eſt toujours un *ſilence* plus ou moins long, pour former l'*articulation* du Chant.

Il y a deux eſpeces de *tenues*, la *ſimple* & la *compoſée.*

La *tenue ſimple* eſt celle qui ſoutient le même ſon plus ou moins long-temps, & la *compoſée* eſt celle qui eſt formée de pluſieurs ſons modulés alternativement, comme ſont tous les agréments, dont on trouvera le détail & l'expreſſion dans les Planches 105, 106, 107, 108, 109, 110, 111, 112, 113. Toutes ces Planches repréſentent les détails de divers effets, ſuivant la maniere ordinaire des Muſiciens, qui n'ont aucun caractere pour les indiquer ſans équivoque ; des principes exaĉts ſur ces détails ne pouvant s'acquérir que par la Tonotechnie, c'eſt en la réduiſant en principes theorico-pratiques, qu'on levera toutes les difficultés qui les arrêtent.

La *tenue ſimple* ſe diſtingue encore en *tenue proprement dite*, & en *taĉtée.*

La *tenue proprement dite*, ou ſimplement *tenue*, eſt celle qui ſoutient le même ſon pendant un certain temps de la valeur des Notes ; c'eſt-à-dire, de maniere à ne laiſſer à ſa ſuite qu'un *ſilence* de la valeur à peu près d'une *ſe-conde* croche après les noires, ou après les Notes les plus étendues ; & elle occupe la moitié exaĉte de la valeur des croches, & des autres Notes moins conſidérables.

La *taĉtée*, au contraire, eſt celle qui ne fait ſentir que le commencement de la Note ; ce qui revient au premier quart dans les croches, & au premier huitieme dans les noires : il eſt rare que les Notes plus conſidérables ſoient des *taĉtées*, à moins qu'on ne regarde comme telles celles qui, quoique *tenues* en partie, laiſſent à leur fin des *ſilences* de la valeur au moins d'une noire, & même d'une noire pointée : quant aux Notes de moindre valeur que les croches, les *taĉtées* ſont ordinairement du premier quart de leur valeur. Plus on diminuera les *taĉtées*, & plus l'exécution ſera détachée dans le notage ; il eſt même bien des occaſions où les *taĉtées* des croches ne ſont que le huitieme de leur valeur.

Pour donner une idée de la différence des *tenues* & des *taĉtées*, on pourra les diſtinguer en chantant la piece de Muſique qu'on veut noter, en arti-culant toutes les Notes avec ces deux ſyllabes : ta, la, ta, la, ta, &c. *Ta* indiquera la *tenue*, & *la* indiquera la *taĉtée.*

§. II.

Des Silences d'articulation.

1419. Il n'eſt point d'*articulation* dans l'exécution de la Muſique, non plus que dans le notage, ſi toutes les notes, ou plutôt les *tenues* de ces notes, & toutes les parties conſtitutives des *tenues compoſées*, ne ſont ſuivies de *Silences* pris aux dépens de leur valeur.

Ces *Silences* doivent varier ſuivant le genre d'expreſſion qui convient à la piece; dans les airs gais, ils ſont ordinairement plus conſidérables que dans les gracieux; c'eſt le goût du Noteur qui doit en décider.

Cependant on peut généralement les diſtinguer en *Silences de repriſe d'haleine*, de *coup de langue*, de *détachée*, de *liée*, & *d'intervalle de cadences*.

Le *Silence de repriſe d'haleine* eſt celui qui termine toujours la fin des repriſes, ou la fin des phraſes dans le courant de la piece. Celui à la fin des repriſes eſt ordinairement de la valeur d'une noire entiere, & même ſouvent d'une noire pointée; & celui à la fin d'une phraſe, eſt ou d'une noire, ou d'une croche pointée.

Le *Silence de coup de langue* eſt d'une croche entiere après les noires; & même quelquefois d'une croche pointée après les noires *tactées*, & au moins d'une croche après les blanches, & des trois quarts d'une croche après les croches.

Le *Silence de détaché* eſt toujours d'une double-croche, & quelquefois un peu plus, ſuivant le genre plus ou moins lié de l'air.

Le *Silence de liée* eſt d'une triple croche, & quelquefois d'une triple-croche pointée.

Le *Silence des modules des cadences* ordinaires, eſt de la moitié de la valeur de chaque *module*; c'eſt-à-dire, d'une quadruple-croche, ſi le *module* eſt d'une triple-croche; ou quelque choſe de plus, ſi le *module* n'eſt que d'une triple-croche pointée; ce qui arrive le plus ſouvent.

Ces regles ſont les plus générales, & on ne les trouvera enſeignées dans aucun Auteur de Muſique; cependant, quoique la valeur de ces Silences ſoit la plus ordinaire, il eſt quelques circonſtances que le bon goût ſeul fait ſaiſir, qui font varier ces Silences au beſoin, ou pour lier, ou pour détacher certains paſſages qui exigent une expreſſion particuliere: il arrive même quelquefois que les noires pointées, les blanches, & les rondes mêmes, ne ſont que de ſimples tactées, pour laiſſer travailler, pendant un Silence conſidérable, les parties d'accompagnement, leſquelles ſeroient étouffées par des tenues trop prolongées: c'eſt aſſurément par le défaut de cette connoiſſance, que ceux qui exécutent même de la bonne Muſique, déplaifent fouvent par une efpece de pefanteur ou de féchereffe qui ennuie.

1420. Pour fe convaincre de la néceffité de ces *Silences* à la fin de chaque note ; qu'on exécute fur un Orgue, un Clavecin, Epinette, ou tout autre inftrument à clavier que ce foit, tel air qu'on voudra ; & qu'en l'exécutant, on faffe plutôt attention à l'exécution, qu'à la maniere dont on le note fur le papier ; on s'appercevra qu'un doigt qui vient de finir une note, eft fouvent levé long-temps avant qu'on ne pofe le doigt fur la note fuivante, & cet intervalle eft néceffairement un *Silence* ; or fi l'on y prend bien garde, il fe trouvera entre toutes les notes, de ces *intervalles* plus ou moins longs, fans lefquels l'exécution feroit néceffairement mauvaife : il n'eft même pas de *modules* de cadences qui ne foient féparés par de petits *intervalles* très-courts, entre la levée & la pofe des doigts fur les touches : ce font tous ces *intervalles* plus ou moins longs, que j'appelle les *Silences d'articulation* dans la Mufique, dont aucune note n'eft exempte, pas plus que la prononciation articulée des confonnes dans la parole, fans lefquelles toutes les fyllabes n'auroient d'autre diftinction que le fon inarticulé des voyelles.

Un peu d'attention dans la prononciation fur l'articulation des fyllabes, fera appercevoir aifément que, pour produire l'effet de prefque toutes les confonnes, le fon des voyelles fe trouve fufpendu & intercepté, foit en rapprochant les levres l'une contre l'autre, ou en appuyant la langue contre le palais, les dents, &c : toutes ces fufpenfions ou interceptions du fon des voyelles, font autant de petits *Silences* qui détachent les fyllabes les unes des autres, pour former l'articulation de la parole : il en eft de même pour l'articulation de la Mufique, à cette différence près, que le fon d'un inftrument étant par-tout le même, & ne pouvant produire, pour ainfi dire, qu'une feule *voyelle*, il faut que les *Silences d'articulation* foient plus variés que dans la parole, fi l'on veut que la mufique produife une efpece d'articulation intelligible & intéreffante.

§. III.

Des Tenues & des Tactées.

1421. La diftinction que j'ai faite, §. 1, des *Tenues* & des *Tactées* indique que dans des notes, même d'égale valeur, il y en a dont les fons font plus ou moins prolongés, les unes ayant un fon plus foutenu, & les autres n'exprimant que le commencement de la note, pour en marquer feulement le *tact*.

Ces *Tenues* & ces *Tactées* fe fuccedent alternativement ordinairement dans les noires, & toujours dans les croches des mouvements à 2 & 4 temps.

Quant

Quant aux 2.4, les croches doivent être confidérées comme des noires, & les doubles croches comme des croches.

Cette regle eft fi générale dans les mouvements à 2 & 4 temps, pour l'alternative des *Tenues* & des *Tactées* dans les croches, que même après une noire pointée, lorfqu'il y a une croche, elle eft *tactée*, en ce que le point faifant partie de cette noire, & tenant lieu de premiere croche, il faut que celle qui fuit foit une feconde.

Dans les airs, au contraire, où les croches fe battent de 3 en 3, comme dans les 6-4, les 6-8, &c, ou bien elles font toutes *tactées*, ou la premiere des 3 eft feulement *tenue*, & les 2 autres *tactées*.

Quant aux tiers des croches, elles font prefque toujours *tactées*, à moins qu'elles ne foient marquées liées; dans ce cas, les 2 premieres font *tenues*, & la derniere eft *tactée*.

Les double-croches font le plus fouvent toutes *tactées*, à moins que l'air ne foit affez lent pour les diftinguer en *premiere & feconde*; dans ce cas, on fe regle comme pour les croches avec les proportions réquifes : mais dans les pieces d'un mouvement ordinaire, on les fait toutes tactées, afin de les détacher davantage, & fouvent on n'y emploie que des pointes de cadence.

Il eft aifé de conclure de là, que les différentes groffeurs des pointes ne font pas en raifon dés différentes valeurs des notes, mais feulement de la valeur de leur *tenue*. Ainfi la même pointe pourra fervir de *tenue* à une croche ou double croche, pendant qu'elle ne fera qu'une *tactée* pour les noires, ou pour d'autres notes plus confidérables.

§. IV.

De la diftinction en Premieres & Secondes *pour les Croches, & quelquefois pour les noires.*

1422. DANS tous les mouvements à 2, 3 & 4 temps, les croches s'articulent de 2 en 2, & fe diftinguent par *premiere & feconde* : cette diftinction a auffi quelquefois lieu pour les noires. Elle eft effentielle au notage comme à l'exécution.

Les 2 croches enfemble font la valeur totale d'une noire; celle qui eft cenfée tenir lieu de la premiere moitié de la noire, s'appelle *premiere croche*, & celle qui tient lieu de la feconde moitié s'appelle *feconde croche*: la *premiere* eft ordinairement *tenue*, & la *feconde* eft toujours *tactée*: il n'eft qu'une feule circonftance où la *premiere* ceffe d'être *tenue*, c'eft lorfqu'elle fe trouve du même ton que fa *feconde*, afin de pouvoir les détacher plus fenfiblement.

Cette diftinction en *premiere & feconde*, peut auffi avoir lieu dans les double-croches des 2-4 d'un mouvement modéré, pour la raifon que j'en ai donnée dans le §. 3. Les noires font auffi quelquefois fufceptibles de cette diftinction : il eft même rare que celles qui font *tactées* ne foient des *fecondes*, à moins que les *premieres* ne foient fur la même ligne que leur *feconde*.

§. V.

De l'inégalité des Croches.

1423. D'après la diftinction qu'on vient de faire des Croches en *premiere* & *feconde*, il eft effentiel de faire des obfervations fur leur *inégalité* dans la plûpart des mouvements.

Prefque toujours les *premieres* font plus longues, & les *fecondes* plus courtes; j'excepte cependant les mouvements où elles fe marquent de 3 en 3, comme dans les 6-4, & les 6-8 : mais dans les mouvements où elles fe marquent de 2 en 2, il eft rare qu'elles foient égales.

Cette *inégalité* doit varier fuivant le genre d'expreffion de l'air; dans les airs gais, elle doit être plus marquée que dans les airs gracieux & d'une expreffion tendre, dans les marches que dans les menuets; cependant il fe trouve bien des menuets de caractere dans lefquels l'*inégalité* eft auffi marquée que dans les marches. Le goût, ou plutôt l'ufage du notage, fera fentir cette différence. En général, quelle que foit cette inégalité des *premieres* aux *fecondes*, les *premieres* font les plus longues, & les *fecondes* les plus courtes, de façon cependant que les deux enfemble n'excedent pas la valeur de la noire qu'elles repréfentent.

Il eft auffi bien des circonftances où les noires font *inégales*, ainfi que les doubles croches; les *premieres* deviennent alors plus longues, & les *fecondes* plus courtes; mais comme ce degré d'*inégalité* varie fuivant le genre d'expreffion qui convient aux pieces de Mufique, le Noteur en fera fon étude particuliere, fur-tout lorfqu'il s'agit de faifir le genre d'un Auteur : on en vera ci-après plufieurs exemples détaillés dans la Romance de M. Balbaftre.

SECTION TROISIEME.

Du détail des Effets, avec l'explication des Caracteres que le P. Engramelle a imaginés pour les exprimer.

1424. Outre les *tenues*, les *tactées* & les *filences* qui font les effets ordinaires des notes, il en eft d'autres qu'on appelle les agréments, comme *cadences, martellements, ports-de-voix*, &c : c'eft du détail de ces agréments qu'il s'agit dans cette Section.

En général, tous les agréments font un affemblage de plufieurs tons qui concourent à former une feule note; ils ont des *filences*, non-feulement à leur fin, mais entre toutes les parties ou *modules* qui les forment, à la différence près que celui de la fin doit être , comme à toutes les notes, ou de *coup de langue*, ou de *détaché*, ou de *liée*, ou enfin de *repriſe d'haleine*; au lieu que ceux qui féparent les *modules* des agréments & des cadences, ne doivent fervir que pour les détacher, afin de ne pas les confondre.

Les caraȼteres tonotechniques font fi fimples & fi intelligibles, qu'on a cru devoir les employer fur toutes les notes des Planches gravées depuis & y compris celle 105, jufqu'à 128 inclufivement.

Cette marque ı indiquera les *taȼtées*, celles-ci - — fignifieront les *tenues*, & les points qu'on trouvera fur les *tenues*, comme celle-ci -- , marqueront les *filences*; chacun de ces points équivaut à une feconde double croche : les agréments feront indiqués par des caraȼteres de cette forme ᴠ,ᴧ,ʍ,ᴎ,ʍʍ, &c, tantôt réunis, tantôt féparés : toutes les pointes comptent : celles d'en-haut marqueront la note fupérieure, & celles d'en-bas la note inférieure ; ainfi, en comptant le nombre de pointes, on trouvera la quantité de *modules*, dont chaque agrément eft compofé.

Soit, par exemple, l'agrément de cadence fimple, *Pl.* 105, *fig.* 1 : la premiere note eft une noire fur le *mi*; le caraȼtere au-deffus indique une *tenue* avec un *filence* de deux doubles croches à la fin, défignées par les deux points au-deffus. La feconde note eft une noire cadencée fur le *re* de quatre *modules*, compris le dernier qu'on appelle *finale*. Dans l'expreſ-fion de cette cadence, on doit remarquer qu'elle eft compofée de quatre *modules*, compris la noire même ; le premier *module* eft fur le *mi*, & eft indiqué par la premiere pointe du caraȼtere qui eft en haut : le fecond fur le *re* ; il eft indiqué par la feconde pointe qui eft en bas : le troifieme fur le *mi*, par la troifieme pointe qui eft en haut ; & le quatrieme enfin fur *re*, par la derniere pointe qui eft en bas ; il eft le module final de cette cadence.

PLANCHE 105.

Tous ces agréments étant compofés de plufieurs fons alternativement modulés, pour ne faire qu'une feule & unique note, les uns font *vrais*, & les autres *empruntés*; ceux qui font fur la même ligne & du même ton que la *finale*, font les fons *vrais* ; & ceux qui s'en écartent, foit en deffus, foit en deffous, font les fons *empruntés*, comme dans ce *re* cadencé ; les *modules* fur le *mi* font *empruntés*, & les *modules* fur le *re* font *vrais*.

Le *module* final des agréments étant toujours fur la vraie note, doit tou-jours former une *tenue*, quelle qu'elle foit, afin de la caraȼtérifer d'une ma-niere fenfible ; & cette *tenue* finale ne doit être prolongée qu'autant qu'il eft néceffaire pour ne point détruire le filence qui doit la fuivre ; c'eft pourquoi il arrivera fouvent qu'elle ne confiftera que dans une pointe un tant foit peu plus épaiffe que celles des *modules* qui la précedent.

La troisieme note est une noire *tactée* sur l'*ut* ; c'est-à-dire, qu'elle ne doit marquer que son premier huitieme, & le reste en *silence*.

La quatrieme enfin est une blanche pointée sur le *sol* ; elle est *tenue* & terminée par un silence de quatre doubles croches, ou une noire indiquée par les quatre points au-dessus.

L'explication de cette premiere figure ainsi détaillée, doit faire entendre ces caracteres dans toutes les autres Planches de Musique.

On trouvera la plûpart de ces agréments notés & indiqués par des caracteres semblables, *Pl.* 105, 106, 107, 108, 109, 110, 111, 112 & 113, censés exécutés sur des fragments de cylindres, avec la correspondance des notes : on observera sur ces fragments de cylindres, que les parties *hachées* noires sont les *tenues* ou parties parlantes, & celles hachées gris représentent les *silences* qui les terminent.

S E C T I O N   Q U A T R I E M E.

Usage des principes précédents dans le notage des Cylindres.

1425. Il faut voir actuellement comment on doit, dans le notage, tirer parti de ces principes, pour en faire l'application à toutes les pieces de Musique, dont les Cylindres sont susceptibles. Commençons d'abord par un air de Serinette : sa simplicité servira à nous élever à une autre piece plus composée.

Le notage en général consiste à trouver quelque moyen sûr & facile, pour diviser exactement la circonférence des Cylindres, & y appliquer à leur vraie place les pointes qui font parler les tuyaux, en levant les bascules qui servent de touches.

1426. Il en est plusieurs moyens ; mais ils se réduisent à deux principaux, qui sont l'échelle & le cadran.

L'échelle consiste ordinairement en une bande de papier, qui puisse envelopper exactement le Cylindre qu'on divise au compas, d'abord en mesures, puis chaque en mesure noire, & chaque noire en 3 ou 4, pour faire les *modules* des cadences ; chaque subdivision de la noire pouvant en produire deux, nous ne nous arrêterons pas à ce moyen, parce qu'il exige des tâtonnements ; nous ne faisons seulement que l'indiquer ici, parce qu'il peut se rencontrer quelque occasion où il seroit nécessaire ; d'ailleurs celui du cadran, que nous allons enseigner, le fera comprendre aisément.

§. I. Du Notage au Cadran en général.

1427. Le notage au Cadran est, sans contredit, le meilleur & le plus sûr de tous les moyens qu'on a jusqu'ici mis en usage.

Ce Cadran consiste en un cercle ou rond de carton, plus ou moins

divisé ,

divifé, fuivant le befoin, appliqué fous la manivelle qui conduit le cylindre : voyez un de ces Cadrans, *fig.* 1, *Pl.* 104, placé fous la manivelle
d'une Serinette repréfentée en perfpective, & trois autres au-deffous, *fig.*
2, 3 & 4, le premier divifé en 8, le fecond en 9 & le troifieme en
13.

La grandeur ordinaire de ces Cadrans eft d'environ 5 pouces ; la meilleure
maniere eft de les faire de deux morceaux de carton, appliqués l'un fur l'autre, afin de pratiquer des trous au haut de chaque divifion, fur le carton
du devant, pour y pouvoir introduire des chiffres à volonté, & les combiner comme on le defire ; car chaque Cadran étant fufceptible de plufieurs
combinaifons différentes, en proportion du nombre des divifions qu'il contient, il en faudroit une trop grande quantité, s'il falloit un carton pour
toutes les combinaifons particulieres ; au lieu qu'avec un feul par chaque
nombre, en pratiquant des trous au haut des divifions, on pourra tranfpor-
ter les chiffres à volonté, & fe procurer toutes les combinaifons néceffaires.

1428. Les Cadrans les plus ordinaires font divifés en 8, 9, 10, 11, 12,
13, 14, 15, 16, 17, 18, 19, 20, 21, 22, 23, & 24 ; avec ce nombre, il n'eft point d'air qu'on ne puiffe noter fur les cylindres ; & c'eft
par leur combinaifon qu'on peut terminer une piece à quelqu'endroit
que ce foit de la circonférence, foit en la refferrant, foit en l'étendant à
volonté.

En comptant le nombre de tours que fait la manivelle, pour faire
faire un tour entier au cylindre, on peut décider quel Cadran convient à l'air qu'on veut noter ; le calcul qu'il faut faire en conféquence
n'eft difficile que pour la premiere fois : voici la maniere de procéder pour
la Serinette.

1429. On fuppofe que la manivelle d'une Serinette fait quarante tours,
pendant que le cylindre n'en fait qu'un.

On compte la quantité de mefures de l'air dont il s'agit ; on les
réduit en parties égales, comme noires ou croches, à chacune defquelles
on donne tant de parties de chaque tour de la manivelle, ou, ce qui revient au même, tant de divifions du Cadran qui fert à divifer ces tours
de la manivelle ; chacune de ces divifions eft communément la valeur d'un
module de cadence, fur-tout aux cadrans d'un petit nombre de divifions,
comme ceux depuis 8 jufqu'à 12, & même quelquefois jufqu'à 13 ; mais à
ceux depuis 12 ou 13, & au-deffus, chaque *module* eft toujours de plus
d'une divifion, à moins que la manivelle qui conduit le cylindre, ne puiffe
faire fon tour dans une demi-feconde ; dans ce cas, cette regle doit varier
en proportion : mais dans les Serinettes, chaque divifion des cadrans de
petit nombre vaut ordinairement un *module* de cadence, qui équivaut à peu-

près à une triple croche pointée ; elles seroient trop serrées à une triple croche, d'où je conclus qu'une quadruple croche ne peut être exécutée, que dans les airs extrêmement lents : on doit sentir aisément que plus les tours de la manivelle seront subdivisés, plus le produit de ces divisions sera multiplié, & en conséquence resserré sur la circonférence du cylindre.

Ainsi chaque module de cadence sur la Serinette, revient à peu-près à une division des Cadrans de 11 ou de 12 pour les cadences serrées, & à une division des Cadrans de 8 ou de 9 pour les cadences les moins précipitées. L'usage du notage aura bientôt fait sentir cette différence ; il ne s'agit pour cela que de noter un air.

Il est bon d'avertir une fois pour toutes, que pour noter avec justesse, il faut être assuré du temps de la révolution du cylindre, pour y proportionner les airs, dont la longueur doit s'estimer, non par la quantité de mesures, mais par la durée du temps qu'on met à les exécuter dans le degré de vîtesse nécessaire à leur genre d'expression.

Si l'on a un cylindre, dont les pivots soient en vis, pour le faire avancer insensiblement, afin qu'on puisse noter une piece de suite, ou même plusieurs qui ne souffrent aucun retard dans le changement de l'une à l'autre ; la totalité de ses tours réunis doit alors être considérée comme une seule révolution du cylindre , & doit être estimée en entier, comme on feroit pour un seul tour qui ne contiendroit qu'un air ; d'où il s'ensuit que, si un seul tour ne produit que 20 secondes, les 8 tours réunis, sans interruption , par ces pivots en vis , doivent en produire 160 ; dans ce cas , ils peuvent contenir une piece de 160 secondes d'exécution ; il suit encore delà que si le cylindre d'une Serinette est 20 secondes à faire son tour, chaque tour contenant ordinairement un air, il faut que les airs des Serinettes n'excedent pas la durée de 20 secondes, quelque quantité de mesures qu'ils aient.

Des *marches* de 20 mesures d'un mouvement gai , ne durent communément que 20 secondes ; ce qui fait une seconde par mesure, une demi-seconde par blanche, un quart de seconde par noire, &c.

Des menuets de 24 mesures d'un mouvement gai, durent aussi 20 secondes ; des *6-8* & *6-4* du même caractère & de 20 mesures, durent aussi 20 secondes ; des *2-4* ou allemandes vives de 32 mesures, 20 secondes : tous ces airs rempliroient chacun leur tour du cylindre , & ne laisseroient aucun silence d'intervalle entre le commencement & la fin , si l'on vouloit les astreindre à 20 secondes justes : cependant on aura toujours la facilité de les resserrer autant qu'on voudra par les différents Cadrans, dont nous allons enseigner le calcul & la combinaison. Ce sera par le moyen de ces Cadrans, différemment combinés, qu'on pourra faire terminer les airs à quelque point donné que ce soit de la circonférence des cylindres.

§. II. *Du calcul & de la combinaiſon des Cadrans avec les airs.*

1431. Ce qui vient d'être dit doit faire préſumer la néceſſité d'un principe pour calculer & combiner les airs avec les Cadrans : quelques ſuppoſitions vont répandre du jour ſur ce ſujet.

La manivelle de la Serinette fait 40 tours, pendant que le cylindre n'en fait qu'un : chaque tour de manivelle vaut une demi-ſeconde ; donc les 40 tours valent 20 ſecondes.

Suppoſons qu'on veuille faire exécuter une *marche* de 20 meſures pendant ces 40 tours, il faudra, pour trouver le Cadran qui y convient, réduire les meſures en noires ; chaque meſure en contient quatre, leſquelles multipliées par 20, feront 80 noires, qui équivalent à ces 20 meſures. Suppoſez actuellement que chacune de ces noires ſoit ſubdiviſée en cinq ; multipliez 80 par 5, le produit ſera 400. Ce ſera donc 400 diviſions qu'il faudra pour l'exécution de ces 80 noires. Cherchez enſuite un nombre quelconque, par lequel en multipliant les 40 tours de la manivelle, vous puiſſiez avoir auſſi 400 diviſions, vous trouverez que 40 multipliés par 10, valent 400 ; donc avec un Cadran diviſé en 10, vous pourrez noter ces 80 noires à 5 diviſions par noire ; donc chaque tour de la manivelle qui vaut 10, vaudra 2 noires.

Pour faire ce calcul plus ſimplement, on dira ; 20 meſures à 4 noires par meſure, valent 80 noires ; multipliées par 5 diviſions, elles valent 400 diviſions ; voilà pour l'air : on dira enſuite ; les 40 tours de la manivelle, multipliés par 10, valent auſſi 400, ce qui eſt le même nombre que le produit de l'air ; donc il faut un Cadran de 10 pour remplir un tour du cydre avec cet air ; par conſéquent, point de ſilence à la fin de cette marche : ſi l'on vouloit cependant y en placer un ; on n'auroit qu'à le noter ſur un Cadran de 21 ; en donnant 10 diviſions par noires, il reſteroit 40 diviſions de ſilence final. 80 noires, multipliées par 10, valent 800 ; 40 tours de la manivelle, multipliés par 21, valent 840 ; donc les diviſions des tours de la manivelle, excedent de 40 diviſions qui équivalent à 2 tours moins 2 diviſions.

Si c'étoit un menuet de 24 meſures, 3 noires par meſures font 72 noires, à 5 diviſions par noire, le produit eſt de 300 diviſions : 40 tours de manivelle, multipliés par 9, font également 360 ; donc au Cadran de 9, ce menuet remplira ſon tour.

Si, au contraire, on donnoit 6 diviſions par noire, qui feroient 432, en multipliant les 40 tours par 11, qui feroient 440, il ſe trouveroit 8 diviſions de ſilence à la fin de ce menuet.

Ces deux ſuppoſitions doivent ſuffire pour faire entendre la maniere de combiner les Cadrans par les airs. Voici actuellement le moyen de poser les chiffres fur ces Cadrans.

Quant au Cadran de 10 pour la marche, on n'a pas befoin de chiffres, parce que chaque noire équivaut jufte à la moitié de chaque tour de la manivelle.

Pour le menuet au Cadran de 9, à 5 divifions par noire, il faut que les chiffres foient difpofés de maniere à les retrouver toujours dans leur ordre naturel de 5 en 5 divifions. *Voyez* ce Cadran tout chiffré, *Pl.* 104, *fig.* 3. Si l'on compte les divifions de ce Cadran, en commençant par celle du haut chiffré 1, & en fuivant toujours les divifions de gauche à droite, on trouvera que le chiffré 2 fera pofé à la fin de la cinquieme divifion ; le chiffre 3 à 5 divifions plus loin, & ainfi de tous les autres : par ce moyen, ce Cadran de 9 fe trouve combiné de 5 en 5 : on peut le combiner pour d'autres airs de 6 en 6, de 7 en 7, de 8 en 8, de 4 en 4, & de 3 en 3 ; ce qui fait, au befoin, 6 combinaifons différentes, que l'on pourra fe procurer avec le même carton, en tranfpofant les chiffres d'une place à l'autre, ainfi qu'il a été dit plus haut.

1432. Tous ces principes bien conçus, il s'agit de les réduire en pratique : un feul exemple peut fuffire pour mettre au fait du notage : celui qui pourra noter un air, pourra, avec un peu de réflexion, noter quelque piece de Mufique que ce foit. Il ne s'agit que d'un fimple effai pour en être convaincu. On trouve par-tout des Serinettes ; on peut faire tourner un autre cylindre de la même groffeur & longueur que le fien ; & fur ce nouveau cylindre, faire des effais fans inconvénient & fans beaucoup de dépenfe. Au pis aller, fi l'exemple qu'on va propofer ne paroît pas fuffifant, on pourra confulter la Tonotechnie imprimée chez Delaguette ; cet Ouvrage peu difpendieux, en contient douze différents & bien variés, avec les détails les plus clairs & les plus inftructifs ; il ne peut que répandre beaucoup de lumieres fur tout cet article.

SECTION CINQUIEME.

Préparation pour le notage de la Barcelonnette.

§. I.

1433. Nous propofons pour exemple le notage de la Barcelonnette, qui eft fort fimple, & dont le détail fera entendre toute cette partie.

Voyez Pl. 114 cet air noté : il eft répété deux fois ; l'une avec les agréments détaillés pour les faire concevoir, & l'autre à l'ordinaire, avec les caracteres tonotechniques qui indiquent ces agréments.

PLANCHE 114.

Toutes les lignes où il n'y a point de clefs, font pour les agréments détaillés ; elles fuppofent la clef de *fol* fur la feconde ligne ; celles où il y

a

a des clefs font notées & préparées comme elles le doivent être pour le notage ; ainfi les premieres font inutiles au Noteur ; elles ne fervent ici que
pour mieux faire comprendre le détail des effets.

La Barcelonnette, telle qu'elle eft notée *Pl.* 114, n'étant propofée que
pour exemple, on a fupprimé toutes les répétitions des reprifes qui l'auroient rendue trop longue pour une Serinette ordinaire ; donnée de cette
façon, elle variera plus les chofes pour l'inftruction. Il eft bon d'avertir ici
que pour le notage, il faut que les pieces foient notées tout du long, fans
aucun renvoi pour les reprifes, parce qu'on doit les exprimer de fuite dans
l'exécution. Dans les fragments des cylindres, *Pl.* 114, 115, 116 117,
118, cet air eft noté avec toutes fes reprifes, pour indiquer la maniere de
de le noter fur le papier, c'eft-à-dire, tout du long ; mais comme il feroit
une fois trop long pour une Serinette, on fe contentera de l'exemple propofé *Pl.* 114.

Cet air eft de 32 mefures ; c'eft un 2-4, dont chaque mefure vaut 2
noires ou 4 croches. Il s'agit de voir quel fera le plus avantageux, de le
réduire en noires ou en croches pour le noter. 32 mefures, à 2 noires par
mefure, font 64 noires ; 32 mefures, à 4 croches par mefure, font 128
croches. Pour éviter les fractions qui font toujours embarraffantes, fuppo-
fons, 1°, qu'il faille 6 divifions par noire, les 64 noires, multipliées par
6, font 384 : voyons quel cadran pourroit fervir d'après cette fuppofition ;
multipliez les 40 tours de la manivelle par 10, vous aurez 408 divifions
qui excedent de 16 les 384 du produit ci-deffus ; ces 16 divifions de refte
feroient à la fin de l'air un petit filence de repos.

Qu'on examine enfuite fi ces 16 divifions qui reftent à la fin, ne reffer-
reroient pas un peu trop cet air, ou s'il ne fe rencontreroit pas quelques
difficultés pour l'exécution des double-croches, ou fi enfin il ne feroit pas
plus avantageux de le réduire en croches, pour la facilité de l'opération :
dans ce cas, fi l'on veut le réduire au même point que le produit du cadran de 10 pour les noires, on prendra le cadran de 20, à 6 par croche, cela reviendra exactement au même pour la longueur de l'air ; mais
on aura plus de facilité pour mefurer exactement les *tenues* & les *filences.*

On pourroit encore le noter fur un cadran de 13, à 4 divifions par croche ; en voici le calcul : 128 croches, multipliées par 4, font 512 ; 40
tours de manivelle, multipliés par 13, font 520 ; ce qui excede le premier produit de 8, qui feront un très-petit filence à la fin.

Ces différentes fuppofitions prouvent qu'on peut noter le même air fur
plufieurs cadrans différents, pour l'étendre ou le refferrer à volonté : le
befoin qu'on en aura pourra diriger la marche du Noteur. Je crois en avoir
dit affez fur cet article pour me faire comprendre.

J'obferverai feulement qu'au cadran de 10, chaque divifion vaudra un module de cadence; au lieu qu'au cadran de 13, il faudroit ajouter à chaque module un huitieme de division; & au cadran de 20, 2 divisions par module seroient nécessaires. On observera encore que le silence final résultant du cadran de 13, sera beaucoup plus court que celui des cadrans de 10 ou de 20; par conséquent, l'air sera plus étendu sur le cadran de 13 que sur les deux autres.

De ces trois opérations, je me fixerai à celle du cadran de 13 pour opérer le notage de la Barcelonnette, sur lequel les croches seront marquées de 4 en 4. *Voyez* ce cadran en petit tout chiffré, *Pl.* 104, *fig.* 4, & 114, au commencement de l'air.

PLANCHES
104 & 114.

Le choix du cadran une fois fait, il n'est plus question que d'arranger l'air en conséquence. On commencera d'abord à poser au-dessus de toutes les notes, les caracteres tonotechniques, pour indiquer leurs tenues, leurs tactées & leurs agréments, & au-dessous les chiffres pour la valeur de toutes les croches : *Voyez* cet air *Pl.* 114, il est tout prêt à être noté.

Pour bien saisir ces agréments & ces tenues, il faut chanter l'air avec beaucoup d'attention, & poser en conséquence les caracteres convenables; quant aux chiffres, en les posant dans leur ordre naturel à chaque valeur de croche, ils seront comme il faut, & répondront nécessairement aux chiffres du cadran.

PLANCHES
114, 115,
116, 117,
118.

Les Planches 114, 115, 116, 117 & 118, représentent tout cet air marqué ou pointé sur le cylindre, dont elles font autant de fragments. Toutes les parties noires marquent la *tenue* ou son des notes, & les parties hachées d'un simple trait indiquent les *silences* qui font à leur suite pour en terminer la valeur. Ces Planches ont été faites pour fixer l'attention du Lecteur, & lui faire prendre une idée juste du notage, & de l'effet de la Musique dans l'exécution; elles font aussi un des meilleurs moyens pour donner une idée exacte du notage à l'échelle.

Cet air étant ainsi préparé, on placera le cadran de 13 fous la manivelle de la Serinette qu'on fixera à la boîte; & si l'on veut, on ajoutera à cette manivelle, une aiguille de carte ou de cuivre, pour suivre les divisions du cadran avec plus d'exactitude, ou bien la pomme de la manivelle remplira cet objet : *Voyez Pl.* 104, *fig.* 1. *A* est un cadran fixé à la boîte.

PLANCHE
104.

B est l'aiguille. *C* est la pomme de la manivelle. Les chiffres au-dessus des mesures font inutiles dans l'opération du notage; ils ne font qu'indiquer la quantité de mesures : voyons à présent comment on note.

§. II.

Du notage de la Barcelonnette au cadran de 13.

1434. LE cadran étant posé sous la manivelle, on mettra cet air tout

noté, chiffré & préparé devant foi, *Pl.* 114 ; on defcendra la barre du clavier *D,*
Pl. 104, *fig.* 1, de façon que les becs ou plans inclinés des touches,
pofent un peu fur le cylindre ; on tournera enfuite la manivelle jufqu'à ce
que l'aiguille *B* foit vis-à-vis du chiffre 1 du cadran, qu'on place ordinairement en haut : lorfque cette aiguille fera arrêtée à ce chiffre 1, on
preffera un peu avec le doigt fur la touche de l'*ut*, pour marquer la place
de la premiere note, qui eft un *ut* tacté & *feconde* croche.

Cet *ut* étant marqué, on conduira l'aiguille fur le chiffre 2, fans rien marquer entre le chiffre 1 & le chiffre 2, parce que cet efpace eft un filence
à la fuite de l'*ut* tacté ; lorfque cette aiguille fera fur le chiffre 2, on marquera le commencement de la petite *tenue* avec la touche du *re* ; le point
qu'on voit au-deffus du caractere qui indique la *tenue*, fignifie qu'elle doit laiffer
une double-croche de *filence* à fa fuite : on ira donc terminer cette *tenue*
au milieu de l'efpace qui eft entre deux & trois, c'eft-à-dire, au chiffre
9 ; ces deux marques feront la longueur jufte de la *tenue* : on y placera
une pointe affez groffe, ou un petit pont, qui rempliffe jufte cet intervalle ; cette feconde note eft une *premiere* croche.

Ce *re tenu* étant marqué, on conduira l'aiguille au chiffre 3, pour avoir
une *tactée* avec la touche du *mi*, & cette note eft une *feconde* croche.

On peut obferver ici, que pour donner à cet air un peu plus de caractere, il faudroit en faire les croches inégales ; dans ce cas, cette derniere
tactée feroit marquée à une demi-divifion plus loin que fon chiffre ; ce qui
auroit lieu pour toutes les fecondes croches, dont celle-ci en eft une.

Cette troifieme note *tactée*, une fois marquée, ou égale, ou inégale, fuivant
que le goût le décidera, on conduira l'aiguille au chiffre 4, pour marquer fur
le *fol* une *premiere* double-croche ; enfuite au chiffre 11, qui tient le milieu
entre 4 & 5, pour marquer fur le *fa* une *feconde* double croche *tactée* ;
enfuite au chiffre 5, pour marquer une *premiere* double croche fur le *mi* ;
enfuite une autre *feconde* double-croche fur le *re* au chiffre 12, qui tient
le milieu entre les chiffres 5 & 6. On peut encore donner une efpece d'i-
négalité à ces quatre double-croches, en mettant des pointes un peu plus
groffes aux *premieres* qu'aux *fecondes*.

Ces quatre double-croches marquées, on conduira l'aiguille au chiffre 6, pour
commencer une noire *tenue* fur l'*ut*, qui doit laiffer à fa fuite un *filence* de
deux double-croches, ainfi que les deux points fur le caractere le défi-
fignent ; en conféquence, on terminera cette *tenue* au chiffre 7, pour avoir
un *filence* depuis 7 jufqu'à 8.

Lorfque l'aiguille fera parvenue au chiffre 8, on marquera fur l'*ut* une
premiere croche un peu *tenue* ; mais comme elle fe trouve fur la même
ligne que la précédente, on la fera *tactée* pour la détacher davantage.

On conduira enfuite l'aiguille au chiffre 9, pour marquer fur le *fol* une *feconde* croche *tactée*.

L'aiguille étant parvenue au chiffre 10, on marquera un premier *module* de cadence fur le *la*, un fecond *module* au chiffre 7 fur le *fol* d'en-bas, & un troifieme au chiffre 4 fur le *la* ; voilà tous les agréments dont ce *la* foit fufceptible, puifque du chiffre 4 au chiffre 11 où commence la note fuivante, qui eft un *fol*, il n'y a que deux divifions d'efpace pour le filence ; & ce dernier *module* fera piqué, comme il doit l'être, avec une pointe un peu plus groffe que les autres *modules* de cadence, pour former une petite *tenue* ; ce qu'il faut prefque toujours obferver à la fin des notes cadencées en entier.

Cette petite cadence étant marquée, on conduira l'aiguille au chiffre 11, pour exprimer fur le *fol* une *feconde* croche *tactée* ; enfuite au chiffre 12, pour avoir fur le *la* une *premiere* croche *tenue* ; enfuite fur le chiffre 13, pour marquer fur le *fi* une *feconde* croche *tactée*.

Ces quatre croches terminées, on ira au chiffre 1, pour marquer le premier *module* de cadence fur l'*ut* ; enfuite au chiffre 11, pour un fecond *module* fur le *fi* ; enfuite au chiffre 8, pour le commencement d'une *tenue* fur l'*ut*, laquelle doit laiffer 2 double-croches de *filence* à fa fuite ; on ira donc terminer cette *tenue* au chiffre 2 : c'eft toute l'opération de cette noire martelée fur l'*ut*.

On conduira enfuite l'aiguille au chiffre 3, pour marquer fur l'*ut* une *premiere* croche ; elle eft tactée, parce qu'elle fe trouve fur la même ligne que la fuivante & la précédente, afin de la détacher davantage ; après quoi on ira au chiffre 4, pour une *feconde* croche *tactée* auffi fur l'*ut*.

Toute cette partie eft repréfentée au-deffous de l'air fur le fragment de cylindre, avec la correfpondance des notes, même Planche 114 ; les parties noires de ce fragment repréfentent les fons ou *tenues* des notes, & les parties grifes leurs *filences*.

J'ai fuivi cet air pied à pied jufques-là, & il devroit fuffire pour concevoir le notage ; car c'eft toujours la même marche : d'ailleurs toute la fuite de cet air fe trouve repréfentée dans les Planches 115, 116, 117, 118. On obfervera cependant que ces fragments de cylindres contenant la répétition des reprifes, on ne pourroit les noter tels qu'ils font, que fur des cylindres plus étendus que ceux d'une Serinette ; ainfi cette Barcelonnette ne peut fervir d'exemple que comme elle eft en entier *Pl.* 114 ; & en faifant bien attention aux caracteres qui font au-deffus des notes, il fera difficile de fe tromper.

Comme le refte doit s'entendre aifément, je penfe qu'il eft inutile de pourfuivre plus loin le détail de cet air ; lequel une *fois* marqué, il ne doit plus être queftion que d'y appliquer les pointes.

SECTION SIXIEME.

SECTION SIXIEME.

De la groffeur des Pointes.

§. I.

1435. ON a déja vu, (Section premiere) la defcription & l'explication de plufieurs outils néceffaires au notage, repréfentés Planches 100, 101, 102, 103, 104; il eft inutile de revenir fur cette matiere : mais il en eft un dont on n'a pas encore indiqué l'ufage; c'eft le compas de réduction, pour avoir au jufte l'épaiffeur des Pointes. Voyez-en la figure, *Pl.* 100, *fig.* 5. Ce compas réduit au quart au point *A*, toutes les mefures prifes avec les Pointes *B* : c'eft avec un femblable compas qu'on fixe toutes les épaiffeurs des Pointes néceffaires à chaque air, qui font fouvent dans le cas de varier d'un air à l'autre ; mais avec une filiére & un laminoir, on s'en fait de toutes les épaiffeurs par le moyen d'un femblable compas.

PLANCHE
110.

Les plus petites Pointes, ou les plus petits numéros, fervent pour les *modules* des cadences; il peut y en avoir de plufieurs épaiffeurs, fuivant les cadrans qu'on emploie.

Celles qui font plus groffes que les *cadences*, font pour les *tactées*; après celles-là font les petites *tenues*; enfuite les autres *tenues* ou *ponts*.

Communément les Noteurs n'ont, jufqu'à préfent, employé que de 4 ou 5 épaiffeurs, ainfi qu'on les voit repréfentées *Pl.* 104, *fig.* 8, & dont on a encore donné une idée, *Pl.* 105 ; elles y font figurées beaucoup plus groffes qu'elles ne doivent être.

PLANCHES
104 & 105.

On ne peut que blâmer la conduite ordinaire des Noteurs, de fe contenter de 4 ou 5 épaiffeurs de Pointes, avec lefquelles ils ajuftent bien ou mal leurs airs : l'ufage de ce compas de réduction au quart fera fentir la néceffité d'appliquer des numéros, fuivant le produit des différents cadrans.

Il eft nombre de ces Noteurs qui ont contracté la mauvaife habitude de marquer un cylindre en entier, avant que d'y mettre les Pointes ; & comme ils n'ont que 3 ou 4 numéros pour les pointer tous, ils ont l'attention de faire à chaque air avec de l'encre des marques pour les diftinguer. Ces marques confiftent à réunir les piqûres pour les ponts, à tracer des lignes inclinées de gauche à droite pour les tactées, & de droite à gauche pour les petites tenues ou gros clous; on laiffe les modules des cadences blancs. *Voyez* une idée de ces marques, *Pl.* 105, dans la premiere partie du fragment de cylindre, qui repréfente fimplement des marques faites avec les plans inclinés des touches; ce moyen peut être bon pour les Commençants, pourvu qu'ils aient l'attention de pointer les airs l'un après l'autre avec les pointes convenables. Le furplus de la Planche 105 repréfente cette partie d'agrément avec les Pointes en perfpective & en plan, figurées beaucoup plus groffes qu'elles ne doivent l'être pour faciliter l'intelligence de cette opération.

Pour avoir, avec ce compas, l'épaiffeur jufte d'un *module* de cadence, on marquera, avec le cadran, la valeur de deux *modules* de cadence ; en prenant cette mefure fur le cylindre, avec les Pointes *B* de ce compas, on aura jufte l'épaiffeur réduite au point *A* ; chaque Pointe de cadence fera donc jufte de la moitié de la valeur d'un *module*, pour former entre eux un petit *filence* d'environ un tiers, à caufe de l'anticipation qui fait parler les tuyaux avant que les touches foient parvenues au haut des Pointes.

On peut fe rappeller ce qui a été dit Section II, §. II, fur les *filences* d'articulation ; cela devroit fuffire pour indiquer l'ufage de ce compas ; on pourroit auffi en conclure que les épaiffeurs des Pointes doivent néceffaire- ment varier, fuivant les différents cadrans & fuivant les groffeurs différentes des cylindres ; d'où il s'enfuit néceffairement que les Noteurs qui n'emploient que les mêmes numéros pour toutes les occafions, ne peuvent être exacts ni fatisfaifants dans leur notage.

Une *tactée* ordinaire eft le quart d'une croche ; ainfi en marquant une croche entiere dont on prendroit la mefure avec les Pointes *B* fur le cy- lindre, elle feroit réduite au point *A*. Les plus petites *tenues* font du quart d'une noire : quant aux autres *tenues* plus étendues, il eft inutile d'en parler, puifqu'on en marque la longueur en notant ; d'ailleurs on peut en faire de toute longueur avec les pinces repréfentées *Pl.* 101.

§. II. Du piquage du Cylindre.

1436. L'air étant bien marqué fur le Cylindre, & la groffeur des pointes bien décidées, fuivant le cadran avec lequel on a noté, on retire le Cylindre de la Serinette, & l'on pique avec l'aiguille emmanchée repréfentée, *Pl.* 103,

Planche 103.

fig. 2, à la place de toutes les marques faites avec les touches : on com- mence à la premiere, afin de pouvoir fuivre l'air ; fi l'on s'eft trompé, il fera aifé de s'en appercevoir & de le rectifier, en remettant le Cylindre en place, & en opérant de nouveau avec le cadran.

Cette préparation faite, on place les pointes : chacun a fa méthode ; les uns fe fervent d'un petit marteau, d'autres de pinces repréfentées *Pl.* 103, *fig.* 1 & 5. Ceux qui favent fe fervir du petit marteau ont un avantage, parce que les petits coups donnés à propos poliffent la tête de ces pointes.

On aura foin de ne pas les enfoncer d'abord autant qu'elles doivent l'être, afin de pouvoir toutes les calibrer pour la hauteur avec des repouffoirs. *Voyez Pl.* 103, *fig.* 3 & 4.

Après qu'elles font ainfi pofées & bien jaugées, on les dreffe avec une pince, de façon qu'elles foient bien perpendiculaires à l'axe du Cylindre, ou du moins, ſi on les fait pencher un peu en avant pour les rendre plus fortes, il faut qu'elles penchent toutes de la même façon.

Il *ne* reſte plus après cela qu'à remettre le Cylindre en place, pour ſavoir ſi le notage eſt exact; il ſera même facile de changer au beſoin les choſes qui pourroient déplaire.

Ayant détaillé dans le §. 4, l'air dont il eſt queſtion, l'emploi des différentes pointes devient inutile ici; ce qui a été dit eſt plus que ſuffiſant pour le faire comprendre.

Section septieme.

Du Notage de la Romance de M. Balbaſtre ſur un gros cylindre.

§. I. *Obſervation préliminaire.*

1437. On ſuppoſe qu'il ſoit queſtion de noter les gros cylindres, comme celui de la Planche 99, & que l'un des airs ſoit la Romance de M. Balbaſtre.

Il faut d'abord être ſûr de la durée de l'exécution entiere de cette Romance & de la révolution du cylindre, ou plutôt du degré de lenteur avec laquelle il tourne ſur ſes pivots.

Quelques obſervations à ce ſujet ſont ici néceſſaires pour ne rien faire au hazard dans ces ſortes d'opérations. Ce que nous dirons au ſujet de ce cylindre, dont nous avons donné la conſtruction, Chapitre III, Section IV, §, 1, en expliquant les Planches 97, 98, 99, pourra ſervir pour toutes les occaſions où l'on voudroit en faire non-ſeulement de ſemblables, mais de quelque grandeur & de quelque genre qu'ils ſoient.

1438. La premiere attention qu'il faut avoir, c'eſt à l'effort ou au degré de réſiſtance que doivent éprouver les pointes les plus ſoibles, qui ſont celles des cadences, afin que la levée des touches ne les faſſe pas plier; c'eſt en conſéquence de la groſſeur de ces pointes ſoibles qu'il faut regler le degré de vîteſſe du cylindre.

Le degré de réſiſtance de ces pointes ſoibles dépendra, non-ſeulement de leur épaiſſeur, mais de leur hauteur; car une pointe ſoible, mais courte, qui ne feroit lever la touche que d'une demi-ligne, ſeroit auſſi forte qu'une pointe plus groſſe du double, qui la feroit lever d'une ligne, parce qu'elle ſeroit néceſſairement une fois plus haute; il faut donc augmenter ou diminuer les épaiſſeurs de ces pointes ſoibles en proportion de leur degré de réſiſtance & pour la hauteur de la levée des touches & pour la preſſion des reſſorts des ſoupapes.

C'eſt en conſéquence de l'effort de ces pointes ſoibles qu'on pourra combiner l'arrangement du clavier & des ſoupapes, ſur leſquels elles doivent agir, & déterminer la groſſeur des cylindres pour la durée néceſſaire de leur révolution ſur leurs axes.

Plus les diſpoſitions du clavier & des ſoupapes contribueront à rendre ces pointes courtes, & plus elles ſeront en état de réſiſter aux efforts ; en conſéquence, moins les airs tiendront de place ſur le cylindre, pour produire des effets d'une certaine étendue.

Les moyens de s'aſſurer de la force de ces pointes foibles, & de diminuer la levée des touches, ſont ſi ſimples, qu'il eſt inutile d'en parler ici ; il ſuffit d'avoir fait cette obſervation, pour que l'exécution y réponde, ſi l'on a un peu de génie.

1439. Une ſeconde attention auſſi eſſentielle, c'eſt que le conducteur ou mobile du cylindre lui faſſe faire le chemin néceſſaire, pour que les pointes ne deviennent ni trop ſerrées ni trop écartées. Pour cela il faut avoir égard, 1°, à la longueur d'une piece de Muſique quelconque, à laquelle on voudroit faire faire un tour entier du cylindre ; en ſecond lieu, à la vîteſſe du mouvement de la manivelle qui fait marcher le cylindre.

Ce qui a été dit, Section III, §. 1, ſur la durée d'un air de Serinette, peut en proportion s'appliquer ici : un air de Serinette doit être exécuté dans 20 ſecondes. La Barcelonnette, que nous avons donnée pour exemple, eſt de 32 meſures, qui ſont exécutées dans 40 tours de la manivelle ou 20 ſecondes ; donc chaque meſure de cet air ne dure que 3 cinquiemes de ſeconde ; & cette exécution ſe fait ſur un cylindre d'environ 2 pouces 3 lignes de diametre, qui ſont une longueur développée à peu près de 6 pouces 11 lignes & un ſeptieme de ligne ; c'eſt à-dire, environ 84 lignes ; c'eſt donc par meſure 2 lignes & demie & un huitieme de ligne, & cet eſpace peut contenir au cadran de 13, avec lequel on a noté la Barcelonnette, 4 *modules* de cadence par croche, compris les eſpaces des *ſilences* ; ce qui feroit 8 fois l'épaiſſeur d'une pointe de cadence, & par conſéquent, 16 épaiſſeurs par meſure, c'eſt-à-dire, dans l'eſpace de 2 lignes & demie un huitieme de ligne ; & malgré cette petiteſſe, ces pointes font lever la touche d'environ un bon quart de ligne ; ce qui produit aux ſoupapes plus d'une demi-ligne de levée, à cauſe de la diſpoſition du centre de mouvement des touches du clavier, qui eſt plus près de la pointe ou bec de la touche, que du pilote de renvoi aux ſoupapes : *Voyez Pl.* 94 , *fig.* 2. Pour produire cette levée d'environ un quart de ligne de hauteur, la pointe a un peu plus d'une demi-ligne ; ce qui la rend aſſez forte, toute petite qu'elle ſoit, pour ſoutenir cet effort.

1440. Il faut encore obſerver que plus les pointes ſeront tenues courtes, ou plutôt moins les touches leveront, & plus l'exécution ſera exacte ; cela évitera ce qu'on pourroit appeler la *bavure* des ſons, en ce que le tuyau parlant avant que la touche ſoit au haut de la pointe, cette anticipation

ſorme

Planche 94.

forme une augmentation de ſons , qui rend l'exécution déſagréable & peſante ; on entendroit une eſpece de bourdonnement qui ſupprimeroit une partie de l'articulation & des détachés : cet inconvénient ne manqueroit pas d'arriver , ſi les levées étoient trop conſidérables ; cependant, ſi l'on avoit des pédales à faire parler, par le moyen d'un cylindre , comme elles exigent plus de vent qu'un clavier à main , on pourroit en tenir les pointes plus hautes : comme ſur les pédales on ne fait point de cadences , ces bavures des ſons ne ſont point ſi ſenſibles.

Il faut donc diſpoſer le clavier & les ſoupapes , de façon que cette *ba-vure* ſoit la moins ſenſible poſſible ; ce qui ſe fait en prolongeant la branche du derriere des baſcules du clavier , & en procurant de grandes levées aux ſoupapes, ou en les faiſant plus longues.

Quant à la vîteſſe du mouvement du cylindre , on peut encore opérer conſéquemment à la Serinette : la manivelle qui fait marcher le cylindre, fait 2 tours par ſeconde ; chaque tour fait avancer le cylindre de 2 lignes & un dixieme de ligne ; par conſéquent, chaque ſeconde produit 4 lignes & 2 dixiemes : cette longueur ſuffit pour placer les pointes foibles, ſans qu'elles ſoient dans le cas de plier.

Suppoſons un air à 2 temps , d'une meſure par ſeconde, ſur le cadran de 10, il faudroit 2 tours de manivelle pour une meſure ; chaque tour contiendroit 10 modules, tant pleins que vuides ; ce qui feroit l'épaiſſeur de 20 petites pointes ; il pourroit donc y en avoir 40 par meſures, c'eſt-à-dire, dans la longueur de 4 lignes 2 dixiemes.

Si l'on vouloit que chaque tour de manivelle produiſît la valeur de 2 tours , c'eſt-à-dire, une ſeconde, ou il faudroit diminuer la roue du cylindre, ou doubler les pas de vis de la manivelle ; pour lors le cylindre feroit autant de chemin dans un tour de manivelle, que dans deux à l'ordinaire ; mais auſſi le cylindre iroit plus vîte, à moins qu'on n'allongeât la manivelle en proportion ; car plus elle ſera longue, plus la vis ſans fin ira doucement, par conſéquent le cylindre plus lentement.

Toutes ces obſervations ſont néceſſaires dans la facture , ſans quoi on courroit riſque d'opérer à faux, dans des objets d'auſſi grande conſéquence que celui dont il s'agit , je veux dire le cylindre de la Planche 99, ſur lequel il eſt queſtion de noter la Romance de M. Balbaſtre.

1441. Ce cylindre, comme nous l'avons dit en parlant de ſa conſtruction , Chapitre III, Section IV, §. I, doit avoir 33 pouces de diametre ; ce qui fait environ 103 pouces trois quarts de circonférence. Cette Romance, telle qu'elle eſt notée *Pl.* 119, contient en tout 50 meſures ; mais comme elle eſt ici notée ſans les repriſes néceſſaires après la partie majeure & la partie mineure, ce qu'on a cru devoir faire pour ne pas multiplier les êtres ſans néceſſité , il eſt bon d'avertir qu'il faut que ces repriſes ſoient notées de

Planche 119.

suite à leur place, & sans aucun renvoi sur le papier qui doit servir pour la noter ; ainsi la reprise de la majeure étant de 10 mesures, & celle de la mineure étant de 8 mesures, ce sera 18 mesures de plus ; lesquelles réunies aux 50 mesures ci-dessus, font en tout 68 mesures : si l'on vouloit qu'elle fît tout le tour du cylindre, chaque mesure rempliroit la longueur d'un pouce & demi ; il resteroit un pouce à la fin, espace nécessaire & suffisant pour le changement des airs.

Cette Romance est d'un mouvement gracieux, c'est-à-dire, ni lent ni vîte. M. Balbastre l'exécute ordinairement dans l'espace de 2 minutes 45 secondes ; ce qui fait 165 secondes pour l'exécution entiere de cette Romance. Si l'on veut que le cylindre rende l'exécution de M. Balbastre, il faut qu'il fasse au plus son tour en 165 secondes, & qu'il reste encore environ 2 tours de manivelle pour le pouce de silence.

Nous suivrons pour l'exécution de cette Romance dans cet espace limité de temps, la même méthode que nous avons suivie dans le notage de la Barcelonnette sur la Serinette. Pour que le cylindre fasse sa révolution exacte dans cet espace de temps, cela dépendra & de la quantité de dents de la roue du cylindre, & de la longueur de la manivelle, comme il a été dit ci-dessus ; la Serinette peut nous servir encore de moyenne proportionnelle. Une marche ordinaire de 20 mesures s'exécute sur la Serinette dans 20 secondes ; chaque seconde vaut donc une mesure : mais comme il faut 2 tours de manivelle pour produire une seconde, il s'ensuit que chaque tour de manivelle ne vaut qu'une demi-seconde ; ce qu'on ne pourroit pas obtenir, si la manivelle étoit plus longue ; car pour lors elle iroit plus lentement.

Dans l'exécution de la Romance de M. Balbastre, au lieu d'une seconde par mesure, il y en a presque 2 & demie ; ce qui feroit environ 5 tours de manivelle de Serinette : mais comme cette manivelle seroit trop courte pour conduire un cylindre aussi considérable, il sera nécessaire de faire une manivelle beaucoup plus longue pour vaincre les résistances, & de la disposer de façon qu'elle produise au moins les 165 secondes dans la révolution du cylindre, en tournant d'un mouvement qu'on puisse soutenir uniformément au moins pendant ce temps. Ce qui sera d'autant plus aisé en pratiquant une manivelle d'essai qu'on puisse allonger ou raccourcir au besoin : cette opération en elle-même est si aisée, qu'elle n'exige aucune explication, moyennant deux regles de bois & un bouton qu'on peut allonger ou raccourcir en glissant l'une sur l'autre.

1442. Il est question de décider la quantité de dents qui seroient nécessaires à la roue de cylindre. Si cette roue étoit égale à la circonférence du cylindre, en ne mettant qu'une dent par chaque pouce, elle deviendroit trop considérable ; d'ailleurs il faudroit une manivelle d'une excessive grandeur pour ne pas aller trop vîte. Il vaut donc mieux doubler cette quantité, afin d'avoir une denture moins grande, & par conféquent une manivelle plus commode, pourvu qu'elle ſoit aſſez grande pour vaincre toutes les réſiſtances ſans effort : quant au cadran qui ſera néceſſaire pour noter cette Romance, on le trouvera aiſément lorſque le nombre des dents ſera fixé.

1443. Le cylindre ayant 103 pouces de circonférence comme il a été dit ci-deſſus, en ſuppoſant 6 lignes par dent, cela fera 206 dents; par conféquent, 206 tours de manivelle pour faire faire tout le tour du cylindre. Actuellement que le nombre de ces dents eſt fixé, ſi l'on multiplie les 68 meſures de la Romance par 4 noires pour chaque meſure, cela produira 272 noires, leſquelles doivent être exécutées dans les 206 tours de manivelle.

1444. Comme cette Romance eſt aſſez lente dans ſon mouvement, & qu'en conféquence elle doit produire beaucoup de détails dans ſon exécution, il faut apprécier à peu-près en combien de modules chacune de ces noires doit être diviſée, pour trouver plus aiſément les cadences des croches; & pour cela, il faut encore faire une ſuppoſition.

Dans les mouvements ordinaires, la cadence d'une croche n'eſt communément que de 3 modules, à moins que les croches ne ſoient inégales, ainſi qu'il a été dit Section II, §. V. Cette Romance étant plus lente qu'un mouvement ordinaire, exige en conféquence plus de modules.

Ainſi le moins qu'on puiſſe lui donner, non compris le ſilence d'articulation, c'eſt 4 modules; ce qui en produit 8 pour la noire, auxquelles il faut ajouter encore le ſilence néceſſaire, & ce ſilence doit être environ de deux modules.

Comme chaque module eſt toujours placé au commencement de chaque diviſion, il s'enſuit que le huitieme module étant placé au commencement de la huitieme diviſion, ou, ce qui revient au même, à la fin de la feptieme diviſion; en ajoutant une diviſion à ces 8, il y auroit 2 diviſions en ſilence à la fin d'une noire cadencée, ce qui ſuffiroit : ainſi en ſuppoſant 272 noires multipliées par 9 diviſions chaque, il en réſulteroit 2448 diviſions.

Si l'on vouloit un peu plus de ſilence, on ajoutera encore une diviſion de plus, ce ſera 10; leſquelles multipliées par les 272 noires, feroient 2720 diviſions.

Il s'agit actuellement de voir lequel de ces deux nombres, ou de 9 ou de 10 diviſions par noire, feroit le plus commode pour noter ſans preſque de fractions.

1445. Dans la baſſe de cette Romance, & même dans pluſieurs endroits, les noires ſont diviſées en 3; un nombre quelconque, dont on pourra avoir le tiers ſans fraction ſera donc préférable à tout autre nombre qui aſſujettiroit aux fractions; ainſi je préférerois le nombre 9, dont le tiers eſt 3;

à celui de 10, dont le tiers eſt 3 un tiers, quoiqu'elle pût être notée ſur l'un comme ſur l'autre.

Ainſi en partant de cette ſuppoſition, que le nombre de 9 diviſions par noire eſt le préférable, ayant trouvé que les 272 noires, multipliées par 9, produiſent un total de 2448, il s'agit de trouver de combien les 206 tours de manivelle, multipliés par un cadran quelconque, approcheront le plus près de ce nombre, pourvu que ce ſecond réſultat excede le premier, s'il ne lui eſt égal.

Le cadran de 12, multiplié par les 206 tours de la manivelle, produit le nombre de 2472 diviſions ; donc à déduire les 2448 ci-deſſus, il reſteroit 24 diviſions de *ſilence* à la fin ; ce qui équivaudroit à peu-près à ce pouce de reſte dont nous avons parlé, en ſuppoſant 18 lignes par meſure, ſur la circonférence du cylindre.

Il n'eſt donc guere poſſible d'imaginer, pour cette piece, un cadran plus commode que celui de 12, à 9 diviſions par noire : c'eſt auſſi ſur ce cadran que l'on détaillera cette Romance, & ſûrement elle fera tout l'effet qu'on peut deſirer.

Cependant, ſi l'on vouloit avoir plus de reſſource pour les détachés, comme à 10 diviſions par noire, qui produiroient 2720 ; en employant le cadran de 13, multiplié par les 206 tours, on auroit 2778 diviſions, ſur leſquelles à déduire les 2720, il reſteroit 58 diviſions en ſilence à la fin ; ce ſilence, quoiqu'un tant ſoit peu plus long, feroit une différence bien peu ſenſible ſur une piece auſſi étendue que cette Romance.

On a fait cette derniere ſuppoſition pour qu'on puiſſe choiſir, & pour faire concevoir la poſſibilité d'en faire encore pluſieurs autres, au moyen deſquelles on pourroit faire terminer la piece à quelque point donné que ce ſoit ſur le cylindre ; comme il n'eſt pas plus difficile d'opérer d'une façon que de l'autre, à la différence près des fractions pour les tiers de noires, on s'en tiendra à la premiere ſuppoſition, qui eſt de noter cette Romance ſur le cadran de 12, à 9 diviſions par noire.

1446. On a déja vu ci-deſſus que par le cadran de 12, chaque meſure occuperoit 18 lignes ſur le cylindre ; il eſt aiſé en conſéquence de ſavoir combien les plus petites pointes auront d'épaiſſeur. 18 lignes pour 4 noires font 4 lignes & demie pour chaque noire, chaque diviſion de noire produiſant juſte la moitié de l'épaiſſeur des pointes des cadences qui ſont les plus petites ; à 9 diviſions par noire, il s'enſuit qu'il y aura 18 épaiſſeurs dans une noire, ce qui fait juſte le quart d'une ligne pour l'épaiſſeur des plus petites ; ſi elles peuvent réſiſter, il n'eſt pas douteux que toutes les autres feront aſſez fortes, parce qu'elles ſont les plus petites de toutes.

1447. Une pointe d'un quart de ligne d'épaiſſeur, ſur environ 10 points, ou un peu plus de trois quarts de ligne largeur, & 5 quarts de ligne de

hauteur,

il faudroit une manivelle plus longue, ou pour mieux dire, un levier plus confidérable ; ce qu'on obtiendra aifément en diminuant le nombre des dents de la roue de cylindre ; & pour lors la manivelle deviendra néceffairement plus longue. Ce nombre de dents peut diminuer avec d'autant moins d'inconvénient, que la réfiftance que le cylindre oppofe à l'action de la vis fans fin, eft très-peu de conféquence ; & que lorfqu'il n'y a qu'un cylindre à conduire, on le peut faire facilement avec une petite manivelle ; au lieu qu'un foufflet oppofe une réfiftance en proportion de fon volume & du nombre de jeux qu'il doit faire parler. Il eft bon de faire ici la fuppofition pour appercevoir la facilité de cette combinaifon.

On fuppofe donc, qu'au lieu de 206 dents au cylindre, on n'en mette que 155, & que la piece à noter foit toujours la Romance de M. Balbaftre.

On diroit : 272 noires, à 9 divifions par noire, produifent 2448 divifions. 155 dents ou tours de manivelle, multipliées par un cadran de 16, valent 2480, dont à déduire les 2448 ci-deffus, il refteroit 32 divifions en filence ; & ainfi des autres hypothefes, celle-ci étant plus que fuffifante pour en faire autant qu'on voudra avec la même facilité ; d'où il eft aifé de conclure pour la longueur de la manivelle qui en réfulteroit : car fi 206 tours doivent être exécutés dans la durée de 165 fecondes, avec une manivelle d'environ 4 pouces & demi, formant le rayon d'un cercle de 9 pouces de diamettre, quelle longueur doit avoir celle qui, pendant le même temps, ne feroit que 155 tours : ce nombre étant d'un quart de moins que le nombre 206, il s'enfuivroit que la manivelle devroit être environ d'un quart plus longue, & ainfi à proportion de toutes les autres circonftances, fuivant l'exigence des cas.

On a cru devoir faire toutes ces obfervations, afin de prévenir tous les doutes qui pourroient naître ; ce qu'on diroit de plus, ne feroit qu'un détail minutieux, dontl e Lecteur peut fe paffer aifément.

§. II.

Obfervations fur la Romance de M. Balbaftre.

1449. M. Balbaftre, un des plus célebres Organiftes de Paris, s'eft prêté à tout ce dont on l'a prié à cet égard ; non-feulement il s'eft donné la peine de noter lui-même fa piece fur le papier, telle qu'on la voit gravée ; mais il l'a exécutée à plufieurs reprifes, & fon exécution a été fuivie avec une montre à fecondes à la main ; c'eft pourquoi on eft en état d'affurer que fa piece entiere ne doit pas excéder la durée de 165 fecondes ; & qu'ayant été revue par lui-même, elle eft dans fon vrai genre d'exécution.

Cependant, comme les Muficiens n'ont jamais eu de principes tonotechni-

hauteur, doit être affez réfiftante, pourvû qu'on la faffe de cuivre bien écroui; mais fuppofé qu'elle foit trop foible de cette matiere, on peut la faire de fer, & même d'acier pour les plus petites feulement; car les autres, dont l'épaiffeur doit être prefque du double, de quelque matiere qu'on les faffe, elles feront toujours affez fortes.

Ayant déterminé le nombre des dents, que nous avons dit être de 206, & le cadran de 12, à 9 divifions par noire, il fera aifé d'apprécier à peu-près la longueur de la manivelle, en conféquence de celle de la Serinette.

Ce qui a été dit fur la quantité de pointes de cadence que chaque mefure de Serinette peut contenir, peut donner une idée de cette appréciation. Chaque tour de la manivelle d'une Serinette fait avancer le cylindre d'environ 2 lignes & un dixieme, & ce tour s'exécute dans une demi-feconde; 2 tours le font par conféquent avancer de 4 lignes 2 dixiemes, & cela dans une feconde.

La longueur du levier d'une manivelle de Serinette, à prendre en ligne droite depuis le centre du pivot de l'axe de la vis fans fin, jufqu'au centre du bouton qui eft à l'extrémité de la manivelle, eft donc d'environ 2 pouces & un quart : je dis en ligne droite; car la courbure n'allonge pas le levier. Ces 2 pouces & un quart font le rayon d'un cercle de 4 pouces & demi de diamettre, & d'environ 13 pouces trois quarts de circonférence qu'elle décrit en tournant, & cette circonférence eft parcourue avec facilité dans la durée d'une demi-feconde.

Chaque mefure de la Romance de M. Balbaftre eft de la durée d'environ 2 fecondes & demie; ce qui fait 5 demi-fecondes : 9 divifions du cadran de 12 par noire, ou 3 quarts du tour de ce cadran, ce qui eft la même chofe, font pour les 4 noires 3 tours juftes de manivelle dans la durée de 2 fecondes & demie; cela équivaut à 4 cinquiemes de feconde par chaque tour, c'eft-à-dire, prefque le double : il faut en conféquence que la manivelle foit plus longue, afin que le cercle étant plus grand, on ne puiffe le parcourir que dans la durée de ces 4 cinquiemes de feconde; & cette longueur doit être un rayon d'environ 4 pouces & demi ou 5 pouces; ce qui produit un diametre au moins de 9 pouces : elle fera certainement fuffifante pour conduire ce cylindre, tout pefant qu'il eft, parce qu'il n'a d'autres fonctions à remplir que de faire lever les touches du clavier : ce cercle décrit par la manivelle n'étant environ que de 28 pouces de circonférence, à peu-près le double de celui de la Serinette, fera aifément parcouru dans la durée de 4 cinquiemes de feconde.

1448. Comme il pourroit arriver dans d'autres occafions, fur-tout lorfqu'on conftruit des Orgues exprès, dont on veut faire mouvoir le foufflet par le moyen de la manivelle, ce foufflet étant un poids affez confidérable à vaincre,

ques pour l'appréciation du détail des effets, fur-tout des filences d'articulation, dont on a parlé dans la Section II; & que fi on leur donnoit cette piece fimplement détaillée fuivant ces principes, ils pourroient trouver à redire à ces détails, parce qu'ils n'auroient pas l'habitude de les concevoir; on a cru devoir la détailler en toutes notes, fuivant leur méthode ordinaire, afin qu'ils puiffent en faire la comparaifon avec le détail : c'eft ce qu'on verra dans la Planche 119.

PLANCHE
119.

Les portées premiere, quatrieme, feptieme, dixieme & treizieme de la Mufique, font le détail des agréments de cette Romance en toutes notes, comme les Muficiens le feroient eux-mêmes, s'ils le faifoient fuivant les principes ordinaires : dans ce détail, on n'a eu aucun égard ni aux *filences d'articulation*, ni à l'*inégalité* des croches, & mêmes des noires; mais feulement à ce que chaque note produiroit, fi elle étoit employée fans aucun *filence* à fa fuite, parce que, jufqu'à préfent, on n'a pas encore préfumé que la Mufique dût être compofée d'autant de filences qu'il y a de notes, & même de parties de notes : on n'a même fait aucune difficulté d'employer des quadruple-croches pour le détail des cadences, à caufe de la perfuation où l'on eft, que chaque *module* ou *articulation* de cadence eft au moins d'une quadruple-croche; parce que, pour leur exécution, on emploie toute la célérité poffible.

Affurément fi cette Romance étoit notée fur un cylindre, ou même exécutée de cette façon, par un Muficien, fur quelque inftrument que ce fût, elle ne feroit pas fupportable, & elle révolteroit tous ceux qui l'entendroient.

Le défaut de *filence d'articulation* ne laifferoit aucun détaché entre les notes, ce qui les confondroit toutes au point de ne faire qu'un bourdonnement confus : les quadruple-croches pour les cadences deviendroient fi précipitées, qu'elles ne feroient qu'une efpece de gréfillement révoltant, au lieu d'une modulation flateufe & agréable; car enfin, s'il falloit des quadruple-croches pour cadencer une ronde, & que cette ronde fût entiere & fans aucun *filence*, il faudroit que cette ronde fût divifée en 64, puifque 64 quadruple-croches font égales à une ronde; je ne penfe pas qu'on puiffe jamais exécuter avec une telle rapidité, dans un mouvement du genre de celui de cette Romance.

Il eft inutile de s'étendre ici à démontrer cette impoffibilité; il fuffit de l'avoir fait preffentir, pour convaincre tous ceux qui s'intéreffent à la Mufique, que la maniere ordinaire de la noter eft non-feulement très-défectueufe, mais même qu'il n'exifte aucun figne pour exprimer, fans équivoque, le détail des effets qui réfultent de l'exécution phyfique de cet Art enchanteur, & que ce défaut eft néceffairement une entrave des plus confidérables à fa perfection.

On n'eft entré dans ces détails, comme on le remarque dans les premiere, quatrieme, feptieme, dixieme & treizieme portées de cette Planche, ainfi

que les Muficiens les noteroient eux-mêmes, s'ils les faifoient fans la connoiffance de la Tonotechnie , que pour faire preffentir l'exactitude avec laquelle il faut qu'une piece foit étudiée pour la noter fur le cylindre qui
doit être le réfultat, non d'un cannevas défectueux, tels que font tous les
papiers notés en mufique, mais de l'exécution phyfique du Muficien même ;
peut-être que cette opération , dont le défaut s'appercevra aifément d'après
ces obfervations, pourra engager les Muficiens à faire les réflexions les plus
intéreffantes pour leur Art.

1450. Les vices de cette premiere opération fe trouveront rectifiés dans
les portées fuivantes, où tous les détails des effets & des *filences d'articulation* feront exprimés avec des caracteres fimples & intelligibles, dont on
va donner l'explication détaillée , comme on a fait pour la Barcelonnette.
Toutes les portées de Mufique liées enfemble font cette même Romance
avec fa Baffe , préparée comme elle doit être notée fur le cylindre
en queftion ; on y remarque au-deffus de chaque note, des caracteres qui
indiquent leur détail, & au-deffous il y a des chiffres qui indiquent ceux
du cadran fur lequel il faut la noter. Les chiffres qui font au-deffus n'indiquent que les mefures.

1451. On appercevra aifément que la quantité des *modules* de cadence,
indiqués par ces caracteres, differe en nombre du détail en toute note qu'on
a cru devoir faire dans la premiere opération , parce que dans cette
derniere, on a eu égard aux *filences* néceffaires à *l'articulation* : cette différence, bien appréciée par les Muficiens, ne peut que leur donner de nou-
velles lumieres & étendre leurs connoiffances.

Rien ne fera fi aifé que d'apprécier au jufte ces détails avec le cadran de
12, qui doit fervir à noter cette piece, dont 9 divifions entieres doivent
faire la valeur de toutes les noires, qu'on pourroit appeller *régulieres* , &
qui font exactement le quart d'une mefure, ou la moitié d'une blanche; je
dis noires *régulieres*, pour faire fentir que dans l'exécution, il s'en rencontre quelquefois de plus longues & quelquefois de plus courtes, comme
dans les croches inégales ; on en trouvera plufieurs exemples dans cette Romance ; on y fera obferver des noires qui valent les deux tiers d'une blanche, d'autres qui ne valent qu'un tiers, & des croches dont toutes les *premieres* valent 2 tiers de noire , & les *fecondes* un tiers feulement.

La dénomination de *premiere* & *feconde* peut convenir également aux
noires inégales, comme aux croches, en ce que cette inégalité n'a jamais
lieu que fur des noires qui occupent la valeur d'une blanche, comme fur
les croches qui occupent la valeur d'une noire.

En fuppofant donc qu'une noire, que j'appelle *réguliere*, foit divifée en 9
parties égales par le cadran de 12 ; à toutes celles qui feront cadencées, &
dont la *tenue* ne doit laiffer après elles qu'un *filence* de *détaché*, on pourra

appliquer

appliquer 8 *modules* de cadence ; en ce que chacun de ces *modules* étant toujours exprimé, comme on l'a dit, dans le commencement de chaque diviſion, il ne faut que 7 diviſions entieres pour les placer toutes ; il reſteroit par conféquent encore 2 diviſions de *ſilence* à la fin, ce qui équivaut à peu-près à la durée d'une ſeconde croche *irréguliere*, qui ne vaut qu'un tiers d'une noire.

On doit ſentir que ſi l'on vouloit avoir exactement ce *ſilence* de la valeur d'une ſeconde croche *irréguliere*, il ſeroit aiſé de ſe le procurer, en retranchant quelque choſe à chaque diviſion, de façon à mettre les 8 modules de cadences dans l'eſpace de 6 diviſions entieres : cette opération eſt ſi aiſée dans la pratique, qu'elle n'a pas beſoin d'une obſervation plus étendue.

1452. On peut aiſément conclure de ces 9 diviſions pour chaque noire, dont chacune vaut un module de cadence, que les quadruple-croches ne ſont point exécutables dans une piece de ce degré de mouvement, & qu'elles ne pourroient avoir lieu que dans des mouvements d'une lenteur exceſſive.

Une noire ne vaut que 8 triple-croches, à 9 diviſions par noire ; c'eſt donc un peu moins qu'une triple-croche qui ſera la valeur de chaque module ; ils ſeront aſſurément aſſez ſerrés dans l'exécution.

1453. Cette Romance étant d'une expreſſion gracieuſe, elle doit être moins détachée que dans les pieces ordinaires ; c'eſt pourquoi les *ſilences* à la fin de chaque note doivent être moins courts que dans les pieces détachées : cette obſervation eſt eſſentielle, afin de faire ſentir la néceſſité de proportionner les *ſilences* au genre d'expreſſion des pieces ; car plus un air eſt détaché, moins elle eſt affectueuſe, ce qui ne peut avoir lieu qu'en augmentant ces ſilences, en proportion de la longueur des notes ; c'eſt pourquoi on remarquera beaucoup de différence entre les caracteres appliqués au-deſſus des notes de la Barcelonnette, dont on a donné le détail dans la Section V, & cette piece : la Barcelonnette étant un air détaché, la plupart des caracteres ſont de ſimples *tactées* ; au lieu que la Romance étant plus *liée*, on y remarquera beaucoup de *tenues*.

Quoiqu'il ſoit aiſé de concevoir ces caracteres en conſéquence du détail qu'on a donné à ceux de la Barcelonnette, il eſt encore bon de les rappeller ici, ſur-tout pour l'indication des ſilences.

1454. Chaque point au-deſſus de la fin de ces caracteres, indique un ſilence de la valeur d'une double-croche ; ainſi 2 points vaudront 2 double-croches de *ſilence* ; 3 points, 3 double-croches, & ainſi toujours en augmentant pour tous les autres.

Chaque pointe des caracteres figurés comme celui-ci ʍ, ou comme cet autre ɴ, vaudra 1 *module* de cadence ; les pointes d'en-haut indiqueront la note ſupérieure de la cadence, & les pointes d'en-bas ſignifieront la note d'en-bas.

Les chiffres 1 & 2, qu'on trouvera à côté de plusieurs noires ou de plusieurs croches, indiqueront 1 ou 2 tiers ; ce qui voudra dire, pour les noires, 1 ou 2 tiers de blanche ; & pour les croches, 1 ou 2 tiers de noire. Le surplus s'entendra aisément d'après le détail qu'on fait ci-après.

PLANCHE
119.

Le cadran de 12, à 9 divisions par noire, ne contiendra que 4 chiffres ; on peut en voir la figure en petit au haut de la Planche 119, & à toutes les Planches des fragments de cylindre. Ce cadran est d'autant plus commode, que toute la basse étant une batterie continuelle de tiers de noires, chaque batterie rencontrera un chiffre dans l'ordre naturel, sous la premiere des trois notes dont elle est composée ; & ces chiffres étant posés de 9 en 9 dans cet ordre naturel, il sera aisé de prendre le tiers de ce nombre pour la valeur de chaque note particuliere.

Il est bon d'observer que dans les pieces de Musique en plusieurs parties, dont on rendra l'exécution par les cylindres, il faut que toutes les parties soient notées avec le même cadran ; c'est pourquoi on aura attention que les chiffres posés sous les notes, & qui correspondent à ceux du cadran, soient placés bien exactement sous toutes ces parties. Il sera toujours plus avantageux & moins embarrassant de les noter chacune séparément : cela sera d'autant plus aisé dans cette Romance, que la correspondance des chiffres en est facile à vérifier.

§. III.

. *Notage de la Romance en question.*

1455. Les caracteres étant placés sur chacune des notes, & les chiffres au-dessous, on mettra le cadran de 12 sous la manivelle, comme il a été dit pour la Barcelonnette, avec l'attention de placer le chiffre 1 vers le haut.

PLANCHES
120 &c.

Les Planches 120, 121, 122, 123, 124, 125, 126, 127 & 128 représentent cette Romance détaillée & développée sur des fragments de cylindres avec les notes des deux parties correspondantes aux pointes. On a suivi dans ces Planches la même méthode que pour les fragments de la Barcelonnette, c'est-à-dire, que la *tenue* exacte des notes est gravée noire, & les *silences* gravés gris, afin de pouvoir mesurer la valeur totale de chacune des notes qui est composée de *tenue* & de *silence*. Chaque mesure de la Romance est terminée par des lignes verticales à égales distances, au-dessus desquelles on remarquera les chiffres 1, 2, 3, &c, qui indiquent les mesures développées dans chacun de ces espaces ; & les traits horisontaux, correspondants aux touches du clavier, figurent la gamme chromatique : ceux de ces traits horisontaux qui sont noirs, indiquent les touches du clavier, ou plutôt les notes qui servent dans l'exécution de cette Romance, & les ponctuées représentent les touches ou notes inutiles ; pour faire sentir

que dans un inftrument borné, ou qu'on pourroit conftruire exprès, &
fur lequel on voudroit noter une certaine quantité de pieces, ce feroit multiplier les êtres fans néceffité, que d'employer la totalité de la progreffion
chromatique, parce qu'il fe rencontreroit plufieurs touches du clavier qui ne
ferviroient jamais; mais qu'il faut fe borner fimplement aux notes néceffaires
pour arranger en conféquence le clavier du cylindre, dont toutes les touches
doivent être à égales diftances pour les changements réguliers des airs. Les
touches multipliées fans néceffité, augmenteroient immanquablement la lon-
güeur des cylindres, ce qui ne feroit qu'embarraffer dans des efpaces bornés.

Il eft encore bon de prévenir qu'il eft inutile d'obferver l'ordre régulier
dans la fuite des tuyaux, mais qu'on peut les tranfpofer à l'ordinaire; alors
il eft néceffaire que les foupapes du fommier foient à égales diftances, à
caufe de la néceffité d'y faire correfpondre les touches. Une bande de papier peut les indiquer en notant les cylindres; cette obfervation eft effentielle : la tranfpofition de tuyaux hors de leur ordre naturel, n'a lieu que
pour des Orgues confidérables.

Comme il eft queftion d'un grand Orgue, fufceptible de tous les modes
& de toutes les tranfpofitions poffibles qu'un cylindre de cette étendue peut
contenir, on n'a pas cru devoir fe borner, afin de laiffer la liberté d'employer quelque touche que ce foit; ainfi l'on ne fera pas étonné d'y trouver
les gammes chromatiques, pour cette Romance, qu'on ne propofe que pour
exemple.

On doit en conféquence conclure que la gamme chromatique dans les
Serinettes ou Turlutaines, qui font des inftruments abfolument bornés, deviendroit fuperflue, ou ne feroit qu'augmenter la longueur de ces inftruments
fans néceffité; & quoiqu'elle ait été propofée pour la Barcelonnette, on ne
l'a fait que pour laiffer la liberté de choifir, & non pas comme une chofe
néceffaire. Dans cet Ouvrage il ne peut être queftion que de propofer des
exemples pour enfeigner le notage.

Les traits verticaux ponctués, correfpondants des notes des deux parties
aux pointes qui doivent les exécuter fur le cylindre, marquent d'un efpace
à l'autre, ou la valeur totale de la note, ou la valeur de chaque partie
détaillée des effets des notes; c'eft pourquoi on a cru devoir détailler tous
ces effets en toutes notes pour mieux les faire concevoir; ils font cependant
mieux indiqués par tous les caracteres qui font au-deffus; étant comparés
avec le produit des chiffres du cadran de 12 qui font au-deffous, qu'avec
ces petites notes, dont la valeur s'accorde difficilement avec le produit des
cadrans; ainfi on n'aura aucun égard à ces petites notes de détail dans l'exécution du notage, mais feulement aux caracteres qui laiffent toujours la liberté
de proportionner ces détails, fuivant le produit exact des cadrans qu'on emploie
dans le notage.

Chacune de ces Planches ne contenant qu'une certaine quantité de mesures de la Romance de M. Balbastre, nous allons les suivre l'une après l'autre ; comme les caracteres au-dessus des notes & les chiffres au-dessous, sont les mêmes que ceux de la Planche 119, cette Planche n'est que pour réunir toute l'opération, & la mettre en entier sous les yeux du Lecteur : ce n'est que pour la rendre plus intelligible qu'on s'est déterminé à la représenter par fragments, & c'est sur ces fragments que nous allons donner les détails.

PLANCHE
119.

Comme les détails qu'on va faire seroient inintelligibles sans l'inspection des Planches & du cadran, il faudra les avoir continuellement sous les yeux ; c'est pourquoi on trouvera sur toutes ces Planches le cadran de 12, gravé & combiné suivant le détail, & comme il doit être pour noter un cylindre : la manivelle ou l'aiguille est censée en parcourir les divisions, en tournant de gauche à droite, ce qui donnera les chiffres dans leur ordre naturel, de 9 en 9 divisions.

Il est encore bon d'observer que dans tous ces fragments, on a noté tous agréments en toutes notes, mais rectifiés suivant les regles de la Tonotechnie, pour en faire sentir mieux l'effet dans l'exécution ; mais ce détail en toutes notes seroit absolument superflu & inutile dans le notage. Comme cette Romance ne doit servir que d'exemple, on n'a pas cru devoir épargner ces petits détails, que le Lecteur pourra saisir avec facilité.

La Planche 120 contient les 5 premieres mesures : les notes d'en-haut sont pour le dessus : elles correspondent par le moyen des lignes ponctuées à leurs pointes qui sont au-dessous, gravées d'un gris pâle, & les notes d'en-bas sont pour la basse ; elles correspondent aussi à leurs pointes qui sont au dessus, gravées d'un gris plus foncé, pour distinguer celles de la basse d'avec celles du dessus. Les parties parlantes des unes & des autres sont absolument noires, & les parties en silence sont grises.

PLANCHE
120.

Si l'on veut entretenir le cylindre propre, on pourra le recouvrir de papier, ou de deux couches de blanc à la colle, qu'on enlevera après qu'il sera noté, en lavant le cylindre.

Dans le détail que l'on va faire de la Planche 120, on commencera par le premier dessus ; on fera ensuite celui du second dessus ou basse, & ainsi à toutes les autres Planches.

Les deux premieres notes du premier dessus sont deux noires ; la premiere est *tenue* en grande partie, & forme un martellement dans son commencement ; ce qui est indiqué sans équivoque par le caractere au-dessus, qu'on concevra aisément par le moyen des deux petites triple-croches qui la précedent : au-dessous de cette noire on remarquera le chiffre 1, correspondant à ce chiffre du cadran. Ainsi, en supposant que la manivelle, ou l'aiguille qui sert d'alidade, soit arrêtée au chiffre 1 du cadran de 12, on marquera avec la touche de l'*ut* le premier *module* de ce martellement ; on

ira

ira à la diviſion immédiatement ſuivante, pour marquer ſur le *ſi* le ſecond *module*; enſuite on ira à la diviſion encore ſuivante, pour marquer ſur l'*ut* le commencement de la *tenue* finale de ce martellement, qu'on ira finir au chiffre 3 du cadran, & il reſtera un ſilence depuis 3 juſqu'à 2, qui vaudra une *ſeconde* croche, ou deux doubles *ſecondes* croches, ou ſi l'on veut, un *tiers* de noire, que les deux points au-deſſus du caractere indiquent.

Cette premiere noire étant notée, on ira au chiffre 2, ainſi qu'il eſt indiqué ſous la ſeconde noire, & là on marquera avec la touche de l'*ut*, le commencement d'une eſpece de *tactée* un peu *tenue*, qu'on prolongera juſqu'au chiffre 1; le reſte de cette noire reſtera en ſilence juſqu'au chiffre 3, où commencera la premiere note de la premiere meſure.

Cette premiere note de la premiere meſure eſt une noire ſur le *fa*, martelée avec le *mi*; on marquera le premier *module* ſur le *fa* au chiffre 3, le ſecond ſur le *mi* à la diviſion ſuivante, le commencement de la *tenue* à la diviſion enſuite ſur le *fa*, qu'on ira finir au chiffre 1, & le ſilence ſera depuis 1 juſqu'à 4.

La ſeconde eſt une noire *tactée* auſſi ſur le *fa*; elle eſt comme la précédente; ſa *tenue* qui commence au chiffre 4, finit au chiffre 3, & ſon ſilence eſt depuis 3 juſqu'à 1.

La troiſieme eſt une noire *tenue* ſur le *mi*; elle commence au chiffre 1, & finit au chiffre 2; ſon ſilence eſt depuis 2 juſqu'à 1, pour aller commencer la quatrieme noire *tactée* au chiffre 1: comme c'eſt une ſimple *tactée détachée*, le ſilence ſera depuis ce chiffre juſqu'au chiffre 3, où commence la premiere note de la ſeconde meſure.

On peut remarquer une différence dans l'exécution de ces deux dernieres noires, comparées avec celles qui les précedent, en ce que la *premiere* de ces deux noires eſt d'un *tiers* plus longue, compris ſa *tenue* & ſon *ſilence*, & que la *ſeconde* eſt d'un *tiers* plus courte; au lieu que dans les précédentes, elles ſont toutes égales en durée : c'eſt l'expreſſion particuliere qu'on peut donner à ces deux noires dans le genre gracieux : cette différence eſt marquée avec deux petits chiffres poſés à côté de ces notes; le chiffre 2, mis auprès de la *premiere*, ſignifie qu'elle vaut *deux tiers* de blanche, & le chiffre 1, à côté de la *ſeconde*, indique *un tiers* de blanche; par conſéquent ces deux noires réunies font la valeur totale d'une blanche; ce qui n'interrompt ni la meſure ni la marche de la piece, dont l'accompagnement eſt tout entier par *tiers* de noire : ce genre d'agrément eſt très-fréquent dans l'exécution; il ſeroit à deſirer qu'on adoptât ce moyen de l'indiquer ſans équivoque dans tous les papiers notés.

On trouvera encore de ces chiffres à côté d'autres noires, ce ſera pour

Planche
120.

la même raifon : fi l'on chante cette piece, on fentira que dans bien des endroits, cette expreffion doit avoir lieu.

Il s'en trouvera également à côté des croches ; ainfi le chiffre 2 indiquera les deux *tiers* de noire, & le chiffre 1 l'autre *tiers*.

La premiere note de la feconde mefure eft une blanche fur le *la*, martelée avec le *fi* ; on pourroit auffi la *marteler* avec le *fol dieze* ; on choifira, elle feroit également un bon effet : cependant elle eft ici indiquée par le caractere martelé avec le *fi* ; elle commence au chiffre 3, où finit le filence de la derniere des deux noires, immédiatement précédentes ; à ce chiffre 3, on marquera le premier *module* fur le *la*, le fecond *module* à la divifion fuivante fur le *fi*, & le commencement de la *tenue* à la divifion encore fuivante fur le *la* ; on ira la finir au chiffre 3, afin d'avoir un filence depuis 3 jufqu'à 1, où commence la note fuivante : ce *filence* étant de *reprife d'ha-leine*, doit être au moins de cette valeur, c'eft-à-dire, de 2 *tiers* de noire indiqués par les 4 points au-deffus, qui fignifient 4 *fecondes* double-croches.

La feconde note de cette mefure eft une *premiere* croche fur l'*ut* ; le chiffre, à côté de cette note, indique qu'elle vaut 2 *tiers* de noire ; elle eft *tenue* ; elle commence au chiffre 1, & finit à la divifion après le chiffre 4, afin que ne reftant qu'environ 2 divifions en *filence*, elle foit plus liée avec fa fuivante, qui eft une feconde croche du *tiers* d'une noire ; cette *feconde* croche eft une fimple *tactée* fur le *fi*, qu'on marquera fur le chiffre 3 ; & depuis 3 jufqu'à 2, ce fera le *filence*.

La quatrieme note eft une premiere croche fur le *la*, cadencée de 4 *modules* avec le *fi* ; elle eft encore de 2 *tiers* de noire, ainfi que le chiffre à côté l'indique ; le premier *module* fe marque fur le *fi* au chiffre 2, le fecond fur le *la* à la divifion fuivante, le troifieme fur le *fi* à la divifion fuivante, & le quatrieme & dernier au chiffre 1 : comme toutes les fins des cadences doivent faire une *tenue* quelconque, pour marquer la note *naturelle*, & la faire diftinguer de la note *empruntée* ; la *tenue* de ce dernier *module* fera prolongée depuis 1 jufqu'au milieu de l'efpace qui eft entre 1 & 4 ; le furplus jufqu'à 4 fera le *filence* de *détaché* ; & fur ce chiffre 4 on marquera fur le *fol* la croche *tactée* qui fuit immédiatement, laquelle n'eft qu'un *tiers* de noire, & fon *filence* fera depuis 4 jufqu'à 3.

La premiere note de la troifieme mefure eft une noire *tenue* de la moitié de fa valeur fur l'*ut* ; elle commence au chiffre 3, & finit à la moitié de l'efpace entre 2 & 1, & fon *filence* continue jufqu'au chiffre 4.

La feconde note eft une premiere croche fur le *fi*, cadencée de 4 *mo-dules* avec l'*ut* ; elle vaut 2 *tiers* de noire : on marquera le premier *module* fur l'*ut* au chiffre 4, le fecond fur le *fi* à la divifion fuivante, le troifieme fur l'*ut* à la divifion fuivante, & le quatrieme fur le *fi* au chiffre 3, dont la *tenue* finira au milieu de l'eſpace entre 3 & 2, & ſon *ſilence* de *détaché* finira à 2, où l'on marquera ſur l'*ut* la croche ſuivante qui eſt *tactée*, & ne vaut qu'un *tiers* de noire, dont le *ſilence* ira finir au chiffre 1.

La quatrieme note eſt noire, faiſant un *port-de-voix*, ainſi qu'il eſt indiqué par le caractere au-deſſus; elle eſt ſur le *re*, cadencée avec l'*ut* : tout port-de-voix commence toujours par une *tenue*, comme on la voit marquée par ce caractere; elle commence ſur l'*ut* au chiffre 1, & finit au chiffre 4; on marque enſuite un *module* de cadence ſur le *re* à la diviſion ſuivante; un ſecond *module* ſur l'*ut* à la diviſion auſſi ſuivante, & le troiſieme & dernier *module* ſur le *re* au chiffre 3, dont la *tenue* finit à la diviſion ſuivante; ſon *ſilence* eſt depuis cette diviſion juſqu'au chiffre 2, où commence la noire qui ſuit, qui n'eſt qu'une ſimple *tactée* ſur le *ſol*, dont le *ſilence* eſt depuis 2 juſqu'à 3, où commence la quatrieme meſure.

La premiere note de cette quatrieme meſure eſt une noire ſur le *mi*, cadencée avec le *fa* de 8 *modules*. Le premier *module* ſe marque ſur le *fa* au chiffre 3, le ſecond ſur le *mi* à la diviſion ſuivante, le troiſieme ſur le *fa* à la diviſion ſuivante, le quatrieme ſur le *mi* au chiffre 2, le cinquieme ſur le *fa* à la diviſion ſuivante, le ſixieme ſur le *mi* à la diviſion ſuivante, le ſeptieme ſur le *fa* au chiffre 1, & le huitieme & dernier ſur le *mi* à la diviſion ſuivante; depuis là juſqu'au chiffre 4, il y aura un *ſilence* de 2 diviſions.

Au chiffre 4 on marquera la note enſuite, qui eſt une noire *tactée ſimple* ſur le *re*; & depuis 4 juſqu'au chiffre 1, ce ſera un ſilence.

Au chiffre 1 on marquera la noire enſuite ſur l'*ut*, martelée avec le *ſi* : pour cette note & pour celle qui la ſuit, c'eſt exactement la même choſe que pour les deux premieres notes de cette Romance.

Voilà tout le deſſus de cette Planche 120 détaillé : voyons actuellement la baſſe de cette même Planche; toutes les notes de cette baſſe ſont toutes des *tiers* de noires *tactées ſimples*.

La premiere eſt un *ut* ſur le chiffre 1, dont le ſilence eſt depuis 1 juſqu'à 4 : à ce chiffre on marque la ſeconde ſur le *mi*; ſon *ſilence* ſera juſqu'au chiffre 3, où l'on marquera la troiſieme ſur le *ſol*, avec un *ſilence* égal, étant toutes *tactées*, ainſi que toutes celles qui les ſuivent.

Au chiffre 2 on marquera la quatrieme ſur l'*ut*; au chiffre 1 la cinquieme ſur le *mi*, & la ſixieme au chiffre 4, avec de ſemblables *ſilences*.

Il ſeroit inutile de détailler les autres, parce que c'eſt toujours la même marche; étant toutes égales, il n'eſt pas poſſible de ſe tromper.

On a cru le détail de cette Planche néceſſaire pour concevoir celui des autres qui s'entendront aiſément, par le moyen des caracteres & des chiffres; c'eſt pourquoi on ne fera que les parcourir, pour ne s'arrêter qu'aux endroits difficiles.

Quoique l'on ait fuivi pour le détail de ces quatre mefures, la Planche 120 par préférence à la Planche 119, qui contient cette Romance en entier, on n'a eu deffein que de mieux faire concevoir le produit du notage fur le cylindre, attendu que cette Planche 120 repréfentant un fragment du cylindre, on peut à chaque opération voir la correfpondance de notes avec les pointes, & fe convaincre que fi l'on note jufte, l'exécution de la piece, par le cylindre, doit être de la plus grande précifion : c'eft auffi le meilleur moyen de fe convaincre une bonne fois de la bonté des principes de Mufique qu'on a établis dans la feconde Section, & depuis qu'il eft queftion du notage ; en fuivant ces principes, on répandra dans tous les papiers notés en Mufique, qu'on pourroit appeller des cannevas informes, le plus grand jour pour l'expreffion & la bonne exécution ; mais cette opération de tracer fur le papier des fragments de cylindre, pour fe convaincre d'avance de l'effet de l'exécution, eft abfolument fuperflue & inutile à ceux qui veulent noter des cylindres ; il leur fuffira que leurs pieces foient bien notées fur le papier, & que les effets foient bien étudiés & indiqués par des caracteres convenables, tels que ceux qu'on voit au-deffus des notes dans toutes les Planches de Mufique contenues dans cet Ouvrage.

La Planche 121 repréfente 8 mefures depuis & y compris la cinquieme jufqu'à la douzieme inclufivement ; la cinquieme mefure eft fans difficulté ; comme il n'en eft aucune pour la baffe, parce que toutes les notes font des *tiers* de noires *tactées*, dans les détails qu'on va donner, il ne fera queftion que du premier deffus.

A la fixieme, aux chiffres 1 & 2, ce font des *tiers* de croche liés de 3 en 3.

La premiere commence au chiffre 1 ; fa *tenue* eft depuis 1 jufqu'au milieu entre 1 & 4 ; la feconde commence à 4, & fa *tenue* eft depuis 4 jufqu'au milieu entre 4 & 3, & la troifieme fe marque fur le chiffre 3 ; comme elle n'eft qu'une *tactée*, elle laiffe un *filence* depuis 3 jufqu'à 2, où commence la quatrieme, & ainfi de toutes les autres, en faifant toujours une *tactée* de la troifieme.

A la feptieme mefure la derniere note eft une blanche *tenue & cadencée*, ou pour mieux dire, c'eft une cadence précédée d'une *tenue* : cette cadence eft de 8 *modules*, compris & cette *tenue* qui fait le premier ; elle commence fur le *mi* au chiffre 1 ; & cette *tenue* qui précede eft le *tiers* de la blanche, elle remplit l'efpace depuis 1 jufqu'à 3 ; le *module* qui fuit la *tenue* fe marque fur le *re* à la divifion après 3, le troifieme *module* fur le *mi* à la divifion fuivante, le quatrieme au chiffre 2, le cinquieme à la divifion fuivante, le fixieme à la divifion fuivante, le feptieme au chiffre 1, & le huitieme à la divifion après 1 ; ce dernier forme une petite *tenue* jufqu'à 4, & le *filence* de cette blanche eft depuis 4 jufqu'à 3, où commence la note enfuite.

La

La huitieme mefure eft fans difficulté.

A la neuvieme mefure, au chiffre 4, eft un *tiers* de noire cadencée de 3 *modules* fur le *la* ; au chiffre 4 on marque le premier *module* fur le *la* ; le fecond *module* fur le *fol* à la divifion fuivante, le troifieme *module* fur le *la* à la divifion enfuite, & le *tiers* de noire fur le *fol* qui fuit cette petite cadence entre la divifion 3 & fa fuivante ; cette note eft *taétée*, ainfi que le *fa* qui eft immédiatement après, qu'on marque au chiffre 2.

Les dixieme, onzieme & douzieme mefures font fans difficulté.

La Planche 122 repréfente encore 8 mefures, depuis & y compris la treizieme mefure, jufqu'à la vingtieme inclufivement ; les treizieme, quatorzieme & quinzieme mefures font fans difficulté.

La feizieme commence par une blanche qui eft un port-de-voix fur le *la* cadencé avec le *fol diezé* ; fon commencement eft au chiffre 3, où l'on marque, fur le *fol diezé*, une *tenue* qui va finir à la divifion après 1 ; le fecond *module* fe marque fur le *la* à la divifion enfuite, le troifieme *module* fur le *fol diezé* au chiffre 4, & le quatrieme & dernier *module* fur le *la* à la divifion fuivante, dont la *tenue* va finir au chiffre 3, & le *filence* de cette blanche eft depuis 3 jufqu'à 1, où commence la note qui fuit.

Les dix-feptieme & dix-huitieme mefures font fans difficulté.

La dix-neuvieme & vingtieme mefures font compofées de deux rondes liées, cadencées en entier fur le *fol* avec le *la*.

On peut faire cette cadence de deux façons ; la premiere, & fûrement la plus agréable, eft de la cadencer d'abord lentement, en augmentant infenfiblement de vîteffe au moins pendant la durée de la premiere blanche ; la feconde en la cadençant auffi vîte au commencement qu'à la fin : de quelque façon qu'on la faffe, on obfervera à la fin un *filence* de la valeur de 2 *tiers* de noire, après la petite *tenue* qui doit la terminer : comme il n'y a point de difficulté pour la feconde maniere, je ne détaillerai que la premiere, afin de donner une idée de ces cadences préparées.

Elle commence au chiffre 3 ; fon premier *module* fera fur le *la*, du tiers d'une blanche, c'eft-à-dire, qu'on fera une *tenue* depuis 3 jufqu'à la divifion qui précede le chiffre 1 ; le fecond *module* fur le *fol* fera d'une croche ; il commencera au chiffre 1, & ira finir entre 4 & la divifion fuivante ; le troifieme *module* fera d'un *tiers* de noire fur le *la* ; il commencera à la moitié avant la divifion qui précede le chiffre 3, & ira finir entre 3 & la divifion fuivante ; le quatrieme *module* fur le *fol* commencera entre 3 & 2, & finira à 2 ; le cinquieme *module* fur le *la*, commencera à la divifion fuivante, & finira entre la divifion qui précede le chiffre 1 ; le fixieme *module* fur le *fol* commencera entre le chiffre 1 & la divifion qu'il précede, & finira à la divifion avant le chiffre 4 ; le feptieme commencera fur le *la* au chiffre 4, & finira à la divifion fuivante ; tous les autres iront de

PLANCHE
121.

PLANCHE
122

division en division jusqu'à la fin de la cadence, c'est-à-dire, jusqu'à la petite *tenue* qui doit précéder le *silence final.*

Le détail d'augmentation graduée de vîtesse que je viens de faire, finit au chiffre 4, & fait exactement la valeur d'une blanche entiere ; il reste par conséquent encore la valeur de 3 blanches à cadencer, après la derniere desquelles il faut, comme je l'ai dit, un *silence* de la valeur de 2 *tiers* de noire : chaque blanche vaut 18 divisions du cadran de 12, dont chacune équivaut à un *module* de cadence ; les 3 réunies feroient 54 *modules*, dont à déduire premiérement 6 divisions pour le *silence final* de la cadence, & six autres divisions pour la *tenue* qui doit la terminer & servir de dernier *module*, ce qui feroit 12, il resteroit encore 42 *modules* à marquer de division en division pour finir la cadence : cette opération est si aisée, qu'il est inutile de la détailler.

En notant ainsi cette cadence, elle sera dans le genre le plus ordinaire de M. Balbastre ; car il arrive quelquefois qu'il prolonge un peu plus cette augmentation graduée de vîtesse, & d'autres fois qu'il la diminue : le détail que j'ai fait ici de cette augmentation pendant la durée totale d'une blanche, suffira pour indiquer le moyen de la faire pendant la durée de 5 croches, de 3 noires, de 7 croches, & même d'une ronde si l'on veut, l'un n'étant pas plus difficile que l'autre : l'important dans le notage, est de saisir autant qu'on peut le vrai genre de l'Auteur.

La Planche 123 contient depuis & y compris la vingt-unieme mesure inclusivement jusqu'à la vingt-huitieme, aussi inclusivement.

Le commencement de la vingt-unieme mesure est un agrément qui termine la cadence qu'on vient de détailler : cet agrément est d'abord composé de 3 *tiers* de noire, & est terminé par 7 triple-croches, ainsi qu'on le voit noté en toutes notes.

Ces 3 *tiers* de noires commencent après le *silence* de la cadence au chiffre 3 ; la premiere note est un *sol à demi-tenu*, la seconde est un *la à demi-tenu*, & la troisieme un *si tacté* ; cette opération est comme les autres du même genre.

Toutes les triples-croches font autant des petites *tactées*, & elles s'exécutent avec des pointes de cadences, parce qu'elles en ont la même rapidité ; la premiere est un *ut* sur le chiffre 4, la seconde est un *si* sur la division suivante, la troisieme est un *la* sur la division d'après, la quatrieme est un *sol* sur le chiffre 3, la cinquieme est un *fa* sur la division suivante, la sixieme est un *mi* sur la division qui suit, & la septieme est un *re* sur le chiffre 2, & depuis 2 jusqu'à 1, c'est un silence après lequel commence la noire sur l'*ut.*

Toutes les autres mesures de cette Planche ne présentent aucune difficulté.

La Planche 124 contient depuis & y compris la vingt-neuvieme meſure juſqu'à la trente-ſixieme incluſivement ; la vingt-neuvieme & trentieme meſures
ne ſouffrent aucune difficulté.

Planche
124.

Le mode change du majeur au mineur au milieu de la trente-unieme
meſure, & toute cette partie eſt très-intelligible d'après les détails que nous
avons donnés ci-deſſus ; cependant, comme on trouve dans cette mineure
beaucoup de cadences flattées, il eſt bon d'en détailler une pour faire concevoir toutes les autres.

Le premier exemple eſt la ſeconde note du mode mineur, ou la troiſieme de la trente-unieme meſure au-deſſus du chiffre 2 ; cette note eſt un
ſol cadencé avec le *la b-mol*, & flattée avec le *fa*.

On marquera le premier module ſur le *la b-mol* au chiffre 2, le ſecond
ſur le *ſol* à la diviſion enſuite, le troiſieme ſur le *la b-mol* à la diviſion
d'après, le quatrieme ſur le *ſol* au chiffre 1, le cinquieme ſur le *la b-mol*
à la diviſion enſuite, le ſixieme ſur le *ſol* à la diviſion ſuivante, le flatté
ou ſeptieme *module* ſur le *fa* au chiffre 4, & le huitieme ſur le *ſol* à la
diviſion enſuite ; & de-là juſqu'au chiffre 3, ce ſera un *ſilence*, & ainſi de
toutes les autres cadences flattées.

La Planche 125 contient depuis & y compris la trente-ſeptieme meſure
juſqu'à la quarante-quatrieme incluſivement.

Planche
125.

Toute cette Planche ne préſente aucune difficulté.

La Planche 126 contient depuis & y compris la quarante-quatrieme meſure
juſqu'à la cinquante-deuxieme incluſivement ; elle eſt ſans difficulté.

Planche
126.

La Planche 127 contient depuis & y compris la cinquante-troiſieme meſure
juſqu'à la ſoixantieme incluſivement ; elle eſt ſans difficulté.

Planche
127.

La Planche 128 contient depuis & y compris la ſoixante-unieme juſqu'à la
ſoixante-ſeptieme & derniere incluſivement.

Planche
128.

Cette Planche ne contient aucune difficulté, ſinon qu'on peut remarquer
que la cadence finale eſt prolongée de la valeur d'une noire, & qu'en conſéquence la blanche qui termine eſt reculée de la même valeur : de même,
à la baſſe, la noire qui répond à la cadence finale, eſt auſſi prolongée ſuivant cette cadence, & les blanches correſpondantes ſont reculées à proportion.
Comme c'eſt la fin de l'air, on peut uſer de cette licence, à moins qu'on
ne veuille le faire répéter ; ce qui ne pourroit avoir lieu que dans le cas
où la piece feroit exactement tout le tour du cylindre, afin qu'elle pût
recommencer ſans interruption.

Toute la Romance ainſi marquée ſur le cylindre, il n'eſt plus queſtion
que de la piquer & d'y mettre les pointes : l'opération étant la même que
pour la Barcelonnette, il eſt inutile de la répéter ici.

Il eſt aiſé de concevoir que ſi, ſur un tour de ce cylindre, on peut mettre
une piece auſſi étendue, on pourra y en noter pluſieurs petites, comme

pour les verfets de l'Office &c ; & qu'en conféquence, on rempliroit plufieurs Offices avec un cylindre auffi confidérable.

C'eft en fuivant des principes auffi aifés dans la pratique, qu'on peut tirer
de la Tonotechnie le plus grand avantage pour plufieurs autres inventions : tout
ignoré qu'ait été l'Art de noter les Cylindres jufqu'à préfent, le petit nombre d'Artiftes qui en ont eu quelques connoiffances, ont déja enrichi les
Cabinets de productions auffi agréables que furprenantes pour ceux qui n'en favent pas les procédés : on a vu fortir de leurs atteliers des Automates, des
Oifeaux, & même des Concerts méchaniques qui faifoient illufion ; les pendules & les meubles les plus recherchés tirent même encore actuellement leur
principal mérite de quelques cylindres adaptés & notés avec art : que ne
feront donc pas par la fuite les productions de ces génies créateurs, quand
ils ne feront plus arrêtés par l'ignorance du notage, dont la pratique eft fi
aifée, qu'il fuffit d'avoir noté un feul air fur une Serinette, pour n'être plus
arrêté par des difficultés plus apparentes que réelles.

CHAPITRE CINQUIEME.

Organifation d'un Piano-forté, *imaginée & exécutée à Paris par M. Lepine, Facteur d'Orgues du Roi.*

1456. L E *Piano-forté* eft un inftrument à corde, qui a de la reffemblance
avec le Clavecin. La différence confifte, en ce que dans celui-ci, on fait
réfonner les cordes en les pinçant avec des plumes, & dans l'autre, par la
percuffion de certains marteaux fur les cordes. Il s'enfuit de-là que le Piano-
forté eft fufceptible de diminuer le fon ou de le renfler, felon que l'on
touche plus ou moins légérement. Le fon augmente d'autant plus que les marteaux frappent les cordes plus fortement, & à mefure il diminue autant que les
marteaux frappent plus légérement. C'eft ce qui fait nommer cet inftrument,
Piano-forté ; c'eft un terme Italien, qui fignifie *doux & fort*. Comme il
n'eft pas connu de tout le monde, j'en donnerai une courte defcription,
pour en faire concevoir une idée.

PLANCHE
130.1457. La figure 1, de la Planche 130, repréfente, en plan géométral,
le Piano-forté. *A B C D*, eft la caiffe en quarré long de l'inftrument. *F G*,
eft fon clavier. L'autre clavier *E C*, appartient à l'Orgue qui y eft joint.

1458. L'on voit d'abord les cordes tendues comme celles d'un Clavecin.
a b, eft une barre de bois, qui contient une rangée de marteaux, dont la
tête eft de cuir de buffle ; leur fonction eft d'arrêter ou couper le fon, lorfqu'on le juge à propos. La figure 2 repréfente, en perfpective, cette machine. *a b* eft la barre, qui recouvre celle *c d*. Celle-ci porte des entailles avec de petites chevilles, ou pointes de fil de laiton, pour recevoir

les

les manches des marteaux *e.* La figure 3, représente séparément le manche d'un de ces marteaux ; & *f* est sa tête séparée. On voit à la coupe
géométrale, *fig. 4*, toute la méchanique destinée à faire résonner les cordes.
a est la même barre représentée par *a b*, *fig. 2. f c*, *fig. 4*, est le marteau
pour couper le son. *g f* est une partie d'une corde de l'instrument. *h k* est
le vrai marteau qui frappe au-dessous de la corde, lorsqu'on baisse la touche *l o.* La piece *m* est adhérente sur le bout postérieur de la touche ; elle
porte sur son bout supérieur, un enfourchement, dans lequel est retenu
librement l'axe du manche du marteau *h k* : lorsqu'au moyen de la touche
l o, on fait rehausser la piece *m*, la queue *k* appuyant contre le dessous
de la barre *c n*, le marteau *h* se releve, & va frapper le dessous de la corde
f g. Dans ce même instant, le marteau *e f* se releve aussi, au moyen du pilotin
e o. Par cette méchanique, on tire du son des cordes : ce son est coupé
aussi-tôt qu'on leve le doigt de dessus la touche. Lorsqu'on veut jouer l'instrument sans couper les sons, pour imiter le Timpanon, &c. on trouve
un registre en *g*, *fig.* 1, au moyen duquel on éleve tous les marteaux de cuir
de buffle, qui ne touchent plus les cordes. *d f*, *fig. 4*, est la même piece
que *d f*, *fig.* 1. C'est en *d*, *fig. 4*, qu'est collée la longue bande dentelée
d'étoffe de soie, pour ensourdir les cordes. L'on y voit comment le marteau *h k* va frapper contre cette étoffe au-dessous des cordes, lorsque le registre est disposé à cet effet, soit par le genou en *S*, *fig.* 1, soit par la
main en *f.* Lorsqu'on pousse en enhaut le registre *S*, *fig.* 1, on fait mouvoir la bascule *S H*, qui fait tourner un peu le mouvement *H d* ; & par
ce moyen, on pousse la longue piece *d f* dans la direction de l'ouverture *d* ; alors, cette longue piece avance un peu de droite à gauche,
&c.

La figure 5 représente séparément, & de grandeur naturelle, un de ces
marteaux, avec l'enfourchement qui le porte. *a d b* est le marteau, dont *a*
est la tête, formée par une rondelle de carton collée dans une échancrure faite
dans le bois. *d* est un fil de laiton, fiché quarrément, & à force, dans le
manche, & à vis dans la tête *a.* L'axe du marteau est *C.* On colle au bout, un
petit morceau de peau en *b*, pour empêcher le cliquetis. *f*, est la tête du
marteau, avec sa rondelle de carton, & le petit trou dans lequel on visse le
fil de laiton. *g*, est le support avec son enfourchement, dans lequel on voit
une coupe *l* du manche du marteau. *k* est la pointe du fil de laiton, par
laquelle on fixe cet enfourchement au bout de la touche. *h* est le même
support vu de côté, & en perspective ; *i* est la même pointe pour arrêter
ce support sur le bout postérieur de la touche. Il faut remarquer que l'on
garnit en peau plusieurs endroits, comme *p*, *q*, *fig. 4*, afin que les chûtes
des marteaux ne se fassent pas entendre.

1459. La figure 1 de la Planche 131, représente en perspective, l'instrument avec l'Orgue tout monté, & vu par-devant. *A B C D*, est le forté-Piano, avec son clavier *C D* : *E F* est le clavier de l'Orgue. *Q O* sont les pilotes, qui, par leur bout supérieur, soutiennent les touches du clavier *E F*, & appuient, par leur bout inférieur, sur les bascules horizontales. Celles-ci font ouvrir les soupapes du sommier par leur bout postérieur, comme on le verra mieux en une autre figure. *G* sont trois registres pour ouvrir ou fermer les Jeux. Il y en a deux autres au-dessous du clavier *E F*, en *R S*, qui sont à ressort. On les pousse en en-haut avec les genoux. Lorsqu'on pousse celui *R*, on éleve, au moyen de la bascule brisée *R B*, la rangée des marteaux de cuir de buffle *a b*, qui restent ainsi élevés pendant tout le temps que le genou le tient en haut; & lorsqu'on baisse le genou, ils se remettent comme auparavant. L'autre registre *S* est pour faire avancer de droite à gauche, la longue piece *e f*, *Pl.* 130, *fig.* 4, le long de laquelle est attachée une étoffe de soie (au-dessous des cordes), taillée en façon de scie ou de marches d'escalier, dont chacune se place précisément au-dessus de l'endroit contre lequel les marteaux de dessous frappent les cordes; les marteaux alors frappent contre l'étoffe sans toucher immédiatement les cordes, & tirent un son beaucoup plus sourd, mais cependant agréable. Lorsqu'on baisse le genou, la longue piece *d f* se remet en place, & les marteaux frappent à nud contre les cordes comme auparavant.

1460. *P*, *Pl.* 131, désigne une porte fort étroite, & de toute la hauteur de l'Orgue. On l'ouvre ou on la ferme, pour faire entendre plus ou moins fort les basses des Jeux, selon l'effet que l'on veut obtenir. Cette porte ne paroît point, parce qu'on a représenté le devant, toute fermeture en étant ôtée. Les Jeux de cet Orgue, sont 1°, un Bourdon de 4 pieds bouché, dont les basses sont en bois, & les dessus en étain, & faits en cheminée : 2°, un dessus de 8 pieds en étain : 3°, un Basson en étain : 4°, un Hautbois, tout en bois.

1461. *H N* sont les bouts des tuyaux des basses du Bourdon. On y apperçoit comment tous ces tuyaux de bois sont arrêtés à leurs places. Le tuyau *H* est d'abord bien arrêté avec des vis. Au-dessus du bout de ce tuyau *H*, on a cloué & collé un écrou de bois, dans lequel passe une vis de bois, qui va aboutir & serrer le second tuyau. Tous les autres sont arrêtés par le même moyen. Sans cela, ils pourroient, dans le transport de l'instrument, s'éloigner un peu de leur piece gravée, & perdre le vent par le pied. On apperçoit en *M* le soufflet qui fournit le vent à cet Orgue. *L* est le levier sur lequel on met le pied pour souffler. On tourne ce levier sur un bout de la bascule *T*, lorsqu'on veut souffler soi-même. *O* est une bascule pour ouvrir le Haut-bois avec le pied. *V* est un levier sur lequel on met le pied, lorsqu'on veut enfler le son. Ce levier fait ouvrir une longue porte *B*, & alors le son se fait mieux entendre. Aussi-tôt qu'on cesse de peser sur ce levier, la porte *B* se referme d'elle-même, au moyen du ressort *U*, *fig. 2. X, fig.* 1, est une bascule pour faire ouvrir, avec le pied, le dessus de 8 pieds. Lorsqu'on cesse de peser dessus, le jeu se referme de lui-même. *A* est un poteau, qui porte à son bout supérieur une poulie sur laquelle passe une petite ficelle avec un poids. Cette corde va aboutir au-dessus du soufflet. Lorsqu'il est plein d'air, & que sa table est élevée, ce petit poids se trouve tout en bas ; & à mesure que le dessus du soufflet baisse, le poids remonte. Cette petite machine a été imaginée, afin de con-noître s'il faut faire agir vîte ou lentement la bascule *L* ; car si, en jouant, on fait des accords sur tous les jeux ensemble, & qu'on dépense par-là beau-coup de vent, le petit poids avertit, par la hauteur où il se trouve, qu'il faut faire agir la bascule.

1462. La figure 2 représente, en perspective, le même instrument avec l'Orgue, mais vu par derriere. *A B* est le forté-Piano. *B* est la porte lon-gue & étroite qu'on ouvre avec le pied pour enfler le son. L'on voit, de *O* en *Q*, les tuyaux d'anche. Vers *O* sont les tuyaux du Basson ; & vers *Q* sont ceux du Hautbois. On peut remarquer dans le fond , les basses du Bourdon ; les dessus s'apperçoivent un peu. Le dessus de 8 pieds ouvert, se voit presque en entier. Il y en a quelques tuyaux postés vers *Q*. La laye du Sommier paroît fermée par sa porte *P*. Les bouts supérieurs des basses du Bourdon, paroissent en *S*. L'on voit une partie du soufflet élevé en *R*.

1463. La figure 1 de la Planche 132, représente le plan géométral de l'Orgue, séparé du forté-Piano, & sans aucun tuyau. *A C G H* est le som-mier, dont on voit les trois chapes. *G H* est la chape du 8 pieds ouvert. *F N* est celle du bourdon ; *A D* celle du Hautbois & du Basson. Les li-gnes ponctuées désignes les registres qui sont au-dessous des chapes. Celui du Basson est *D E*, & celui du Hautbois est *A B C*. Ce registre est brisé, ensorte qu'on ouvre ces deux Jeux du même côté de l'Orgue. A cet effet, l'on a découpé & séparé la partie *D E* de celle *C B A*, comme on le voit par des lignes ponctuées. Un tournant de fer saisit, par son crochet, la partie *C*, pour ouvrir ou fermer le Hautbois ; & un autre tournant de fer saisit également, par son crochet, la partie *D*, pour ouvrir & fermer le Basson. Il a été nécessaire de poser tous les tirages des registres du même côté, attendu que le soufflet & les tuyaux occupent toute la place à la droite de l'Orgue. Afin de donner plus de commodité pour changer, tout en jouant, le son de Orgue, on a pratiqué la bascule *M*, pour ouvrir & fermer le Hautbois avec le pied, lorsqu'on le juge à propos. La bascule *L* fait le même effet, à l'égard du dessus de 8 pieds, pour enfler ou diminuer le son de la Flûte. Ces deux bascules étant à ressort, ferment ces Jeux d'elles-

PLANCHE
131.

PLANCHE
132.

mêmes , lorsqu'on leve le pied. *I K* est le chevalet sur lequel les bascules font posées.

PLANCHE
132.

1464. *PSQRU* est la table de dessus du soufflet. *P X* est un châssis de plomb, entaillé dans l'épaisseur de la table , pour lui donner un poids suffisant. *R Q S* font de roulettes, qui coulent dans des sillons verticaux, pour maintenir la table du dessus du soufflet, afin qu'elle ne se jette ni d'un côté ni d'un autre, en montant & en descendant. *U* est un piton, auquel est attachée la petite corde qui porte un petit plomb le long d'un poteau, comme on l'a dit plus haut. *O* est une soupape, dont la queue se tient toujours un peu élevée. Elle est toujours bien appliquée contre son ouverture, par le ressort *P*. Sa fonction est de faire échapper le vent, par la rencontre d'une piece de bois, lorsqu'en soufflant, on éleve cette table tout-à-fait en haut. C'est pour empêcher ou que le soufflet ne creve , ou ne produise des houppemenst. *V* est le bras du levier, qui fait agir la table du dessous du soufflet. La pédale *J* se tourne, & appuie sur le bras *T* , lorsqu'on veut souffler soi-même, & toucher l'Orgue en même-temps.

1465. La figure 2 représente le soufflet tout élevé. L'ouverture *A*, qui est dans l'épaisseur de la troisieme table , est l'aspiration, par laquelle l'air entre dans la chambre *H I*, *fig.* 3. *B* est la bascule qui porte une poulie, sur laquelle appuie la pédale pour faire agir le soufflet.

1466. La figure 3 est une coupe de ce soufflet, où l'on peut remarquer qu'il est composé de quatre tables *A , B , C , D*. L'on voit dans celle *A* , comment la plaque de plomb *E F* est entaillée dans le bois. *I* est l'ouverture de la table *B* , bouchée par une soupape. *H & G* font deux aspirations avec leur soupape. *L* est une espece de porte-vent à ressort, pour envoyer, dans la chambre d'en haut, le vent que donne la quatrieme table *D G* , lorsque celle *C H* descend. *K* est la bascule pour faire agir la troisieme table *C*, lorsqu'on souffle.

PLANCHE
133.

1467. La figure 1 de la Planche 133 , représente géométralement une coupe en travers de tout l'instrument. *A B* est le forté-Piano , dans lequel on voit toute la méchanique qui fait résonner les cordes. *b* est une touche de son clavier, au-dessous de laquelle on remarque un talon. *C* est une touche du clavier de l'Orgue, au-dessus de laquelle on voit un talon *a*. Lorsqu'on tire un peu en dehors le clavier *C d*, les deux talons *b* & *a* se trouvent au-dessus l'un de l'autre. Si alors l'on pose les mains sur le clavier *B b* , le forté-Piano & l'Orgue résonneront ensemble. Mais si le clavier *C d* est repoussé en dedans, comme il est représenté dans la figure, le forté-Piano n'ayant point de communication avec l'Orgue, ils joueront chacun séparément par leur clavier respectif. On voit par-là que le forté-Piano n'a point d'autre communication avec l'Orgue , que par ces talons ; qu'on peut séparer, quand on le veut, ces deux instruments ; & que chacun d'eux

pourra

pourra être joué, quoique féparés & éloignés l'un de l'autre.

1468. *G J I L N* eft le fommier. *H c* eft un pilote, dont le bout fupérieur foutient une touche *C d*, & le bout inférieur porte fur un bout de la bafcule *K* : celle-ci porte, à fon autre bout, le pilotin *L*, & elle eft foutenue à fon milieu, par le chevalet *K*. Le bout fupérieur du pilotin *L*, eft pofé en deffous de la queue de la foupape *M*. Si l'on baiffe la touche *C*, auffi-tôt le pilote *H* baiffe : celui-ci fait baiffer la queue de la bafcule *K*, qui, par l'autre bout, faifant lever le pilotin *L*, fait lever la queue de la foupape ; & par conféquent, la fait ouvrir. On apperçoit, au-deffous de la foupape *M*, fon reffort & fon chevalet *N* ; on voit la dimenfion de la gravure en *M*. Il faut bien remarquer que la foupape *M* eft à bafcule ; & qu'elle a fa charniere ou fon centre de mouvement au milieu de fa longueur. On en voit une féparément en perfpective, *fig.* 5 ; elle paroît garnie de fa peau. C'eft une bonne conftruction que ces foupapes à bafcule, au moyen de cela on évite de faire des bafcules brifées, qui font bien plus embarraffantes, & d'une plus difficile conftruction.

1469. On remarquera auffi que le chaffis *d*, *fig.* 1, au lieu d'avoir une rainure pour recevoir les touches, comme à l'ordinaire, n'a qu'une feuillure, dans laquelle on fiche des pointes de fil de laiton, qui font fort courtes, puifqu'elles affleurent le deffus des queues des touches. On recouvre celles-ci d'une tringle, que l'on arrête de diftance en diftance, foit avec des vis, foit avec des pointes, que l'on peut arracher facilement. Cette conftruction paroît plus commode qu'une rainure ; car on peut, comme il convient, coller une petite bande de peau fur la feuillure, avant d'y ficher les pointes, & en coller une autre au-deffous de la tringle. Il faut remarquer que l'on met la colle du côté du duvet.

1470. *D G* eft le Baffon mis en zig-zag, ou à deux rangs. *E I* font les deffus du Bourdon, pofés également à deux rangs, & *F J* les deffus de 8 pieds ouvert. *O* eft une tringle, ou fil de cuivre, qui, étant tirée en enbas par le pied, au moyen de la bafcule *R*, fait jouer celle *P Q*, & fait ouvrir la porte *A*, pour faire enfler le fon. Auffi-tôt qu'on leve le pied, cette porte fe ferme d'elle-même, au moyen du reffort *Q*, qui tire en en bas cette bafcule *P Q*.

1471. La figure 2 repréfente la feconde table du foufflet. *A* eft l'ouverture par laquelle le vent fe dégorge par *F* dans le fommier. *D C* eft une foupape pour recevoir le vent que fournit la troifieme table, dans la grande chambre fupérieure, & pour empêcher qu'il ne revienne dans la feconde chambre. *D C B* eft un cordon attaché fixement en *D*, paffant au-deffus de la foupape par le piton *C*, dans le trou *G*, & fortant par le trou *B*, pour qu'elle ne leve qu'au point qu'il faut, afin d'empêcher les houppements. Ce cordon eft arrêté par la cheville *B*. *E* eft l'ouverture du porte-

PLANCHE
133.

vent à reſſort , pour recevoir le vent de la troiſieme chambre. *ATHI* ſont les plis de la grande chambre du ſoufflet.

1472. La figure 3, de la même Planche 133, repréſente la troiſieme table ; & la figure 4 repréſente la même table ſéparée en 3 morceaux , pour la faire mieux entendre , quoique dans la conſtruction , on ne les ſépare pas réellement. *E* eſt le porte-vent à reſſort , fixé au-deſſous de la table & au-deſſus de la ſeconde. *i k l* ſont les plis, qui ſont de carton doublé de parchemin en-dedans , & de peau en-dehors. *A B* eſt l'aſpiration par laquelle la troiſieme chambre reçoit ſon vent. Elle a une ſoupape en-deſſous, afin que le vent qu'elle a reçu par *B* ou *b*, *fig.* 4, ne puiſſe pas s'en retourner par l'aſpiration , & ſoit obligé d'entrer dans la grande chambre par le porte-vent *E* ou *e*.

1473. *C D* eſt une ſoupape, qui s'ouvre pour recevoir l'air dans la ſeconde chambre, par l'aſpiration *F D*, ou *f h*, *fig.* 4, lorſque cette ſoupape baiſſe ; & pour faire paſſer le vent, quand on la rehauſſe, dans la grande chambre. *G* eſt une échancrure pour loger le bout du levier, par lequel on donne le mouvement à cette table. *g* eſt la même échancrure. *i k l* ſont les plis, *fig.* 3 & 4. On voit que pour exécuter tout le mécaniſme de cette table, il s'agit de creuſer au ciſeau les aſpirations que l'on recouvre par de petites planches minces, bien ajuſtées & collées.

CHAPITRE SIXIEME.

Organifation du Clavecin ordinaire.

1474. L'ORGANISATION du Clavecin eft peu différente de celle du forté-Piano, que nous venons de décrire. Le Clavecin, étant d'une forme bien différente, exige néceffairement un arrangement différent des tuyaux ; le foufflet même ne peut y être compris. Nous ne dirons rien de la conftruction du Clavecin, cet inftrument étant fort connu : il s'agit feulement de décrire comment on peut l'organifer. Nous fuppoferons que ce Clavecin eft grand , & à ravalement jufqu'en *f ut fa* en bas & en haut. C'eft-à-dire que les claviers feront de cinq octaves. Nous fuppoferons encore qu'on voudra y mettre un Bourdon de 4 pieds bouché ; un Preftant de deux pieds bouché ; un Deffus de 8 pieds ouvert ; un Hautbois, dont la Baffe fera un Baffon. Après qu'on aura vu comment on peut y faire entrer ces Jeux , on s'appercevra que tout le refte reffemble affez à l'organifation du forté-Piano.

1475. La Planche 134 repréfente géométralement, & en plan, l'intérieur du pied du Clavecin, dont on a ôté la caiffe du Clavecin. *A B* eft le fommier à 4 regiftres. Le premier vers *A* doit contenir le Hautbois & le Baffon. Ce regiftre eft brifé. Le fecond doit contenir le Deffus de 8 pieds ouvert. Le troifieme , le Preftant, qui eft brifé ; & le quatrieme le Bourdon , qui eft encore brifé. *CD* font les 8 plus grands tuyaux de bois de la Baffe du Bourdon. Ils font couchés les uns fur les autres, & ils ont la bouche tournée du côté du derriere du Clavecin. *EF* font 12 tuyaux de bois, de la fuite du Bourdon. *GH* font les Baffes en bois du Preftant, qui eft un deux pieds bouché. Ils ont la bouche tournée vers le devant du Clavecin, où l'on apperçoit une intervalle jufqu'au rang fuivant *IK*, qui font 14 tuyaux de bois de la fuite du Bourdon. Tous les autres tuyaux du Bourdon, qui feront faits en étain, pourront fe placer aifément fur leur vent au fommier. La fuite du Preftant fera pofée également fur fon vent. Si l'on voit que quelques-uns foient trop ferrés, on les poftera dans l'efpace entre *B* & *K*, auffi-bien que plufieurs tuyaux du 8 pieds ouvert, qui ne pourroient pas fe loger fur leur vent. A l'égard de ceux du Baffon & du Hautbois, on trouvera facilement de la place pour en pofter quelques-uns, qu'on ne pourra pas pofer fur leur vent.

1476. Il faut obferver que tous les tuyaux de bois font arrêtés par des morceaux de bois collés & cloués, comme on le voit, *fig.* 3. *a* eft un de ces morceaux de bois, collé & cloué fur le tuyau *b* ; le tuyau *c* porte au bout fupérieur de fa planche de derriere, une échancrure, dans laquelle le bout de ce petit morceau de bois fe loge jufte. Moyennant quoi, le tuyau *c* ne

PLANCHE 134.

peut pas fe mouvoir. Ces petites pieces ne font pas repréfentées aux autres tuyaux. *LM* font les pieces gravées, dans lefquelles entrent un peu les pieds de tous les tuyaux de bois. Elles portent de l'autre côté des trous, où font collés tous les porte-vents de plomb.

N O eft le porte-vent qui va du foufflet au-deffous du fommier. *P Q* eft le fiege où l'on s'affied pour toucher l'inftrument. Ce fiege contient le foufflet double *R*, dont le poids ou la charge eft en *T T*. Il a une foupape *R*, pour faire échapper le vent, lorfque le foufflet eft trop plein. *S* eft la bafcule pour fouffler foi-même avec le pied.

1477. La figure 2 repréfente géométralement l'élévation du même Clavecin. *AB* eft le Sommier. On y apperçoit, au bout ouvert de fa laye, une foupape qui cache toutes les autres, & le pilote, avec fon pilotin, qui porte verticalement fur la foupape. Le bout fupérieur du pilote foutient la touche du clavier *Y* de l'Orgue. *V X* font les deux claviers du Clavecin *U X*, qui en repréfente la caiffe pofée par-deffus l'Orgue. On voit les fautereaux, les chevilles, qui tiennent les cordes tendues.

1478. On peut remarquer, par-deffus le Sommier *A B* de l'Orgue, la premiere rangée vers *A*, des tuyaux du Hautbois; enfuite vient le Deffus du 8 pieds ouvert, le Preftant, & enfin le Bourdon, dont la fuite eft en *I K*, *E F*, & *C D*; tout comme la fuite du Preftant eft en *G H*. Le fiege eft *P Q*. *R* eft le foufflet : *S* la bafcule pour fouffler avec le pied. *N O* eft le porte-vent, qui porte le vent du foufflet au Sommier.

1479. La figure 1 de la Planche 135, repréfente géométralement le deffus du Clavecin organifé. *A C B* eft la caiffe, où l'on voit les cordes, avec les trois claviers, dont *A C* eft celui de l'Orgue. *P Q* eft le fiege, au-dedans duquel eft le foufflet en lanterne, que l'on voit tout élevé en la figure 3. Le fiege, *fig. 1*, eft garni à fon couvercle par un treillis de canne, pour laiffer un paffage libre à l'air. *C* eft la bafcule fur laquelle on met le pied pour fouffler foi-même, lorfqu'on touche l'Orgue. *A* eft le porte-vent à reffort, quarré méplat, afin d'avoir la commodité d'approcher ou éloigner le fiege comme l'on voudra. *A*, *fig. 3*, eft le même porte-vent.

La figure 2 repréfente géométralement l'élévation du Clavecin & de l'Orgue, dont on a ôté les pilotes, qui auroient empêché de voir les tuyaux. Ceux du Hautbois & du Baffon couvrent tous les autres. On apperçoit les tirants des regiftres, les trois claviers, le fommier, dont la laye eft repréfentée ouverte. On y voit auffi le porte-vent au-deffous de la laye.

1480. L'organifation du Clavecin étant ainfi conftruite, deviendra propre & commode pour toucher de bien des manieres. En tirant le clavier de l'Orgue, & pofant les mains fur le fecond clavier, on jouera le Clavecin & l'Orgue enfemble. Si l'on veut jouer féparément l'Orgue & le Clavecin, on n'a qu'à pouffer le clavier de l'Orgue. Les talons qui font collés au-deffus des

touches,

touches, ne se rencontreront plus avec ceux qui sont au-dessous des touches du second clavier.

1481. Le Hautbois peut être construit en bois. Il imitera mieux le vrai Haut-bois. *Voy.* N°. 1460. L'on peut construire le Basson en bois, comme le vrai Basson, en le couchant & le doublant dans sa longueur, afin qu'il tienne moins de place. Pour loger ce Basson avec plus de facilité, on peut mettre au-dehors du Clavecin à la gauche, les plus grands tuyaux de bois, au nombre de 10 à 11 ; ce qui dégagera beaucoup l'intérieur du Clavecin. Comme cette idée oblige à placer le Clavecin un peu éloigné de la muraille, d'environ un pied au moins, l'on peut faire le siege plus long de la même quantité, & l'élargir de trois à quatre pouces ; dans ce cas, le soufflet pourroit avoir environ 3 pieds 9 pouces de longueur, sur 18 à 19 pouces de largeur. On peut enfin, comme on l'a vu au forté-Piano, mettre quelques regîtres au-dessous du clavier, afin de les pousser avec les genoux tout en jouant. D'autres qui se poussent avec les pieds, pour faire faire à l'instrument plusieurs changements qni deviennent fort agréables, selon le goût de celui qui joue, qui, par-là, caractérisera mieux les différentes idées de sa piece ; mais il faut que ces regîtres soient à ressort, à moins que le mouvement ne soit de droite à gauche, ou de gauche à droite. On pourra encore adapter à un bout du siege, la même machine, dont il est parlé, N°. 1461, pour connoître, au premier coup-d'œil, si le soufflet est haut ou bas, & juger, par-là, s'il est temps de donner du vent. On fermera le pourtour du pied du Clavecin, par différents chassis garnis en-dehors par du taffetas mince fort clair, & bien tendu. On refermera le derriere de cette étoffe par un treillis de fil de laiton assez fin, & attaché au chassis. Derriere ce treillis, on pourra mettre, dans une rainure faite dans le chassis, quelques planches minces, d'une ligne d'épaisseur, du même bois de sapin dont on fait les tables de Clavecin. On prétend que lorsque l'instrument joue, ces planches frémissent, & font frémir les treillis de fil de laiton ; ce qui, vraisemblablement, procure une modification au son des tuyaux & du Clavecin, qu'on dit être agréable.

CHAPITRE SEPTIEME.

Organisation de la Vielle.

1482. La Vielle organisée est ordinairement un peu plus grande que celle qui est simple, & un peu plus profonde, pour donner de la place au soufflet, *fig.* 1. *ABDEC* est une Vielle organisée. *F* sont les tuyaux de l'Orgue, dont l'ensemble est nommé *peigne* par les Ouvriers. *AG* est le sommier qui est construit comme celui de la Serinette. *HI* est le clavier. L'extrémité postérieure des tiges des touches, porte contre les pilotins du sommier *AG*. Lorsqu'on enfonce les touches, en jouant la Vielle, on enfonce de même les pilotins qui ouvrent les soupapes, & font parler les tuyaux. La figure 2 représente un de ces pilotins de grandeur naturelle, qui sont faits avec du fil de laiton. Les cordes *AC*, & *BFE* sont le bourdon de la Vielle. Les deux autres qui sont au milieu, sont les chanterelles, sur lesquelles on joue tous les airs qu'on veut, au moyen des sautereaux qui tiennent vers le milieu des tiges des touches : *MN* est la roue de bois, qui, en tournant, au moyen de la manivelle *C* (toute de fer), frotte contre les cordes, & produit le son, comme fait un archet sur les cordes d'un Violon. *MN* sont deux talons d'ivoire, collés sur la table du dessus de la Vielle, pour tenir un demi-cerceau de bois, qui couvre la roue & le chevalet *O*. On met encore une planche mince & à charniere, pour couvrir tous les sautereaux & les chanterelles. On en met une autre de même sur le sommier ; le tout afin qu'en jouant, & appuyant la main par-dessus, on ne dérange rien. On peut remarquer en *L*, un morceau déchiré du devant de la laye du sommier, pour faire voir, par le bout antérieur, deux soupapes. *P* est le registre de bois, qui, bouchant le porte-vent ponctué *AR*, empêche, quand on le juge à propos, que l'Orgue ne joue avec la Vielle. *Q* est le registre en bois du tremblant-doux. *SSTMN* est un registre de cuivre, pour empêcher la Vielle de résonner, & laisser entendre l'Orgue tout seul. C'est en faisant jouer horisontalement ce registre, d'environ deux ou trois lignes de course, qu'on fait élever toutes les six cordes à la fois, ensorte qu'elles ne touchent plus à la roue. La figure 3 représente ce registre, dont la course est déterminée par les brides *SS*, qui servent en même-temps à attacher cette petite tringle de cuivre contre le côté du clavier, un peu au-dessus des touches, afin que celui qui touche la Vielle, puisse la faire mouvoir sans interrompre son jeu, au moyen des deux boutons *SS*. L'on voit en *T*, *fig.* 3, une espece d'équerre de cuivre, dont l'axe est une cheville de bois, qui porte une éminence. Elle se place en *T*, *fig.* 1. Lorsqu'on la fait tourner un peu en faisant jouer le registre *SS*, on fait venir cette éminence en dessus ; ce qui releve les chanterelles, qui ne touchent plus à la roue : tandis qu'en même-temps, la même opération fait relever les deux leviers de bois *UM*, & *UN*, *fig.* 4, les deux chevalets de bois *MN* se relevent aussi, & font relever les quatre cordes du bourdon de la Vielle. L'on remet, par une opération contraire, les cordes comme elles étoient auparavant. *m* est une cheville qui sert à tendre plus ou moins une des cordes du bourdon qu'on nomme *Trompette*.

1483. La figure 5 représente une coupe dans la longueur de la Vielle. *F* est le peigne ou les tuyaux de l'Orgue. *X* font les coudes de l'axe de fer *C* de la manivelle. A ces coudes font attachées les tringles de fer, qui aboutissent aux deux leviers de fer, qui tiennent à leur milieu les deux queues, aussi de fer, des tables de dessous du soufflet *VYZ*. *ZR* est la table du milieu du soufflet. *VY* la table de dessus ; & *ab* est la table de dessous, dont la charniere de peau est au milieu. Cette charniere doit être faite de façon que le vent ne puisse avoir aucune communication d'un côté à l'autre de la même table, qui n'est pas droite, mais qui forme un angle très-obtus. *YRR* est le porte-vent qui y est agrandi en *c*, pour contenir le tremblant-doux. *Vd* est un des deux ressorts qui chargent la table du dessus du soufflet, par leur élasticité.

La figure 6 représente le dessous de la Vielle, dont on a ôté la grande table, pour faire voir les deux tables de dessous du soufflet. On voit en *ffff* leurs soupapes.

1484. La figure 7 représente le double coude de l'axe de la manivelle, pour faire agir alternativement les deux dessous du soufflet, qui font l'effet de quatre tables de dessous.

La figure 8 représente une coupe en travers de la Vielle & de l'Orgue, au commencement du clavier, vers la roue, pour faire voir le fond du soufflet avec les tringles, les leviers, & les coudes de la manivelle qui le font jouer. *AG* est le sommier, au-dedans duquel on voit une soupape avec le pilotin qui la fait ouvrir ; celui-ci est poussé par la touche *HL*. *LGg* est le conduit qui porte le vent au tuyau *F* de l'Orgue. *FD* font les bouts des autres tuyaux de l'Orgue. *h* font les bouches des tuyaux.

La figure 9 représente, en perspective, le peigne entier, ou tous les tuyaux de l'Orgue. *ik* font les trous, ou les embouchures des tuyaux, par où ils reçoivent leur vent.

1485. La figure 10 représente une coupe en travers, tout près du manche de la Vielle. *F* est le peigne. *H* représente les touches du clavier. *QQ* est le registre du tremblant-doux. Il communique avec sa soupape *R*, par la petite

*

tringle de fer *Q R*. *P* eſt le regiſtre qui empêche l'Orgue de jouer, en bouchant le porte-vent *RP*. *A* eſt le bout du porte-vent qui s'emmanche dans le ſommier. *Y* eſt le trou du ſoufflet, par lequel il donne le vent dans le porte-vent. C'eſt par les deux trous *l, l* que les deux chanterelles paſſent : on conçoit que ſans être fort grands, ces trous doivent être tels que les chanterelles y ſoient à l'aiſe, de peur que dans leurs vibrations elles n'aillent toucher contre le bois, ce qui en changeroit & gâteroit le ſon. Du reſte, tous les détails de conſtruction de la Vielle elle-même ne ſont pas de mon reſſort, puiſque je n'avois qu'à décrire ſon organiſation.

P. S. Le P. Engramelle, Auteur de tout ce qui regarde la Tonotechnie dans ce Traité, ayant jugé à propos de faire graver après coup au bas de la Planche 93, le Diapaſon des tuyaux de la Serinette ordinaire, on n'a pu en faire mention à ſa vraie place ; on a donc été obligé d'en dire un mot ici quoiqu'à la fin de cet Ouvrage, pour avertir ſeulement qu'on y verra la gamme preſqu'entierement diatonique, les airs notés ſur cette Serinette n'exigeant de la chromatique que le ſol dieze. Du reſte, l'explication qui y eſt gravée, étant ſuffiſante pour faire bien entendre ce Diapaſon, il ſeroit ſuperflu d'y rien ajouter.

N. B. Je dois avertir ici, qu'on fera bien de lire en entier la Table des Matieres qui va ſuivre. Je préſume qu'on trouvera peut-être de quelque utilité, pluſieurs obſervations, remarques, quelques augmentations même, ou de plus amples explications qui y ſont contenues. J'eſpere qu'on ne déſapprouvera pas que j'y aie fait entrer des choſes qui ne concernent pas directement la facture de l'Orgue, unique & principal objet de ce Traité ; à l'égard duquel on pourroit regarder en quelque maniere cette Table comme une eſpece de Supplément.

F I N.

TABLE

TABLE ALPHABÉTIQUE

DES MATIERES ET DES TERMES

C O N T E N U S

DANS L'ART DU FACTEUR D'ORGUES.

Cette Table contient aussi des Corrections & des Additions à tout l'Ouvrage.

A

ABRÉGÉ (l') : c'est ainsi qu'on nomme la mécanique qui transmet aux soupapes des Sommiers respectifs, le mouvement des touches des claviers, soit à la main, soit des pédales, *page* 112, *numéro* 363—366. On distingue plusieurs sortes d'Abrégés ; les simples, les composés ou brisés, les doubles ; celui des pédales, du positif, du récit & l'Abrégé foulant. Leurs différences consistent en différentes manieres de former ou de disposer les tirages, pour communiquer le mouvement des touches aux soupapes. Description d'un Abrégé simple, *page* 259, *n.* 721. Description d'un autre qui est brisé & double, *ibid.* Ce qu'il faut observer en général dans la construction de tout Abrégé, *page* 259, *n.* 721—743. Description d'un Abrégé de Pédale, *page* 114, *n.* 367—374. Abrégé du positif qui est presque toujours *foulant*, *page* 117, *n.* 375, *page* 268, *n.* 745. Abrégé en fer, *page* 114, *n.* 365, *page* 268, *n.* 744. Abrégé du récit, *page* 395, *n.* 1047.

Accorder l'Orgue ; c'est en mettre tous les tuyaux respectivement à leur ton juste : accorder les Jeux à bouche d'un positif, *page* 444, *n.* 1173—1175 : accorder les Cornets, *page* 446, *n.* 1176—1180 : accorder le plein Jeu, *page* 447, *n.* 1181—1187 : accorder les Jeux du grand Orgue, *page* 449, *n.* 1189—1192 : les Jeux d'Anche, *page* 518, *n.* 13—20 : faire la partition. Voyez *Partition.*

Accordoirs. On nomme ainsi les instruments dont on se sert pour accorder les Tuyaux, *page* 36, *n.* 127—129.

Acre ou *Aigre* (son) ; on le dit de certains Jeux ou de certains Tuyaux, lorsqu'ils ont un son rude & désagréable.

Affaissement. C'est un défaut dans lequel tombent certains tuyaux d'étain ou d'étoffe, lorsqu'ils ne sont pas assez étoffés, soit à leur pied, soit à leur bouche : leur propre poids les déforme : les tuyaux de la montre y sont les plus sujets, lorsqu'ils ne sont pas assez étoffés, ou qu'ils sont mal suspendus, ou mal arrêtés en leur place. Moyens de les raccommoder, *page* 452, *n.* 1199. Précautions & expédients pour prévenir l'affaissement de ces tuyaux : les attacher comme il faut,

AIG

page 414, *n.* 1105—1109 : faire leurs pieds assez forts, *page* 336, *n.* 919 : observations en construisant leurs bouches, *page* 342, *n.* 934. Description d'une montre très-solide, *page* 347, n°. 946. Les pieds des grands Tuyaux d'Anche, & quelquefois leurs pieds, sont sujets à s'affaisser, si l'on ne prend les précautions convenables lorsqu'on les construit, & sur-tout lorsqu'on les pose, *page* 423, n°. 1131.

Affleurer ; c'est réduire deux corps contigus à une même égalité ; c'est autrement dit, *arraser.*

Agréments. Ce sont tous les ornements affectés aux Notes, selon leur position & les regles prescrites par le goût.

Aigre, se dit de l'étain & de l'étoffe, lorsque, ayant été fondus bien des fois, ces métaux ont perdu une grande partie de leur flexibilité & de leur ductilité : ils deviennent difficiles à ployer ; il s'y fait des fentes, des crevasses. Pour remédier en partie à l'aigreur de l'étain, on y mêle de l'étain neuf, & à l'étoffe, du plomb neuf.

Aigre (fer), est du fer cassant. Il est essentiel de ne jamais s'en servir dans aucune partie de l'Orgue.

Aigre (son) ; c'est un son désagréable, en ce qu'il est rude, perçant, maigre ; il est le plus ordinairement attribué aux Jeux d'Anche trop courts ou trop peu étoffés. Les Dessus des Jeux de Tierce, les Cornets, les Dessus de plusieurs autres Jeux à bouche, sont quelquefois aigres, lorsqu'on en tire trop de son, ou qu'ils sont trop égueulés.

Aigu, ou *pointu,* ou *qui se termine en pointe.* Ces termes signifient la même chose.

Aigu, se dit des sons clairs & perçants.

Aigu (angle) ; c'est un angle qui est moins ouvert que celui de 90 degrés. En ce sens, *aigu* est opposé à *obtus,* qui signifie un angle qui a plus de 90 degrés.

Aigu (ton) est opposé à ton *grave.* Quand on dit qu'un ton est plus aigu qu'un autre, cela signifie qu'un ton est plus haut qu'un autre ; & si l'on dit qu'il est plus grave, cela veut dire qu'il est plus bas.

Aiguille. On met une aiguille de carton sur l'axe de la vis sans fin, lorsqu'on veut noter un Cylindre d'Orgue au Cadran.

ALU

Ailes, qui compofent le volant du rouage de la Serinette à reffort, *page 568, n. 1350.*

Ailes; c'eft ainfi qu'on nomme communément les dents d'un pignon, *page 570, n. 1355, page 572, n° 1358.*

Aines (les) font des pieces de peau blanche de mouton, qui fervent à boucher les ouvertures que forment les angles rentrants aux deux coins de chaque pli d'un foufflet. Quelles parties de la peau il faut prendre pour les aines, *page 283, n. 780* : les tailler, les coller fur leur place, *page 288, n. 799—802.* Il y en a qui ne collent point deux aines l'une fur l'autre; ils fe contentent d'encoller les aines fimples d'une couche de colle-forte, pour le moins auffi claire que pour détremper des couleurs à peindre : on fe fert auffi de la gomme adragant au lieu de colle : par ce moyen on bouche les pores de la peau, fans que la colle caffe lorfque les aines plient. Cet expédient n'eft d'ufage que pour les petits foufflets, fur-tout à ceux des Serinettes, auxquels on ne met point de plis de bois, & où il n'y a que la fimple peau ainfi encollée.

Air. Ce nom fe donne à tous chants mefurés de la Mufique vocale ou inftrumentale.

Ajouter en peigne. Voyez *Peigne.*

Allées. C'eft ainfi qu'on nomme les paffages qu'on pratique d'un Sommier à l'autre : elles font ordinairement d'un pied de largeur.

Alliage dans la facture de l'Orgue, eft le mélange qui fe fait d'une partie d'étain avec le plomb. Voyez *Etoffe.*

Aloës, fubftance réfineufe. C'eft le fuc épaiffi d'une plante de même nom : il y en a de plufieurs efpeces. Les deux principales font l'aloës *fuccotrin* & l'aloës *hépatique.* Il eft dit dans la page 349, ligne 14, en parlant de la compofition du Vernis à dorer les tuyaux d'une montre d'Orgue, qu'on y employera l'aloës hépatique; c'eft une faute : c'eft l'aloës fuccotrin qu'il y faut préférablement, à caufe que fa couleur eft plus belle : je confeille ici de le retrancher du Vernis.

Aloi; c'eft un mélange d'environ deux livres de cuivre rouge, avec environ quatre livres d'étain. En certains cas, on incorpore une certaine quantité de cet aloi, par chaque cent pefant d'étain, *page 312, n. 862; page 321, n. 884; page 336, n. 919.*

Aloyer; c'eft faire le mélange à la fonte, d'une certaine quantité d'aloi (*voyez* ce mot) par chaque cent pefant d'étain.

Altération dans l'Orgue. C'eft un affoibliffement du fon, caufé, ou par un défaut dans la foufflerie, ou par un défaut de proportion convenable, foit dans les grands porte-vents, ou dans les gravures des Sommiers. Il s'enfuit de-là qu'il y a plufieurs efpeces d'altération, felon la caufe qui la produit. Comment connoître toutes les efpeces d'altérations & leurs caufes, *page 505, n. 6.* Un Orgue ne s'altérera jamais dans aucune de fes parties, lorfqu'on obfervera toutes les regles prefcrites dans la maniere de conftruire la foufflerie, les gofiers, les porte-vents, les fommiers, &c. La féparation des vents eft un excellent moyen d'éviter certaines altérations, fans cela inévitables dans les grandes Orgues. Voyez *Soufflets, Porte-vents, Sommiers.*

Alun eft un fel acide minéral, blanc & tranfparent : on s'en fert pour blanchir les os des claviers, *page 250, n. 701.*

BAG

Anche, (une) eft un canal fait d'une lame de laiton, d'une épaiffeur proportionnée à fa grandeur, *page 51, n. 182—184.* Faire les anches, *page 366, n. 983—989.* Nombre & numéros des anches pour chaque Jeu, *page 369, n. 990—992.* Saillies des anches hors du noyau pour chaque Jeu, *page 371, n. 993—998.* Pofer les anches dans leur noyaux refpectifs, *page 372, n. 999, & 1000.*

Ancher; c'eft mettre les anches à un Jeu. Voyez *Anche.*

Anémometre. Inftrument fervant à mefurer la force du vent, *page 34, n. 125*; fon ufage, *page 381, n. 1011; page 384, n. 1018.*

Anneaux; c'eft ainfi que plufieurs nomment les petits pitons, *page 105, n. 343.*

Ammoniac (fel); on s'en fert pour étamer les fers à fouder. Voyez *Etamer les fers à fouder.*

Arrafement. On nomme ainfi les deux extrémités d'une piece, comme une traverfe qui porte les tenons, & va joindre contre un montant où un battant, les tenons étant dans les mortaifes : c'eft ce joint qu'on nomme *arrafement.*

Arrafer, c'eft mettre diverfes pieces en même égalité, enforte que l'une n'excede pas l'autre.

Arrêts (les) *des Regiftres.* Voyez *repères des Regiftres.*

Articulation dans la Mufique, eft la prononciation diftincte des Notes & de leurs parties conftitutives, qu'il faut confidérer comme autant de fyllabes.

Affemblages. On en fait de plufieurs fortes. Comme les divers affemblages dans l'Orgue font fpécifiés dans la defcription de chaque piece, on ne fera point ici l'énumération de chaque efpece : on les trouvera tous fous les mots *Clavier, Sommier, Buffet d'Orgue, Tuyaux de bois, Soufflet, Porte-vent, &c.* Pour ce dernier, lorfqu'il s'agit d'affembler les porte-vents bout à bout, foit quarrément ou obliquement, *voyez page 389, n. 1032.*

Attacher, lorfqu'on foude, cela fignifie qu'on applique avec le fer à fouder, des gouttes de foudure d'efpace en efpace fur la jointure. Voyez *Souder les tuyaux.*

Attacher les grands tuyaux de montre en leur place, *414, n. 1105—1107.*

Avis à ceux qui veulent faire conftruire un Orgue, auffi bien qu'aux Architectes & aux Menuifiers à cet égard, *page 144.* Avis aux Entrepreneurs d'un Orgue, *page 145, n. 446.* Avis particuliers aux Menuifiers fur le buffet d'un Orgue, *page 146, n. 451—467.* Avis à l'Organifte fur l'entretien & la confervation de l'Orgue, *page 504, n. 1289, n. 1—22.* Avis aux Organiftes fur les mélanges des Jeux, *p 523, n. 1292, 1293.*

Axe, dans l'Orgue, eft un pivot, ou boulon, ou goupille, fur lequel fe meut une piece.

B

Bague. On nomme ainfi une virolle de plomb, ou mieux d'étoffe, qu'on foude aux tuyaux d'anche coniques, à quelque diftance au-deffus du noyau, *page 54, n. 188—190* : les faire & les pofer, *page 361, n. 972.* Depuis l'impreffion de la premiere & de la feconde partie de cet Ouvrage, j'ai vu faire des bagues avec bien plus de facilité & de diligence. On les fond dans un moule de cuivre, repréfenté par la figure 2 de la Planche 129, où on le voit tout monté en perspective. *A B* est une boîte à trois creux coniques. *CD* en est la coupe, où l'on voit le demi-creux. Il y a un fond à chacun, où l'on a pratiqué un enfoncement pour y loger juste le bout inférieur du cône de cuivre *E F*, ou *EF*, *fig.* 3, dont la figure conique est conforme à la dimension de l'endroit du tuyau de Trompette où l'on doit souder la bague. Ce moule étant ainsi monté, on le remplit, non de plomb, mais d'étoffe, & la bague est faite. On peut, pour plus de propreté, le finir au tour, sur un petit bâton conique de bois. On dresse le bout avec une rape, & ensuite avec une lime : on y fait une entaille de haut en bas avec une scie, pour former la place de la rosette. On doit avoir quelques cônes de cuivre *E F fig.* 3, de plusieurs dimensions coniques. Les trois creux du moule doivent avoir aussi des dimensions différentes, selon les différents pieds des tuyaux. J'ai vu un moule de bagues qui étoit en pur plomb, qu'on avoit fondu dans du bois : il est en deux pieces, comme un moule de noyaux ; & le bois y tient toujours, le plomb y étant engagé. Les cônes, au lieu d'être de cuivre, font de bois. Cette seconde façon de construire le moule des bagues, pourra être bonne pour ceux qui n'auront pas la commodité de s'en procurer un de cuivre. On sait qu'on fond de l'étoffe dans un moule de pur plomb, pourvu que le moule soit bien enfumé à la flamme d'une chandelle de résine, & qu'on ne jette pas la matiere trop chaude. Il faut cependant avouer que ceux de cuivre font encore mieux ; & après tout, ils font d'une petite dépense.

Bain-Marie, Bain de sable, Bain de cendres. Voy. *Vernis.*

Balanciers (les) ; ce que c'est, & leur fonction, *page* 118, *n.* 377—379 : maniere de les poser, *page* 403, *n.* 1072.

Balottements ; il faut les éviter avec grand soin dans tous les mouvements qui composent le mécanisme de l'Orgue. A cet effet, il faut travailler avec justesse, & observer sur-tout que les pivots, les pioches, les tourillons, les boulons, &c. remplissent bien leurs trous respectifs.

Bande de peau ; c'est une laniere qu'on coupe d'une peau pour les soufflets, & pour quantité d'autres usages dans l'Orgue : les couper avec diligence, *page* 282, *n.* 779, 780 : les coller, *page* 283, *n.* 781, 782.

Bander un ressort de soupape, c'est lui donner plus de tournure en dehors, l'ouvrir davantage. On dit aussi débander un peu un ressort trop bandé, c'est le resserrer.

Barillet. C'est une boîte de cuivre qui contient un grand ressort, *page* 560, *n.* 1349, 1350, 1358.

Barre de fer ; c'est une longue piece ronde, ou quarrée, ou platte.

Barre de bois, ou simplement les Barres. Ce font de fortes tringles de bois qui forment les séparations des gravures d'un Sommier, & qui, étant assemblées & collées dans le châssis, en forment la grille, *page* 89, *n.* 294 : débiter les barres, les corroyer, les assembler & les coller *page* 166, *n.* 512—516.

Barre signifie aussi toute piece de bois en forme de planche, qu'on rapporte en travers de quelque bâti, soit avec des clous ou autrement. Ainsi on nomme *barres* les pieces ou planches de bois qu'on colle ou qu'on cloue au travers du dessous des soufflets, *page* 121, *n.* 386 ; *page* 276, *n.* 762.

Barrer un Sommier, c'est en monter la grille. On dit aussi barrer une table de soufflet, une table d'abrégé, une table à fondre ; c'est y clouer, coller des planches de bois en travers pour les fortifier.

Bascule. C'est en général une tringle qui, appuyant vers son milieu sur un point fixe, s'eleve d'un bout, tandis qu'on la baisse de l'autre. Les bascules font d'un grand usage dans le mécanisme de l'Orgue. Bascules du positif, *page* 117, *n.* 375 ; *page* 136, *n.* 431, 436, 442, 415 : les faire & les poser, *page* 399, *n.* 1060—1066. Bascules de la soufflerie, *page* 123, *n.* 392—394. Disposition de ces bascules, *page* 381, *n.* 1012 —1017. On fait dans l'Orgue des bascules de bien de manieres. On construit des abrégés, dont tous les rouleaux font bascule par leur deux bras ou fers, qu'on pose à l'opposite l'un de l'autre, ensorte que tandis que l'un baisse, l'autre s'eleve. On fait aussi quelquefois des claviers, dont toutes les touches font la bascule, rarement pourtant dans les Orgues, mais toujours dans les Clavecins. Il est quelquefois nécessaire de faire des bascules brisées. Il est assez rare qu'il n'y en ait dans les Orgues. On en verra une description en plusieurs dispositions, *page* 135, *n.* 429 ; *page* 395, *n.* 1048. Il y a encore des soupapes à bascule. Voyez *Soupape.*

Basse (la) ; c'est une partie de la Musique qui est la plus grave.

Basses (les). On nomme dans l'Orgue les Basses d'un Jeu, ses plus grands tuyaux. Les Basses d'un clavier font les premieres touches à gauche, sans en déterminer le nombre. On dit aussi quelquefois les Basses d'un Cornet, ce qui désigne ses plus grands tuyaux, quoique ce jeu ne soit qu'un dessus, n'ayant point de Basses.

Basse-de-viole. Jeu de l'Orgue. Sa description, *page* 51, *n.* 181 : son diapason, *page* 75, *n.* 261.

Basson (le) est un jeu de l'Orgue que je n'ai pas décrit en son lieu. Je vais y suppléer ici. C'est un jeu d'Anche. Il est présentement d'usage de ne mettre dans un Orgue que les deux premieres octaves de ce Jeu ; & pour achever de remplir le registre, on y met pour les deux autres octaves des Dessus, un Hautbois. La figure 4 de la Planche 129, représente la forme des tuyaux du Basson. Comme ces tuyaux ont la partie *A B* d'une grosseur considérable, il faudroit beaucoup de place pour les loger sur le Sommier, si l'on n'usoit de l'expédient de faire leurs pieds les uns plus longs que les autres. On voit cet arrangement dans la figure 4, réduite à demi-grandeur. Ces tuyaux consistent en deux coudes soudés l'un contre l'autre par leur gros bout, avec une tige au-dessous, & l'on soude le noyau au bout inférieur de cette tige. Voyez le *Diapason de ce jeu* dans la *Planche* 137. Il faut remarquer qu'il y a deux diapasons ; l'un pour un Basson de menue taille, & l'autre pour un plus gros Basson, tel qu'on le met dans un positif des Orgues d'Eglise. Ces deux diapasons m'ont été communiqués par M. Lépine, Maître Facteur d'Orgues de Paris. J'ai vu le diapason du Basson de menue taille, exécuté

& posé dans un *forté-Piano*, que le même M. Lépine a organisé depuis peu, qu'il a présenté à l'Académie Royale des Sciences, & que cette célebre Compagnie a approuvé avec applaudissement. Lorsque j'ai entendu ce jeu, il m'a tellement plu par son imitation naturelle du vrai Basson, que j'ai cru le devoir faire connoître en le décrivant ici.

Voici comment il faut entendre ce diapason. La figure 1 est un quart de cercle juste, dont *D* est le centre, duquel on décrit la courbe *A B C*. Du même centre on en décrit une autre *E F G*, qui terminera la hauteur du cône, & fixera son ouverture. On taille ainsi deux pieces égales pour chaque tuyau : il s'agit ensuite de tailler la tige, dont on voit le diapason particulier dans la figure 2. L'espace *H K* est la hauteur de la tige du premier tuyau ; *H I* est la largeur du gros bout, & *K L* est la largeur du petit bout, auquel se soude le noyau. Il faut remarquer qu'on fait deux tuyaux semblables & égaux sur chaque ligne du diapason ; mais le petit bout *K L* sert pour six. Il s'ensuit qu'il faut tailler quatre quarts de cercles & deux tiges sur les mêmes lignes. Ce diapason au reste est entier pour tailler un Basson de 4 octaves si l'on veut.

Pour le premier *C sol ut*, on ne taillera qu'un tuyau ; mais pour tous les autres, on en taillera deux semblables, comme on l'a vu ci-dessus : ainsi pour le *C sol ut dieze*, & le *D la re*, on prendra la courbe *M N O* ; & pour le petit bout, on prendra la seconde courbe après *E F G*. Pour le gros bout de la tige du *C sol ut dieze*, & du *D la re*, on prendra la longueur de la ligne *P Q* ; pour sa hauteur, on prendra de *P* à *K*. Pour le petit bout de la tige, on prendra de *K* à *L*, puisqu'il en faut six de cette mesure. Les six suivants seront pris pour leur petit bout de *K* à *R*, & ainsi de tous les autres. Le diapason du Basson de grosse taille est arrangé de même, & on s'en servira comme de l'autre. Les chiffres qui y sont écrits désigneront assez quelques petites différences qu'il y a entre l'un & l'autre.

A l'égard des noyaux, on se conformera pour leurs numéros, à ceux de la voix humaine. Pour les anches, on se réglera sur ceux de la voix humaine pour le petit Basson ; mais pour le gros, à ceux du cromorne de taille médiocre.

Ce Jeu, tel que je viens de le représenter & de le décrire, n'a dans ses tuyaux qu'un renflement formé par les deux cônes soudés l'un contre l'autre par leur base. Il y a pourtant des Facteurs d'Orgues qui y forment deux renflements : à cet effet ils taillent quatre quarts de cercle égaux. Ils soudent ces deux renflements par leur petit bout l'un sur l'autre, comme on le voit dans la figure 5, Pl. 129. On pourroit construire ainsi toute la premiere octave du Basson. Il faut au reste remarquer que si l'on ne fait pas le Basson entier, & que les dessus soient un Hautbois, comme c'est l'usage le plus commun, il convient que le Hautbois ne descende qu'en *G re sol*, & que le Basson monte (inclusivement) jusqu'au *fa dieze*, au-dessus de la clef de *C sol ut*. Par-là on favorisera l'un & l'autre Jeu, attendu que le Hautbois, dans le bas, n'est pas aussi agréable, & le Basson est gracieux à entendre dans toute l'étendue que je conseille ci-dessus de lui donner.

Bâti. C'est ainsi qu'on nomme l'ensemble de toutes les pieces & assemblages qui composent un

Buffet d'Orgue, faisant abstraction de tous les ornements & de l'Architecture qui le décorent. Ce terme s'applique également à bien d'autres choses où il a le même sens : on dit le *bâti* d'un Sommier, c'est l'ensemble du chassis, des barres & de la table, lorsque tout est monté. On dit aussi le bâti d'un clavier ; c'est le chassis tout assemblé & monté, &c.

Battant. C'est ainsi qu'on nomme les pieces de bois qui portent les mortaises, & qui font aux extrémités d'un bâti ; à la différence des montants qui sont toujours renfermés dans le bâti. Les deux grands montants qui font aux deux côtés d'une porte, & qui la terminent, sont des battants. On nomme aussi *battants* les deux grandes pieces du chassis d'un Sommier : elles portent les mortaises.

Batte. C'est une piece de bois faite pour battre les lames d'étain ou de plomb, lorsqu'on veut les retendre ou les redresser après les avoir forgées, ou bien lorsqu'il s'agit de les ployer sur un moule pour en faire des tuyaux. Grosse batte à retendre, *page* 17, *n.* 64. Les petites battes, *page* 17, *n.* 65.

Battement. C'est un certain mouvement qu'on entend dans le son, lorsque les tuyaux ne sont pas d'accord, *page* 433, *n.* 1141.

Battre. On se sert quelquefois de ce terme pour dire forger ou écrouir les tables d'étain & d'étoffe. *Voyez Forger.*

Bavochure ou *Bavure* ; c'est une aspérité ou déchirure qui se forme aux bords des trous dans le bois, lorsqu'on les fait avec le villebrequin. On recommande en plusieurs endroits, d'ôter ces bavures, sur-tout aux trous des Sommiers, *p.* 175, *n.* 528.

Bavure des Notes, signifie toutes les anticipations des sons occasionnées par le défaut de précision dans la levée des touches des Instruments à cylindre, sur-tout par le plan incliné du bec des bascules.

Bec est une petite pointe plate en plan incliné ordinairement de fil de fer, qu'on fiche au-dessous du bout antérieur des touches de la Serinette, ou de tout instrument à cylindre, *page* 564, *n.* 1339; *page* 566, *n.* 1345—1346.

Bigorne. Espece de petite enclume, dont la table se termine en pointe. *Voyez Enclume.*

Billot. Grosse piece de bois sur laquelle on assujettit une enclume, *page* 16, *n.* 59.

Biseau, est une piece de plomb pur, ou de bois, qui fait une partie essentielle d'un tuyau à bouche : ce que c'est, *page* 37, *n.* 138. Faire les biseaux, leurs proportions, *page* 343, *n.* 937: les poser & les souder, *page* 344, *n.* 938 & 939. *Voyez encore page* 354, *n.* 957. Biseau des tuyaux de bois, *page* 311, *n.* 859—861.

Bismuth est nommé aussi étain de glace. C'est un demi-métal fort cassant, assez ressemblant au régule d'antimoine. Il est très-fusible, puisqu'on le fond même à la flamme d'une chandelle. On s'en sert dans la facture de l'Orgue, pour la composition d'une espece de soudure, *page* 339, *n.* 929, & 930.

Blanc de Troyes, ou *d'Orléans*, ou *de Bougival*, ou *blanc d'Espagne* ; ce sont quatre noms qu'on donne à la même matiere ; on y ajoute encore le blanc de craie, qui est à peu-près de même nature. C'est une espece de marne qu'on lave dans plusieurs eaux, & qu'on fait sécher au soleil. Ces

quatre

quatre ou cinq noms qu'on donne à cette matiere viennent des différents endroits où on la prépare. On l'appelle le plus communément *Blanc d'Espagne.* On en fait en grande quantité en plusieurs endroits de la France, sur-tout en Champagne. On s'en sert dans la facture de l'Orgue pour blanchir les bords des lames d'étain & d'étoffe, qu'on doit souder ensemble après cette préparation, *page* 333, *n.* 912 & 913 : on l'emploie encore pour lustrer les tuyaux de la montre, *p.* 345 *n.* 942 : on s'en sert également pour reblanchir une ancienne montre qui auroit perdu sa blancheur, *p.* 453, *n.* 1199.

Blanche est une note de Musique, qui vaut la moitié d'une ronde, ou deux noires, ou quatre croches, &c.

Blanchir les tuyaux pour les souder, *page* 339, *n.* 928. Voyez *Blanc de Troie.*

Blanchir les os des claviers, *page* 250, *n.* 701.

Bois. Quel est le meilleur pour les Sommiers, *page* 165, *n.* 504 : le faire sécher assez promptement lorsqu'on ne peut en avoir qui se trouve sec, *page* 165, *n.* 505. Pour les soupapes, *page* 196, *n.* 585. Pour les claviers, *page* 246, *n.* 690. On trouve de même quelle espece de bois est le plus propre pour chaque piece, aux articles où on en fait la description.

Bombarde. C'est le plus grand de tous les jeux d'anche, *page* 55, *n.* 197. Son diapason, *page* 78, *n.* 267, 271, 276, 277, 278. Sa construction, *page* 359, *n.* 967—976. Construction d'une bombarde en bois, *page* 364, *n.* 977—979 : on les fait toujours de 16 pieds; mais on en peut faire de 32 pieds.

Borax. C'est un sel minéral assez ressemblant à l'alun, & dont quantité d'Ouvriers se servent pour faciliter la fusion des soudures fortes des métaux. Il les rend coulantes. Voyez *Souder, Soudure,* où l'on trouvera la maniere de s'en servir.

Bornoyer, examiner une piece à l'œil, pour voir si elle est droite, unie, plane, dégauchie.

Bossué. On dit qu'un tuyau est bossué, lorsqu'il a des enfoncements causés par quelque accident. Redresser les tuyaux bossués, *page* 433, *n.* 1199.

Bouche des tuyaux à bouche, *page* 37, *n.* 137.

Bouché. Tuyaux ou Jeux bouchés, *p.* 40, *n.* 145, 146. Leur construction, *p.* 356, *n.* 961—963. Tuyaux de bois bouchés, *p.* 309, *n.* 856—857.

Bourdon. Jeu de l'Orgue, *page* 40, *n.* 146—147. Voyez *Bouché.* Il y a dans l'Orgue plusieurs especes de Bourdons. Bourdon de 32 pieds : sa description, *page* 44, *n.* 159 : son diapason, *page* 63, *n.* 236. Bourdon de 16 pieds : sa description, *page* 45, *n.* 161 : son diapason, *page* 68, *n.* 236—237. Bourdon de 8 pieds, ou de 4 pieds bouché, *page* 45, *n.* 164. Son diapason, *page* 68, 69, *n.* 236, 237, 238, 239.

Bourfette. Ce que c'est, *page* 95, 314—317 : les faire, *page* 200, *n.* 590—604.

Bouvet. Outil de Menuisier, propre à faire des rainures & des languettes. Le Facteur d'Orgues en fait un grand usage pour assembler à languettes & rainures, les tables des soufflets, les tuyaux de bois, pour graver les chapes, &c.

Bras des tournants. Ils se font toujours en fer, *page* 119, *n.* 380—381. Les faire, les poser sur les tournants, *page* 270, *n.* 749.

Bras des rouleaux d'Abrégé. On les nomme plus communément *fers d'abrégé.* Les faire & les poser, *page* 266, *n.* 739—742.

ORGUES. IV. Part.

Braser. C'est souder du fer contre fer, par le moyen du cuivre.

Brides des soufflets. Ce que c'est, *page* 285, *n.* 787—789. On y verra la maniere de les poser.

Brique. (une) Elle sert à nétoyer & à étamer les fers à souder. Voyez *Souder.*

Briser les Jeux. Ce que c'est, *page* 241, *n.* 686.

Broches des Anches, page 27, *n.* 101 : leur usage, *page* 368, *n.* 986.

Brunir; c'est unir & donner le brillant aux tuyaux d'une Montre, *page* 337, *n.* 923.

Brunissoir, page 17, *n.* 67 : le polir, *n.* 68.

Buffet d'Orgues. C'est le grand corps de Menuiserie qui paroît à l'extérieur, & qui contient en son dedans, toutes les machines & les tuyaux qui composent l'instrument, *page* 87, *n.* 287—292 : sa construction *page* 146 *n.* 451—465 : le poser, *page* 151, *n.* 467.

Buffle. (cuir de) Il y en a qui s'en servent pour dégraisser & repolir le brunissoir. Ils collent ce cuir dans un canal de bois : ils mettent de la potée d'étain toute seche sur le Buffle, & ils y frottent de temps en temps le brunissoir tout à sec.

C

Cabinet d'Orgue. C'est ainsi qu'on nomme un petit Buffet d'Orgues, comme seroit celui d'un Salon ou d'une Chambre, sur-tout s'il n'avoit point de Montre.

Cadence, (la) nommée *trillo* par les Italiens, est un agrément de Musique, composé de deux ou trois sons alternativement modulés, & dont l'ensemble constitue la même note : on l'appelle aussi *tremblement.*

Cadence brisée est celle qui commence sans *tenue.* Voyez *Tenue.*

Cadence double est celle qui emploie la totalité de la note.

Cadence pleine est celle qui commence par une tenue sur la note supérieure. Voyez *Tenue.*

Cadence préparée, est celle dont la modulation est lente dans le commencement, & qui augmente de vîtesse insensiblement jusqu'à la fin.

Cadran. Cercle de carton sur lequel on marque différentes divisions égales, qu'on combine diversement par le moyen de quelques chiffres. On se sert de ce cadran pour noter les cylindres d'Orgues.

Calibre des bouches des tuyaux de montre. C'est le nom d'un outil, *page* 23, *n.* 92.

Calote; (boucher les tuyaux en) ce que c'est, *p.* 42, *n.* 152. Faire ces calotes, *page* 356, *n.* 962.

Canepin. C'est une pellicule fine qu'on détache des peaux de mouton blanches. Il est des cas où il est nécessaire que ce canepin soit entier sur la peau, qu'il ne soit point déchiré en aucun endroit : c'est en général à toutes les pieces de peau qu'on colle le côté lisse en-dessus, c'est-à-dire, auxquelles on applique la colle au côté du duvet. Au contraire, on le déchire, sans cependant l'enlever en le raclant avec le couteau ou avec un ciseau, lorsqu'on doit y appliquer la colle, comme on fait à toutes les soupapes.

Caracteres de Musique. Ce sont les divers signes qu'on emploie pour indiquer les notes & leur valeur.

Caracteres tonotechniques. Ce sont des signes qui

D 8

servent à indiquer l'articulation qui convient à chaque note, & le détail de toutes les parties conftitutives des agréments & des effets.

Carillon. C'eft un Jeu de timbres, *page* 470, *n.* 1259.

Cartons. Ce font des rondelles de carton, dont les diamettres font femblables à ceux des tuyaux d'une Montre : on s'en fert pour prendre fes mefures pour la conftruction d'une Montre d'Orgue, *page* 327, *n.* 897—900.

Cavaliers ; (les) ce que c'eft, *page* 34, *n.* 119 : leur ufage, *page* 283, *n.* 781.

Centre de mouvement. C'eft un point fur lequel fe meut une piece. Il y a ordinairement fur ce point une goupille, ou une pioche, ou un boulon, ou un pivot, &c.

Chaîne. Il vaut mieux fe fervir d'une chaîne que d'une corde à boyau pour la Serinette à rouage, *page* 568, *n.* 1349.

Chambre (Orgue de) ou de Concert, *page* 539 & *fuiv. n.* 1294—1324.

Chanfrein. C'eft en général un angle abattu en biais le long d'une piece, plus fur une face que fur l'autre.

Chanfreiner : c'eft faire des chanfreins. Ce terme s'applique dans la facture de l'Orgue à l'opération par laquelle on amincit les bords de la peau lorfqu'il eft néceffaire, *page* 207, *n.* 623.

Chaperon. On nomme ainfi un petit morceau d'ofier qu'on colle fur le fommet de chaque bourfette, *page* 95, *n.* 315—317.

Chapes : (les) ce que c'eft, *page* 91, *n.* 300—302 ; *page* 178, *n.* 540. Il y a des chapes gravées, *page* 95, *n.* 313. Comment on les grave, *page* 98, *n.* 324—325. Prendre fes mefures pour graver les chapes, *page* 188, *n.* 558.

Chariot. C'eft une partie de la Serinette & des autres Orgues à cylindre, qui porte le cylindre, *page* 564, *n.* 1340—1341.

Charnieres des foufflets ; comment on les fait, *page* 280, *n.* 773—775.

Chaffis des claviers, *page* 105, *n.* 341—346 : leur exécution, *page* 247, *n.* 693.

Chaffis des Sommiers, *page* 89, *n.* 294 ; *page* 94, *n.* 311 : leur exécution, *page* 166, *n.* 508, 509.

Chaudiere pour fondre l'étain & le plomb ; *page* 315, *n.* 868.

Chaux : on s'en fert pour blanchir les os des claviers. Voyez *Blanchir les os.*

Chêne (le bois de) doit être préféré à tout autre bois pour toutes les parties de l'Orgue. Il y a cependant dans le bois de chêne beaucoup de choix à faire, pour n'employer que celui qui eft le plus propre à chaque piece. On trouvera dans la defcription de chaque machine, quelle qualité de bois de chêne y eft le plus propre ; s'il doit être doux, tendre, liant, dur, pefant, &c.

Chevalet. On nomme ainfi la piece de bois en dos-d'âne, fur laquelle portent les bafcules du Pofitif, *page* 401, *n.* 1063. On nomme auffi *chevalet*, la groffe tringle de bois qui contient des entailles faites avec la fcie, pour contenir les refforts des foupapes des Sommiers, *page* 95, *n.* 314 ; *page* 103, *n.* 336.

Chevaucher. On doit éviter d'approcher fi fort, dans un Buffet d'Orgue, les tourelles les unes des autres, que l'à-plomb de l'entablement de l'une anticipe fur l'entablement de l'autre, ce qui

auroit mauvaife grace ; c'eft ce qu'on appelle *chevaucher.*

Cheville. C'eft le nom qu'on donne à de petites pieces de bois, & bien fouvent de fer, qui fervent à accrocher par les enfourchements, les regiftres d'un Sommier avec ceux de l'autre, *page* 97, *n.* 321 ; *page* 386, *n.* 1023.

Chromatique, (gamme) *page* 60, *n.* 211 ; *page* 428, *n.* 1135.

Cifailles ; gros & forts cifeaux, *page* 23, *n.* 91.

Cifeau. Outil dont on fait un grand ufage, *page* 17, *n.* 58.

Clairon. C'eft un jeu de l'Orgue, *page* 56, *n.* 199 ; *page* 359, *n.* 967—976. La conftruction de ce Jeu étant la même que celle de la Trompette, on doit lire ces 9 numéros.

Clairvoir. On nomme ainfi l'ouvrage en Sculpture, fait en demi-cercle, ou feulement cintré, ou bien tout droit, qu'on attache aux Buffets d'Orgue, pour foutenir & arrêter le bout fupérieur des tuyaux de la Montre, *page* 87, *n.* 287 ; *page* 149, *n.* 459—461.

Clavecin. Son organifation, *page* 640—643.

Claviers à la main, *page* 104, *n.* 339. Defcription de leurs chaffis, & des autres pieces qui compofent les claviers, *page* 105, *n.* 340—344. Différents profils de plufieurs claviers, *page* 106, *n.* 345—358. Divifer les touches, *page* 246, *n.* 692. Maniere de les conftruire, *page* 247, *n.* 693—699. Plaquer les touches, *page* 249, *n.* 700. Travailler les os & les blanchir, *page* 250, *n.* 701—702. Mettre les talons, *page* 251, *n.* 703—704. Scier les touches, *n.* 705. Ajufter les claviers & les finir, *page* 252, *n.* 706—715.

☞ Comme il n'eft pas facile pour tous les Ouvriers de fcier comme il faut un panneau de clavier, fur-tout pour qu'il foit bien à l'équerre, je propoferai ici une machine faite exprès pour fcier les claviers. Je l'ai vue chez M. Lépine, Facteur d'Orgues à Paris, qui l'a imaginée pour cela. *Voyez* la figure 1 de la Planche 129. *A B C D* eft une fcie à refendre, dont la lame *A D* eft mince, fort étroite & fes dents fines. La monture de cette fcie confifte en un chaffis bien affemblé aux quatre coins, & de plus contenu à chaque côté, dans deux montants affez forts, qui portent chacun une rainure verticale *E F.* Ces deux montants font affemblés fur une forte table *G H*, & font maintenus dans leur partie fupérieure par la traverfe *E I*, qui permet cependant le libre paffage à la traverfe *A* de la fcie, afin qu'elle puiffe monter & defcendre à volonté. Au-deffus de la table *G H*, qui eft affez étroite, on en a attaché une autre de deux pieds de large, fur un peu plus de longueur. Celle-ci eft fortement arrêtée fur la premiere par-deffous avec des vis de bois, enforte qu'elle fe trouve bien à l'équerre avec la lame de la fcie, qui paffe au travers d'une petite fente pratiquée vers le milieu de cette table. Et afin que cette lame ne fléchiffe point, étant fort étroite & mince, on a enchâffé un morceau de fer affez épais & affez fort dans cette table, derriere la lame de la fcie. Il faut concevoir préfentement le jeu de la machine. Lorfqu'on met le pied fur la Pédale, ou marche *K L*, on fait baiffer la fcie *A D*, qui eft attachée aux cordes *O* & *P* ; ainfi l'arc *M N* cede & fléchit. Lorfqu'on rehauffe le pied, la force élaftique de l'arc *M N* fait remonter la fcie avec la marche. *G H Q R* eft un banc affez femblable à celui d'un tour ordinaire, fans être tout-à-fait auffi fort. *GT, VH* font deux montants affemblés à leur partie inférieure dans la table *G H*, & à leur partie fupérieure par la traverfe *MN* qui porte l'arc, fait comme celui d'un tour; une perche feroit le même effet.

Lorfqu'on veut fcier un clavier, on couche le panneau fur la table *BC*, les traits en-deffus. On pouffe ce panneau au-devant de la lame de la fcie : on le partage d'abord en deux parties, &c. & on fait tout le refte comme il a été décrit. On voit qu'au moyen de cette machine, on peut fcier avec facilité, bien à l'équerre & proprement toutes les touches d'un clavier.

Clavier de Pédale. Sa defcription, *page 110, n. 359—362* : fa conftruction, *page 256, n. 716 —720.*

Cliquet. C'eft une petite piece de fer ou de bois, qui étant pouffée par un reffort dans les crans ou les dents couchées d'une roue, qu'on nomme *rochet*, ne lui permet de tourner que d'un certain fens, *page 565, n. 1342—1343*. Cet enfemble du cliquet, du rochet & de fon petit reffort, fe nomme *encliquetage*.

Clous à chape : les garnir de cuir, *page 179, n. 542* : les faire recuire comme il faut, fi l'on ne peut s'en procurer de fer affez doux, *page 180, n. 545.*

Clous d'épingle, ou fimplement pointes à tête ou fans tête. Voyez *Pointes*.

Coins, (les) Ce font de très-petits morceaux de bois, avec lefquels on affermit les languettes des Jeux d'anches dans leurs noyaux, *page 53, n. 185* : les faire & les pofer, *page 375, n. 1003 —1005*. On nomme encore *coins* les petites pieces de peau qu'on colle fur les angles des plis des foufflets, *page 290, n. 803.*

Colle, fon choix, maniere de la fondre, *page 268, n. 514.*

Coller le parchemin, *page 194, n. 580—582*. Coller de la peau aux regiftres pour les en doubler, *page 178, n. 537*. Coller la peau aux foupapes, *page 196, n. 588—592*. Coller la peau aux éclifles des foufflets, *page 283, n. 781*. Regle générale pour coller la peau, lorfqu'on met la colle du côté du duvet, *page 514, n. 1289* : & lorfqu'on met la colle au côté oppofé du duvet, *page 178, n. 537*. Coller la peau aux foupapes des Sommiers, *page 196, n. 588— 592*. Coller les foupapes dans la laye du Sommier, *page 198, n. 594—596*. Coller une foupape dans fa place, fi elle a été décollée ou éreintée, *page 458, n. 1217*. Coller les portevents de plomb, *page 418, n. 1116.*

Comma; ce que c'eft, *page 430, n. 1136.*

Compas de réduction au quart, pour l'épaiffeur des pointes du cylindre, *page 594, n. 1409; page 613, n. 1435.*

Compofition de la foudure. V. *Souder & Soudure.*

Compofition de l'étoffe. Voyez *Etoffe.*

Concert, eft un nombre de perfonnes qui chantent enfemble en partie, ou qui jouent des inftruments.

Cochenille. Voyez *Vernis.*

Conduits. Ce font les paffages ou canaux par où le vent eft amené d'un endroit à l'autre. Ainfi tous les grands & petits porte-vents, les pieces gravées, les gravures des Sommiers & les chapes font des conduits.

Cône, (un) eft une piece ronde, large d'un bout, & allant en pointe par l'autre bout, comme en pain de fucre. On nomme *cône*, le bout inférieur des Jeux cylindriques, *page 83, n. 283—286*. Diapafon des cônes du cromorne, *page 366, n. 980*. Ceux de la voix humaine, *page 360, n. 981*. Tailler un cône, *page 361, n. 971.*

Conique. Piece ronde, plus groffe d'un bout que de l'autre. Les Bombardes, les Trompettes, les Clairons, Hautbois, les Tuyaux à fufeau, font tous des Jeux coniques : les pieds des tuyaux à bouche, d'étain ou d'étoffe, font coniques.

Cordes de boyau. Ce font des cordes qu'on fabrique avec des inteftins de plufieurs animaux. On fe fert de cette efpece de corde dans le mouvement à roues de la Serinette, *page 568, n. 1349; page 549, n. 1352; page 371, n. 1356.*

Cordes de Clavecin & de forté-Piano. Ce font des fils d'archal très-fins, de fer ou de cuivre. On en met de plufieurs groffeurs ou numéros, felon les tons qu'elles doivent donner.

Cordes des bafcules des foufflets, *page 123, n. 392*. Cordes pour faire jouer des foufflets avec des poulies, *page 384, n. 1017*. Cordes pour les charnieres des foufflets. Voyez *Charnieres des Soufflets.*

Cornement. Se dit d'un tuyau qui parle lorfque quelque regiftre eft ouvert, fans qu'on baiffe aucune touche des claviers. Il vient toujours de ce qu'il y a quelque foupape entr'ouverte : y remédier, *page 517, n. 7; page 136, n. 430.*

Cornet. Jeu de l'Orgue, *page 50, n. 179—180*. Son diapafon, *page 71, n. 251*. Pour le Cornet de récit, *page 72, n. 252—254.*

Corps, (grand) ou *corps d'en haut*, ou *corps d'en bas*. On entend par-là les principaux Sommiers, garnis de tous leurs tuyaux. Ceux qui font au-deffus des claviers, ou le grand Sommier, fe nomment le grand corps, ou corps d'en haut, & ceux qui font en-deffous fe nomment corps d'en bas, ou le Pofitif.

Corroyer le bois; c'eft le dégauchir, le dreffer, le mettre à l'équerre, à l'épaiffeur & largeur convenables. On dit auffi corroyer le fer; c'eft le bien fouder par des *chaudes fuantes*, & le mettre approchant de l'épaiffeur & de la largeur qu'il le faut.

Couder les tuyaux. On doit éviter, tant qu'on poúrra, de couder les tuyaux à bouche ouverte, *page 388, n. 1208* : mais on peut couder les Jeux bouchés, & fur-tout les Jeux d'anches, fans le moindre inconvénient.

Coudes dans les porte-vents. Il faut les éviter tant qu'on peut, fur-tout ceux qui fe trouvent à l'équerre, *page 389, n. 1032; page 296, n. 821*. Il faut encore éviter les coudes quarrés aux portevents de plomb pour les tuyaux poftés, foit pour la Montre ou pour les autres.

Coups de langue, eft une articulation marquée & reffentie fur diverfes notes, à la fuite d'un filence, ordinairement de la valeur d'une croche.

Coupe. C'eft dans un deffein, la maniere de repréfenter une piece ou un ouvrage qu'on fuppofe coupé ou fcié, foit horifontalement, ou verticalement, pour en faire voir ordinairement l'intérieur.

Couper en ton; c'eft retrancher de la longueur des tuyaux la quantité néceffaire pour les faire venir au ton qu'ils doivent donner pour être d'accord.

CUI

Cette opération demande des précautions, *page 438, n. 1152—1153.*

Couper la tête à un tuyau; ce que c'est, *page 426, n. 1133, n. 3.* Dans quel cas il faut faire cette opération, *page 453, n. 1201—1203.*

Couteau à faire parler les tuyaux, page 23, n. 94. Couteau à tailler à bras, *page 19, n. 73.* Couteau à tailler à la main, *page 19, n. 74.* Couteau de bois, *page 34, n. 118.*

Coutil; espece de toile, *page 318, n. 878,* où l'on verra la maniere de le tendre sur la table à fondre l'étain ou l'étoffe.

Craie blanche. Pierre fort tendre & fort blanche, dont on se sert pour marquer. On en fait aussi le blanc d'Espagne, en lui donnant certaines préparations.

Craie noire. C'est une pierre tendre fort noire, dont on se sert pour marquer.

Craie rouge. C'est de la sanguine. On l'appelle aussi crayon rouge. C'est une pierre tendre qui est rouge.

Cran. C'est une coche, ou hoche, ou entaille qui sert ordinairement à arrêter une machine, au moyen d'une détente ou autrement.

Crayon. On en fait de toutes sortes de craies. Quand on dit simplement crayon, on entend ordinairement celui qui est fait avec la mine de plomb.

Crible. Quelques-uns nomment ainsi les faux-Sommiers. Voyez *Faux-Sommiers.*

Croacer. On le dit des Basses d'une Bombarde & d'une Trompette, lorsqu'elles ont un mauvais son sans harmonie; elles semblent imiter le cri du corbeau. Ce sont ordinairement des tuyaux un peu courts, qui ont un son criard, maigre, sec & rude.

Croche. Note de Musique, dont la valeur ordinaire est du quart d'une blanche, ou de la moitié d'une noire.

Croche, (première) est celle qui tient lieu de la premiere moitié d'une noire, dont elle est censée occuper la place. Les premieres sont presque toujours plus longues que les secondes.

Croche, (seconde) est celle qui tient lieu de la seconde moitié d'une noire : les secondes sont presque toujours plus courtes que les premieres.

Crochets, pour attacher les tuyaux de bois, *page 420, n. 1123.* Crochets pour les tuyaux de Montre, ou pour d'autres tuyaux d'étain ou d'étoffe, *page 414, n. 1105—1107.*

Croissants; ce que c'est; comment on les fait, *page 413, n. 1101—1102.*

Cromorne. Jeu de l'Orgue, *page 51, n. 182:* sa forme, *page 55, n. 192 :* sa description, *page 56, n. 200 :* son diapason, *page 83, n. 280—283 :* sa construction, *page 366, n. 980.*

Crucher, est un terme par lequel on prétend exprimer le son que doit avoir un Cromone. Ainsi l'on dit qu'un Cromorne doit *crucher;* qu'un Cromorne *cruche* bien.

Cuiller de fer, (grande) *page 320, n. 882.* Petite cuiller de fer, *page 325, n. 894.*

Cuir, ou *Peau blanche de mouton.* C'est le seul dont on se serve dans l'Orgue pour les soufflets, les sommiers, les soupapes, &c. On emploie aussi du cuir plus fort pour garnir les clous à chapes, *page 179, n. 542.* Les peaux blanches doivent être choisies les plus épaisses, les plus grandes, les plus souples, en un mot les mieux préparées, sans être passées en huile.

DÉT

Cuivre jaune ou laiton. On s'en sert dans l'Orgue pour les anches & les languettes. On se sert aussi beaucoup du fil de laiton recuit & non recuit pour garnir les vergettes, pour les claviers, les guides & les ressorts des soupapes, &c. Voyez ces mots. Mais on n'emploie pas le cuivre rouge.

Cylindre, est comme un baton rond, également gros d'un bout à l'autre. Il y a des Jeux cylindriques qui sont presque tous les Jeux à bouche & quelques Jeux d'anche, comme le Cromorne & la voix humaine.

Cylindre d'Orgue. Le construire, *p. 580.* Le noter, *p. 596, n. 1417; p. 634.* Grand Orgue d'Eglise fait pour être joué par un cylindre, *p. 574, n. 1363—1393.* Orgue moindre que le précédent, pour être joué par un cylindre, *p. 589, n. 1394.* Appliquer le cylindre & tout son équipage à un Orgue déja construit à l'ordinaire, *page 590, n. 1396.*

D

Déchargeoir. C'est la soupape qu'on met toujours à la table de dessus des soufflets doubles, pour en faire échapper le vent lorsque le soufflet est trop plein.

Décoration. C'est ainsi qu'on appelle l'ensemble des embellissements dont on orne une façade d'Orgue. On trouvera des exemples de ces sortes de décorations aux Planches 30, 32, 33, 77, 78 & 79.

Demoiselles. C'est le nom de certains fils d'archal des claviers, *page 108, n. 352 :* elles sont mieux en fil de laiton qu'en fil de fer. Celui-ci venant à se rouiller, gratte le dedans des mortaises des touches par où il passe, & ôte par-là la vivacité au clavier.

Denticules. Ce sont des entailles qu'on fait dans les chassis des Sommiers, pour y assembler les bouts des barres, *page 89, n. 294 :* les faire, *page 166, n. 508.*

Dents, ou *Dentures,* se dit d'une roue d'Horlogerie.

Dépouille. Lorsqu'on donne un modele à un Fondeur, pour en avoir une piece semblable en cuivre ou en quelqu'autre métal, on doit avoir l'attention qu'on puisse en former l'empreinte dans le sable. Il faut que le Fondeur puisse le retirer du sable où il est obligé de l'engager, sans déchirer ni écorner le sable ; c'est pourquoi le modele doit avoir un peu plus de grandeur dans toutes ses dimensions vers dessus que dessous. C'est ce qu'on appelle donner de la *dépouille* à un modele.

Dérocher. C'est mettre à bouillir dans l'eau seconde, une piece qu'on a soudée en soudure forte. Voyez *Souder en argent.* On peut aussi dérocher le laiton des anches & le fil de laiton après qu'on l'a recuit. Cependant on peut pratiquer également la maniere ordinaire, comme il est expliqué *p. 368, n. 998.* L'une & l'autre maniere sont également bonnes. Il faut toujours finir par sablonner.

Détacher les notes. C'est les séparer par des silences qui puissent rendre leur articulation sensible.

Détail des effets. C'est sentir & exprimer leurs parties constitutives, chacune séparément. Cette connoissance ne peut s'acquérir que par la Tonotechnie.

Détente. Ce que c'est, *page 569, n. 1352—1353; page 570, n. 1355.*

Devers

ECH

Devers, eſt pris pour la tendance d'un corps, qui a une certaine hauteur & poſé à-plomb, à ſe deverſer de ſon à-plomb d'un côté ou d'un autre. Les clairs-voirs des tourelles & des plattes-faces ſoutiennent le devers des tuyaux de la Montre.

Devis en fait d'Orgues, du Facteur, de l'Architecte, page 145 , *n.* 446—448. Pluſieurs Devis d'Orgue, *page* 480 , *n.* 1263. Devis en forme juridique pour un 16 pieds ordinaire, *page* 481 , *n.* 1264. Pluſieurs autres Devis, 489 , *n.* 1268—1278.

Diapaſon ; ce que c'eſt, *page* 58 , *n.* 206. Diapaſon des Jeux à bouche, *p.* 60 , *n.* 210. Maniere générale de faire un Diapaſon , *page* 60 , *n.* 211 —224. Les Diapaſons tous faits , *page* 66 , & *ſuiv. n.* 225—266. Diapaſon des Jeux d'anches, *page* 78 , *n.* 267—286.

Diatonique ; (gamme) ce que c'eſt , *page* 60 , *n.* 211 ; *page* 428 , *n.* 1135.

Dieze. On nomme ainſi bien ſouvent les feintes des claviers. Voyez *Feintes.*

Diſcord. C'eſt-à-dire qui n'eſt pas d'accord.

Diſcorder. Faire perdre l'accord à un Jeu, à un Orgue. On diſcorde un Orgue lorſqu'on y cauſe des ſecouſſes, qu'on en touche les tuyaux, &c. La pouſſiere , le duvet de la peau des regiſtres, s'il y en a, le chaud exceſſif, le grand froid , &c. diſcordent l'Orgue.

Double cadence. Voyez *Cadence.*

Double croche. Note de Muſique, qui ne vaut que le quart d'une noire, ou la moitié d'une croche. On peut auſſi la diſtinguer en premiere & en ſeconde. Voyez *croche.*

Doubler. Il n'y a que les Jeux d'anche qui ſoient ſujets à doubler. C'eſt l'accord que fait un tuyau d'anche lorſqu'on le fait monter plus haut que ſon ton, en baiſſant la roſette. Les tuyaux trop longs ou trop prompts , ſont fort ſujets à doubler. Il y en a qui nomment cet accord *canarder.*

Douve, ou *Douelle.* Ce ſont les planches jointes l'une contre l'autre, qui forment la circonférence d'un tonneau. C'eſt ainſi qu'il faut conſtruire les grands & gros cylindres pour faire jouer les grandes Orgues auxquelles on adapte un cylindre , *page* 581 , *n.* 1374.

Duvet. C'eſt le côté velu d'une peau blanche de mouton.

E

Eau ſeconde. C'eſt le mélange d'une certaine quantité d'eau commune avec un peu d'eau-forte. Voyez *Souder* & *Soudure.*

Ebène. Eſpece de bois fort dur, qui nous vient des Indes & de l'Iſle-Maurice, en Afrique. Il y en a de noire, de rouge & de verte. On ſe ſert de la noire pour plaquer les claviers d'Orgue ; ou ſi on les plaque en os, on fait les feintes en ébène noire. Il y a deux eſpeces de celle-ci. Les Ouvriers nomment l'une ébène mâle, qui eſt la plus dure, la plus noire, la moins poreuſe, & celle qui reçoit le plus beau poli. Ils appellent l'autre, ébène femelle, qui eſt plus poreuſe, moins dure, & qui n'eſt pas ſuſceptible d'un ſi beau poli. On préfere toujours l'ébène mâle. En plaquer les claviers, *page* 249 , *n.* 700—702.

Echalote. C'eſt ainſi que quelques-uns nomment une anche. Voyez *Anche.*

Echappement de vent. On le dit d'une communication du vent d'un trou à l'autre trou voiſin,

ORGUES. IV. Part.

ELÉ

entre la table du ſommier & le regiſtre, ou plus ordinairement entre le regiſtre & la chape, lorſque ces pieces ne ſont pas bien appliquées l'une contre l'autre. Maniere de reconnoître les échappements de vents, *page* 504 , *n.* 5. Réparer ce défaut , *page* 456 , *n.* 1210.

Echauffé. On dit du bois échauffé, lorſqu'il a perdu ſa qualité , par une humidité qui a ſéjourné long-temps dans ſon intérieur. Il tend alors à la pourriture. Tout bois échauffé doit être rejetté pour les ouvrages de l'Orgue.

Echelle. Bande de papier diviſée exactement & également, dont on enveloppe le cylindre pour le noter.

Echelles. C'eſt ainſi qu'on nomme certaines machines en uſage dans le mécaniſme de l'Orgue, *page* 115 , *n.* 370—373. Il y a de doubles & de ſimples échelles, *page* 396 , *n.* 1050—1058. Il eſt encore une autre eſpece d'échelle, *page* 399 , *n.* 1059.

Echo. C'eſt une partie de l'Orgue, *page* 135 , *n.* 429. Poſer le ſommier de l'Echo, *page* 388 , *n.* 1029 : y faire aller le vent, *page* 390 , *n.* 1034.

Ecliſſes. C'eſt le nom des planches minces qui compoſent les plis des ſoufflets , *page* 121 , *n.* 385 : les faire & les garnir, *page* 281 , *n.* 777—785.

Ecouene. Ce que c'eſt, *page* , 16 , *n.* 63.

Ecrouir. C'eſt durcir quelque métal par toute autre voie que par la trempe. On peut écrouir le fer, l'acier, le cuivre, & tous les autres métaux ductiles , par le marteau, par la filiere, &c. On dit qu'un fil d'or, d'argent, de cuivre, & de de fer eſt écroui, lorſqu'on le fait paſſer par pluſieurs trous de la filiere, ſans l'avoir fait recuire. On en vend d'écroui & de recuit. Celui qu'on emploie pour les reſſorts des ſoupapes doit être encore plus écroui que celui que les Marchands vendent comme écroui. On l'achete un peu plus gros qu'il ne faut, & on le fait paſſer ſans le recuire par quelques trous de la filiere. Celui dont on ſe ſert pour les goupilles des claviers, leurs guides, ceux des ſoupapes, les demoiſelles, les pivots des abrégés, les pointes des rateaux, &c. doit être bien écroui ; mais celui qu'on emploie pour garnir les vergettes doit être recuit. Voyez *Recuire.*

Effets. Impreſſion agréable que produit une bonne exécution de la Muſique. Effets dans l'exécution, ſe dit auſſi des agrémens différents, qui ſont l'enſemble de la bonne exécution.

Effiler, ou *effilocher ;* c'eſt détordre ou défaire le tortillement d'une corde, la remettre en filaſſe, *page* 281 , *n.* 775.

Egaliſer les claviers de hauteur & de force, page 394 , *n.* 1045 ; *page* 428 , *n.* 1134. Egaliſer les Jeux à bouche de force & d'harmonie, *page* 437 , *n.* 1150—1153. Egaliſer les Jeux d'anche de force & d'harmonie, *page* 441 , *n.* 1162.

Egueuler un tuyau. C'eſt retrancher quelque partie de ſa levre ſupérieure, enſorte que ſa bouche ſe trouve plus haute, *page* 425 , *n.* 1133, N°. 3—7 ; *page* 435 , *n.* 1148 ; *p.* 436 , *n.* 1149. raccommoder un tuyau trop égueulé, *page* 425 , *n.* 1133 ; *page* 453 , *n.* 1201—1203.

Elévation. C'eſt en fait de deſſein, la repréſentation d'une machine ou d'une piece, ou bâtiment qui a une hauteur quelconque. On la deſſine ſelon cette hauteur.

E 8

HAR

Géométral. C'est un terme dont on se sert en parlant d'un dessein. On dit un plan géométral, une élévation géométrale. Cela veut dire que ce dessein représente la chose, non comme elle paroît à nos yeux, ce qui seroit en perspective, mais comme est en elle-même, avec toutes ses mesures & ses proportions.

Gerçure, signifie la même chose que gélissure ou gélivure. *Voyez* ce mot.

Goder, faire de faux plis. Une peau, un papier, un parchemin mal étendu, où il paroît des rides, qui n'est pas plan, on dit qu'il gode.

Gomme copale, gomme lacque. *Voyez. Vernis.*

Gosiers (les) *de la soufflerie;* ce que c'est, page 122, n. 389—390 : leur construction, page 294, n. 815—816 : leurs proportions, page 307, n. 835—836.

Gouge, Outil de Menuiserie fait en canal. Il en faut de toutes les grandeurs pour la facture de l'Orgue.

Goupille. Ce que c'est, page 105, n. 342. Poser ces Goupilles, page 249, n. 699.

Goussets. On nomme quelquefois ainsi les aînes des soufflets.

Goût, don précieux qu'on ressent mieux qu'on ne peut l'exprimer. Il fait donner de l'intérêt aux moindres choses.

Grand Jeu. C'est le mélange d'un certain nombre des Jeux de l'Orgue, page 523.

Grattoir ou Racloir. Il y en a de trois espèces, page 30, n. 111. Un autre Grattoir, page 23, n. 93.

Grave; (ton) il est opposé à aigu; c'est-à-dire, un ton bas. *Voyez Aigu.*

Graver une chape, y faire des Gravures, page 95, n. 313. Graver d'une façon plus composée, page 98, n. 324. Exécuter ces gravures, p. 188, n. 558—561.

Gravures des Sommiers; ce que c'est, page 85, page 89, n. 294. Les proportions des Gravures, page 153, n. 472—485.

Griffe ou Tourne-à-gauche, page 36, n. 132.

Grille de Sommier, page 89, n. 294 : l'exécuter, page 166, n. 507—712.

Gripper. Il arrive quelquefois que lorsqu'un tuyau d'anche entre fort juste dans son pied, le noyau y frotte si fort dans son intérieur, que l'une & l'autre matiere se raclent & s'enlevent mutuellement. Elles se mordent, pour ainsi dire; c'est ce qui s'appelle *se gripper* ou *gripper.* Il arrive de-là que lorsqu'on a ainsi enfoncé le noyau dans son pied, on ne peut plus l'en retirer sans gâter, & quelquefois sans casser le tuyau. Pour empêcher la matiere de gripper ainsi, on passe légérement un peu de suif autour du noyau, page 364, n. 976.

Guide; c'est une pointe sans tête. Il y a des Guides aux soupapes des sommiers, page 93, n. 307. Poser ces Guides, page 194, n. 594—596. Les Guides des touches des claviers, page 105, n. 340 : les poser, page 252, n. 707. Les guides des pilotes; ce que c'est, page 108, n. 351.

Gutte. (gomme) *Voyez Vernis.*

H

Harmonie. C'est en général un son moëlleux, tendre, net, sonore, brillant, doux, éclatant. Un son qui réunit ces qualités est nécessairement

LAI

agréable. On dit qu'un Orgue ou tuyau est harmonieux. Chaque Jeu doit avoir son Harmonié particuliere ; mais il doit toujours réunir toutes ces qualités, excepté l'éclat à l'égard de certains Jeux. Le Facteur d'Orgue n'est habile qu'autant qu'il a de goût & de connoissance de l'Harmonie ; qu'il la sent, qu'il la discerne bien décidément, page 497, n. 1280.

Hautbois. Jeu de l'Orgue, page 57, n. 202. Figure de ses tuyaux, page 83, n. 284 & 285. Son diapason corrigé, page 476, dans le Supplément aux corrections, &c.

Hauteur de la bouche des tuyaux, est de la plus grande conséquence pour la qualité de l'harmonie, page 342, n. 934; page 353, n. 953; page 426, n. 1131, N°. 3.

Houpe de soie. Voyez Bouchons de soie.

Houssoir. Espece de balai de plumes. On s'en sert pour ôter la poussiere d'une Montre d'Orgue, pour ne pas courir le risque de gâter les tuyaux.

Huile de lin. Voyez Vernis.

I

Jeu d'Orgue. Ce que c'est, page 37, n. 136—205.

Inégalité. Elle a lieu dans l'exécution, sur-tout pour les croches, dont les premieres sont plus longues, & les secondes plus courtes. Quelquefois les noires sont susceptibles de cette Inégalité, ainsi que les doubles croches. Dans ce cas, on les distingue en premieres & secondes.

Instrument pour ôter & remettre les ressorts des soupapes dans les layes des petits sommiers, page 102, n. 330.

Jumelle. Ce que c'est, page, 123, n. 393.

Ivoire. On ne s'en sert presque jamais pour les claviers d'Orgue, à cause qu'il jaunit bien-tôt : on lui préfere les os des jambes de bœufs, page 254. n. 712.

K

Karabé, ou *Succin,* ou *Ambre.* Ce sont différents noms qu'on donne à la même substance. *Voyez Vernis.*

L.

Laiton ou cuivre jaune. C'est du cuivre rouge rendu jaune par la cementation ou le mélange du zinc ou de sa mine, qui est la calamine, ou pierre calaminaire. Le Laiton étant un peu moins sujet au verd-de-gris, & étant plus ferme & plus solide, quoique bien ductile, est préféré au cuivre rouge, pour l'Orgue & pour un grand nombre d'autres Arts. On s'en sert, tiré en fil, pour les ressorts des soupapes, pour garnir les vergettes, &c. on l'emploie pour les anches, les languettes, &c. Le cuivre rouge est difficile à limer, à cause qu'il empâte les limes. Il n'est pas susceptible d'être aussi-bien écroui que le laiton. Il faut observer que le Laiton demande d'être bien ménagé quand il est chaud : il casse très-aisément. Aussi il faut le manier alors bien doucement, & ne pas le faire trop rougir ; car il est plus facile à fondre que le cuivre rouge. Celui-ci se forge à chaud & à froid ; mais on ne peut forger le Laiton qu'à froid. La raison pour laquelle le Laiton

est

FLU

GEN

G

Moufflettes. C'eſt ainſi que pluſieurs Ouvriers nomment les manches des fers à ſouder. Voyez *Manches des fers à ſouder.*

Moule des biſeaux, p. 22, n. 90. Moules des bagues pour les Jeux d'anches. V. *Bagues.*

Moule des noyaux; ſa deſcription & la façon de le faire, p. 24, n96—97. Moule à eſſayer l'étain, p. 23, n. 95.

Moules à rouler les tuyaux, p. 20, n. 80. Moules des pieds, p. 21, n. 81. Moules des Trompettes, p. 21, n. 82. Moule des pieds des Jeux d'anche, p. 21, n. 83.

Mouvement, en termes de Muſique, marque les degrés de vîteſſe ou de lenteur d'une piece. Il doit s'eſtimer par la durée du temps, & non par la quantité des meſures.

Mouvements. On nomme ainſi en général des tringles de bois d'environ un pouce en quarré, qui ſervent à porter le mouvement des tirants juſqu'aux regiſtres des ſommiers. Ces tringles ont preſque toujours un enfourchement à chaque bout, pour les accrocher aux bras des tournants & des balanciers, ou à d'autres tournants.

Moyenne taille. Ce que c'eſt, p. 41, n. 151—155.

Muſique. C'eſt l'art de combiner les ſons d'une maniere agréable à l'oreille.

N

Nazard. Jeu de l'Orgue. Il y en a de pluſieurs eſpeces. Gros Nazard, p. 45, n. 165 : ſon diapaſon, p. 70, n. 246. Les autres Nazards, p. 46, n. 168 : leurs diapaſons, p. 69, n. 242—245.

Noire. Note de Muſique qui vaut deux croches, ou la moitié d'une blanche.

Notage. L'art ou la maniere de noter les cylindres d'Orgue.

Noter un cylindre, c'eſt le marquer au moyen du cadran, & y appliquer les pointes convenables, pour exécuter les airs avec préciſion & agrément, p. 596, n. 1417 : p. 634.

Notes. Caractere dont on ſe ſert pour écrire la Muſique.

Notes. On nomme ainſi ſouvent les pointes dont le cylindre d'Orgue eſt garni.

Notes empruntées. Ce ſont celles qui, dans les agréments, s'écartent, ſoit en deſſus, ſoit en deſſous, de la tenue finale.

Notes vraies, ſont celles qui, dans ces agréments, ſont ſur la même ligne que leur tenue finale.

Noyaux des Jeux d'anche, p. 52, n. 183. Deſcription des noyaux, p. 24, n. 97. Souder les noyaux aux tuyaux, p. 362, n. 973.

Nud d'un bâti. C'eſt proprement la carcaſſe, ou les montants, battants, traverſes & panneaux d'un Buffet d'Orgues ou de toute autre choſe, ſans en conſidérer l'architecture, les cadres, les moulures ni les ornements.

Numéros des anches, p. 369, n. 990—992. Numéros des broches des anches, p. 27, n. 101 : leur uſage, p. 368, n. 986. Numéros des noyaux, Pl. 29. Numéros des trous des Sommiers, p. 181, n. 548 & 549.

O

Octave. C'eſt un ton éloigné d'un autre de 8

degrés, y compris le premier & le dernier. Ainſi on dit l'*Octave en haut*, l'*Octave en bas.* L'Octave ſe dit encore de tous les intervalles qui la compoſent. Dans ce ſens, elle contient 5 intervalles de tons entiers & de deux demi-tons ; & c'eſt l'Octave diatonique. La chromatique contient onze intervalles de demi-ton chacun. On ſe ſert encore du mot Octave en parlant des différentes parties d'un Jeu. On dit dans ce ſens, la premiere, la ſeconde, la troiſieme ou la quatrieme Octave, c'eſt-à-dire, les douze premiers ou plus grands tuyaux d'un Jeu : les douze ſuivants ſont la ſeconde Octave, &c. Le terme d'Octave ſert encore à déſigner les différentes parties d'un clavier : ainſi quand on dit la premiere Octave, cela veut dire les douze premieres touches à gauche, &c.

Octavier, parler une Octave plus haut. Les tuyaux à bouche ſont ſujets à octavier, c'eſt-à-dire, à parler une Octave plus haut que leur ton naturel à leur portée. C'eſt toujours un grand défaut. Moyen d'y remédier, p. 426—427.

Offuſquer. On dit que des tuyaux à bouche ſont offuſqués, lorſqu'ils ſont trop près les uns des autres. Les tuyaux offuſqués ne peuvent jamais parler dans leur bonne harmonie.

Ordures. Ce ſont de petits corps étrangers, qui s'arrêtent aux ſoupapes, & qui, les tenant entr'ouvertes, cauſent des cornements. Elles ſont encore bien du dégât dans les Jeux d'anches, &c.

Oreille (l') s'entend de la ſenſibilité de l'ouie pour la juſteſſe des ſons.

Oreilles. Sont deux petites lames de plomb flexibles, qu'on ſoude toujours aux deux côtés de la bouche des tuyaux bouchés, & quelquefois de ceux qui ſont ouverts, p. 42, n. 152 : les ſouder, p. 357, n. 964.

Organiſation; c'eſt l'art d'ajuſter un ou pluſieurs jeux d'Orgue à un Clavecin, à un forté-Piano, à une Vielle, &c. Organiſer, c'eſt exécuter cette organiſation.

Organiſation d'un forté-Piano, n. 1459—1473.

Organiſation d'un Clavecin, p. 640, n. 1474—1481.

Organiſation de la Vielle, p. 643, n. 1482—1485.

Organiſte. C'eſt l'Artiſte qui touche l'Orgue.

Orgue. C'eſt le plus grand, le plus étendu, le plus majeſtueux, le plus ingénieux & le principal de tous les inſtruments de Muſique, qui les imite tous. On nomme auſſi Orgue l'endroit où il eſt placé ; ainſi l'on dit, il eſt à l'Orgue, pour dire il eſt à la tribune où eſt placé l'Orgue.

Orgue de Chambre ou *de Concert.* Voyez *Chambre.*

Orgue en table ſimple, page 558, n. 1325—1331.

Orgue en table à deux Jeux, p. 560, n. 1332—1337.

Orgue à cylindre, p. 563, n. 1338—1405.

Os (les) *des claviers.* Les blanchir, p. 250, n. 701. Les travailler & les coller, p. 249, n. 700.—702.

Oſiers (les) *des bourſettes*, p. 95, n. 315. Les faire & les poſer, p. 202, n. 605—606.

Outrer, ſe dit d'un tuyau qui parle plus fort que ſa portée ne demande, & qui ſort de ſon harmonie.

MAR

est si caffant lorfqu'il eft chaud, eft qu'étant intimement uni avec le zinc, les molécules de celui-ci deviennent liquides, & reftent dans cet état tant que le laiton eft chaud jufqu'à un certain point, quoiqu'il ne paroiffe pas rouge. Tant que le zinc refte liquide, ou prefque liquide, il tient les parties du cuivre défunies, & en empêche la parfaite adhérence. Dans cet état, le laiton fe caffe même par fon propre poids : mais lorfqu'il eft refroidi, les molécules du zinc deviennent folides, & foudent, pour ainfi dire, entr'elles celles de cuivre, & en font un feul & unique métal.

Laminoir, (le) eft une machine au moyen de laquelle on applatit le fil de fer & de laiton pour en faire les pointes, dont on garnit le cylindre d'Orgue lorfqu'on le note, *page 593, n. 1406—1409.*

Langue. Voyez *Coup de langue.*

Languettes. Ce que c'eft, page 52, n. 183—186 : les faire, les choifir & les pofer, *page 374, n. 1001—1007.*

Langueyer un Jeu, c'eft le garnir des languettes. Voyez *Languettes.*

Larigot. Jeu de l'Orgue, *page 47, n. 172 :* fon diapafon, *page 71, n. 250.*

Laye (la) *d'un Sommier.* Ce que c'eft, *page 85*, vers le commencement du Chapitre 6, *page 93, n. 305 & 306; page 95, n. 313—316.* Exécuter toutes les pieces qui compofent la laye, *page 194, n. 580—621.*

Levier; ce que c'eft, *page 3 & fuiv. n. 1—20.* On fait un grand ufage du levier dans toutes les parties du mécanifme de l'Orgue; c'eft pourquoi il eft néceffaire de le bien connoître.

Liées; (notes) c'eft-à-dire, qui ont entr'elles un filence très-court. Voyez *Silence.*

Limaçon; ce que c'eft, *page 568, n. 1350; page 369, n. 1353; page 371, n. 1357.*

Lime. Il en faut, de plufieurs façons, & furtout une grande lime à dreffer les anches, *page 28, n. 102.*

Linge chaud; on s'en fert pour coller la peau & le parchemin. Voyez *Coller.*

Lingotier pour la foudure, page 22, n. 88.

Lifiere de drap. On en colle une fur la traverfe antérieure de chaque clavier, pour empêcher que les touches ne faffent du bruit.

Liffer les tables d'étain & d'étoffe, page 332, n. 910.

Lit du chariot; c'eft une eftrade ou charpente fur laquelle marche le chariot d'un grand cylindre, *page 582, n. 1377.*

M

Manche du bruniffoir; comment on le fait, *p. 17, n. 67.* Manches des fers à fouder, *page 22, n. 86.*

Manipulation. C'eft un terme ufité en Chymie & en plufieurs autres Arts. Il fignifie maniere d'opérer.

Manivelle, eft un levier appliqué à l'axe de la vis fans fin dans un Orgue à cylindre. On fait tourner cette manivelle avec la main, & par ce moyen le cylindre.

Marbre à chanfreiner, page 34, n. 120.

Marche, fignifie un certain nombre de tuyaux qu'on fait parler enfemble fur une même touche du clavier : ainfi l'on dit une fourniture à 3, à

MOR

4 ou à 5 tuyaux fur marche; c'eft-à-dire, une fourniture compofée de 3, de 4 ou de 5 tuyaux ou rangées de tuyaux, qui parlent enfemble fur chaque touche du clavier. Dans ce fens, on peut dire auffi que chaque touche du clavier eft une marche. L'expreffion feroit la même, en difant, une fourniture de 3, ou 4, ou 5 tuyaux par touche, ou à 3, à 4 ou 5. rangées tuyaux.

Marche du clavier de Pédale. On nomme plus communément *marches* les touches du clavier de Pédale.

Marques fur le cylindre. Ce font des points qu'on trace fur le cylindre, à mefure qu'on fait parcourir, par la manivelle, les différentes divifions du cadran à l'aiguille de carton. On appuie un peu fur la touche du clavier. C'eft fur ces marques qu'on place les pointes convenables pour le notage.

Marteau à forger les tables d'étain & d'étoffe. Voyez *Maffe à forger.*

Martellement, Agrément; efpece de cadence de deux ou trois modules au commencement d'une note.

Maffe à forger, page 16, n. 60.

Meche de villebrequin, page 28, n. 107—109.

Mélanges des jeux de l'Orgue, page 523—536, n. 1292—1293.

Mélodie, veut dire une heureufe & agréable fuite de fons qui forment un chant qui plaît. Il ne faut pas confondre le terme de Mélodie avec le mot Harmonie. Celui-ci fignifie un fon agréable, ou l'art de la combinaifon de plufieurs fons enfemble. Cependant on prend bien fouvent l'un pour l'autre. On dit *une voix mélodieufe*, pour dire voix *harmonieufe.*

Menue taille. Ce que c'eft, *p. 41, n. 151—155.*

Mefure. Divifion de la durée du temps en parties égales, pour défigner le mouvement dans une piece de Mufique.

Mefures des porte-vents, (regles pour les) *page 295, n. 817—825.* Mefures pour les Sommiers. Comme ces Mefures font en grand nombre, *voyez* les pages *152—210.*

Modules des cadences ou autres agréments, s'entend des petites articulations, dont la réunion conftitue l'effet des cadences. Ils font comme de petites mefures auxquelles toutes les autres fe rapportent. Chaque module vaut à peu-près une triple-croche.

Moëlleux. Voyez *Harmonie.*

Montants. Ce font des pieces de bois verticales dans un affemblage de Menuiferie, autres que celles qui terminent un ouvrage. Celles-ci s'appellent ordinairement *battants.* Ces pieces portent toujours les mortaifes. Il y a des montants de fer, de cuivre, &c. dans différentes machines.

Monter les tuyaux; c'eft en fouder le pied avec le corps. Monter les grands tuyaux de la Montre, *p. 345, n. 941.* Les autres tuyaux, *p. 355, n. 959.*

Montre d'un Orgue. Ce font les tuyaux qui en rempliffent la façade. Leur conftruction, *p. 826, n. 897—945.* Defcription des tuyaux de la Montre de l'Orgue de la Cathédrale de Béziers, *p. 347, n. 946.* Maniere de vernir en blanc ou en couleur d'or les tuyaux de la Montre. Voyez *Vernis.*

Mortaife. C'eft une ouverture, ou une entaille qu'on fait dans une piece de bois, ou de quelque métal, pour recevoir un tenon : c'eft ce qu'on nomme *affemblage.*

en équerre. Elles fervent à arrêter l'accrochement des mouvements à leurs bras refpectifs. Ces goupilles font appellées *pioches*, à caufe de leur pli, qui les fait reffembler en quelque maniere, & bien en petit, à une pioche à travailler la terre, *page* 118, *n.* 378—379.

Piquer le cylindre. Cette opération fe fait après qu'il eft marqué. C'eft en préparant les petits trous avec une aiguille applatie, pour y mettre les pointes.

Pivot. C'eft en général un bout arrondi de fer, ou de cuivre, ou de bois, qui eft cylindrique. Il eft joint à une piece quelconque, pour que, par fon moyen, elle tourne fur elle-même. Ainfi l'on dit, les pivots des rouleaux d'abrégé, des tournants, &c. Lorfque ces pivots font un peu gros, on les nomme fouvent des boulons, des axes, des tourillons, comme ceux des bafcules des foufflets. Voyez *Abrégés*, *Bafcules des foufflets*.

Plan. C'eft un deffein qui repréfente une machine dans toutes fes dimenfions, felon la figure qu'elle fait fur la terre, faifant abftraction de fon élévation : c'eft alors un plan géométral. Il y a auffi le plan perfpectif. V. *Perfpective*.

Plan fignifie encore une furface unie & droite en tout fens.

Plan incliné. C'eft l'inclination ou la pente du bec des touches d'un clavier de cylindre, en forme de chanfrein, afin qu'il puiffe glifer fur les pointes.

Planche d'étain ou d'étoffe, pour dire tables d'étain ou d'étoffe. V. *Fondre*.

Planches percées, p. 404, *n.* 1074—1075.

Plaquer les claviers; p. 249, *n.* 700—702. Nous y avons dit de mettre un linge double fur le placage nouvellement collé, & un fort foliveau par deffus.

☞ Il fera encore mieux d'avoir un linge fort, en forme de poche bien coufue. On y mettra du fable fin en dedans en une fuffifante quantité, pour que cette poche étant applatie, devienne auffi large que le placage, & faffe en même-temps une épaiffeur au moins d'un doigt ou d'un pouce remplie de fable. On appliquera fur le placage un papier, & par-deffus cette poche, dont on égalifera le mieux qu'on pourra l'épaiffeur. On mettra par-deffus tout le foliveau, qu'on preffera comme il a été dit. Cette maniere de preffer le placage eft en ufage parmi les Ebéniftes.

Platte-face; partie d'un Buffet d'Orgue, *page* 87, *n.* 287. Comment on fait quelquefois les tuyaux de Montre pour les platte-faces, p. 346. *n.* 943—945. Comment on fait les croiffants pour les affujettir à leur place, p. 414, *n.* 1102. Arranger la plinthe pour pofer ces tuyaux *n.* 1110.

Plein Jeu. C'eft le mélange d'un certain nombre de Jeux de l'Orgue, *page* 523.

Plier, ou *ployer les tuyaux pour les fouder*. V. *Rouler*.

Plinthes. (les) Ce que c'eft, *page* 414, *n.* 1103; *page* 415, *n.* 1108—1110.

Plis des foufflets, *page* 121, *n.* 385. Inconvénients d'un trop grand nombre de plis, *page* 273, *n.* 756; *page* 274, *n.* 759 : les faire, les doubler, les affembler, les recaler, les brider, les pofer dans le foufflet, *page* 282, *n.* 778—797. Il eft des cas où on les fait en carton doublé de parchemin en dedans & de peau en dehors. On les fait ainfi pour des foufflets en lanterne, afin que ces plis foient plus légers ; mais on ne

le pratique que pour de petits foufflets. Voyez *l'Organifation du Piano-forté*, & *celle du Clavecin*.

Plomb. Celui d'Angleterre eft le meilleur pour l'Orgue. On fait les bifeaux de plomb pur. On fe fert du plomb pour compofer l'étoffe. Voyez *Etoffe*. On en emploie dans la compofition de la foudure. Voyez *Soudure*.

Ployer les tuyaux pour les fouder. V. *Rouler*.

Poids des tuyaux. Des principaux tuyaux de la Montre, *page* 349, *n.* 947. Poids de plufieurs autres Jeux à bouche, *page* 358, *n.* 966. Poids du Cromorne, *page* 366, *n.* 980. De la Voix humaine, *page* 379. Poids de chaque tuyau des autres Jeux d'anche coniques, *page* 378 *n.* 1008. Poids qu'il convient de mettre fur les foufflets, *page* 384, *n.* 1018.

Pointe à gratter, *page* 22, *n.* 87 : fon ufage, *page* 240, *n.* 931.

Pointe à faire parler les tuyaux, *page* 36, *n.* 131 : fon ufage, p. 438, *n.* 1053.

Pointe à percer : la faire, *page* 249, *n.* 699. *Pointe à faire les trous au cylindre*, *page* 595, *n.* 1414.

Pointe de fil de fer à tête, dont on fe fert pour clouer la table du fommier fur la grille, & à quantité d'autres ufages dans la facture, *page* 90, *n.* 295 : les pofer, p. 168, *n.* 513; p. 170, *n.* 515—518.

Pointes fans tête. Ce font les guides des foupapes des touches des claviers. On en garnit les râteaux. Elles fervent à beaucoup d'autres ufages. Elles doivent être toutes en laiton.

Pointes du cylindre : elles paffent fucceffivement au-deffous des becs des touches, les font lever, & par-là elles font ouvrir les foupapes. Il y a beaucoup d'art à pofer ces pointes, pour qu'un air foit joué avec régularité & précifion.

Polir le bruniffoir. Voyez *Bruniffoir*.

Polir le placage des claviers, *page* 253, *n.* 711. Ajoutez à la fin de N°. Il y en a qui préferent au tripoli, le charbon de bois tendre en poudre très-fine, avec de l'huile.

Polir les tuyaux de Montre, *page* 337, *n.* 920—923. Repolir les anciens tuyaux de Montre, *page* 452, *n.* 1199.

Pommettes, *page* 119, *n.* 379.

Ponce. (pierre) C'eft une efpece de pierre fort légere & fpongieufe, qu'on croit être rendue telle par des volcans ou autres feux fouterreins. Ce qui le fait ainfi conjecturer, c'eft qu'on en trouve beaucoup aux environs des Monts Véfuve & Gibel. On en voit fouvent nager fur la mer, près du volcan de S. Nicolas, une des Ifles du Cap-Vert. On s'en fert pour ratiffer la peau, dont le grand nombre de Facteurs doublent les regiftres, pour en ôter la partie la plus mobile du duvet, & pour en égalifer l'épaiffeur.

☞ Il y en a qui ne fe fervent point pour cet effet de la Pierre-ponce ; mais ils font un outil fingulier qu'ils appellent *rabot*, parce qu'il en fait la fonction. Ils appliquent avec une broffe fur une petite planche de bois d'un pied de long, une couche de colle-forte, & tout de fuite ils tamifent par-deffus du verre pilé, & ils renverfent la planche ; auffi-tôt tout le verre fuperflu tombe. Quand la colle eft bien feche, ils rabotent la peau avec cette planche, dont le verre égalife & enleve le duvet fuperflu de la peau. Ils font ordinairement deux rabots de cette efpece ; l'un fur lequel ils

répandent

P

Paillon de soudure. C'est une petite parcelle de soudure d'argent. V. *Souder en argent.*

Palettes : on nomme ainsi les touches d'un clavier, autres que les feintes. Un clavier est composé de palettes & de feintes, & on nomme touches les unes & les autres.

Panneau des claviers. Voyez *Claviers.*

Pantouffle. C'est ainsi qu'on nomme le levier saillant sur lequel on met le pied lorsqu'on souffle soi-même, en touchant un petit Orgue.

Parchemin. Peau de mouton, préparée de façon à la rendre propre à écrire dessus. On en fait un grand usage dans l'Orgue, sur-tout pour tout l'intérieur des soufflets & des porte-vents. On en emploie aux sommiers. Maniere de le coller, p. 194, n. 580—585.

Parler (faire) les tuyaux à bouche, p. 425; n. 1133; p. 435, n. 1148—1153. Faire parler les Jeux d'anche, p. 438, n. 1154—1172.

Partie ; c'est le nom de chaque voix, ou mélodie séparée, dont la réunion forme le concert. Il faut noter sur le cylindre les parties l'une après l'autre.

Partition. Faire la partition, qu'on nomme autrement *tempéremment*, p. 428, n. 1135—1145.

Patron des anches, p. 367, n. 984. Patron des pieds des Jeux d'anche, p. 363, n. 974—976. Patrons des différentes pieces de peau pour les soufflets, p. 286, n. 790; p. 288, n. 799, p. 289, n. 802—803.

Peau blanche de mouton. Voyez *Cuir.*

Pédales. On nomme ainsi tous les Jeux qui correspondent au clavier de Pédale, ou qu'on joue avec les pieds. Voyez *Clavier de Pédale.* Tous les Jeux qu'on met à la Pédale sont de plus grosse taille que les autres Jeux semblables, & on leur donne ordinairement plus d'étendue dans les Basses. Voyez quels sont les Jeux à bouche qu'on peut mettre à la Pédale, p. 44, n. 158—171. Quels sont les Jeux d'anche qu'on peut mettre à la Pédale, p. 44, n. 158—171. Quels sont les Jeux d'anche qu'on peut mettre à la Pédale p. 55. n. 197—199. Construction d'un fort grand Sommier pour la Pédale, p. 215, n. 642—649.

Pédales séparées ; ce sont les Pédales ordinaires qui ont leurs tuyaux exprès & particuliers. On se sert de ce terme pour les distinguer de ces Pédales qui tirent les touches des Basses d'un des claviers à la main : cette seconde espece se nomme *tirasse.*

Peigne. (ajouter les registres, les vergettes en) Ce que c'est, & comment se fait cette opération, p. 395, n. 1046. Ajouter un registre cassé, p. 456, n. 1210.

Peigne. (tuyaux en peigne) Ce que c'est, & comment se fait cette construction. p. 573, n. 1361.

Peinture d'un Buffet d'Orgue. Lorsque le bois n'est pas beau, on y passe deux couches de peinture à l'huile, avec un vernis par dessus; ce qui conserve beaucoup le bois. Voyez *Vernis.*

Pendules. On nomme ainsi quelquefois les demoiselles. Voyez *Demoiselles.*

Percer, (chevalet à percer,) p. 264, n. 735. Pointe ordinaire à percer, p. 249, n. 699. Pointe à percer le cylindre qu'on note pour y ficher les pointes dont on le garnit, p. 595, n. 1414.

Perspective. Terme de dessein. C'est la représentation d'un objet tel qu'il paroît à nos yeux, selon la différence que l'éloignement & la position apportent. Il y a certaines parties de l'objet qui sont raccourcies, d'autres qui sont allongées, selon que les regles de cet Art l'exigent, pour faire une véritable illusion aux yeux. Quoique cette maniere de dessiner contienne beaucoup d'avantages, cependant elle n'est point propre à donner les justes mesures de chaquepartie de la chose représentée, à moins qu'il n'y eût une échelle perspective ; mais comme peu de gens sauroient s'en servir, on l'omet ordinairement.

Pertes de vents. Il faut être fort soigneux de les réparer, tant à la soufflerie, qu'aux porte-vents & aux layes.

Peser les Jeux, pour connoître s'ils sont étoffés comme ils doivent l'être. Voyez *Poids des Jeux.*

Phrase de Musique, suite de chant ou d'harmonie, qui forme, sans interruption, un sens plus ou moins achevé.

Piano-forté. Nous ne parlons de cet instrument qu'à l'occasion de son organisation. Voyez *Organisation du Piano-forté.*

Piece de Musique. Ouvrage d'une certaine étendue, fait pour être exécuté de suite.

Pieces gravées. En faire pour porter le vent aux tuyaux de la Montre, & à d'autre tuyaux postés, page 419, n. 1120—1121. Pieces gravées des Cornets, page 476, aux corrections & additions de la seconde partie : les poser, p. 388, n. 1028.

Pieds des tuyaux à bouche, page 37, n. 138. Pieds des Jeux d'anche, page 54, n. 189—196. Construction des pieds des tuyaux de Montre, page 335, n. 918—919 ; p. 343, n. 936. Construction des pieds des autres tuyaux à bouche, page 351, n. 949—950. Construction des pieds des Jeux d'anche, page 363, n. 974—976. Pieds de bois pour les bombardes de bois, page 365, n. 978. Pieds de bois pour les tuyaux de bois, page 308, n. 850 & 853.

Pieds des faux-Sommiers, page 99, n. 327 : les faire & les poser, page 422, n. 1128.

Pignon. C'est une petite roue, ordinairement d'acier, qui engrene dans une plus grande.

Pilotes. Ce sont de petites tringles de bois, qui transmettent le mouvement des touches du clavier du Positif, aux bascules qui forment l'éventail, & de-là aux soupapes de son sommier, p. 108, n. 351 : les faire & les poser, p. 402, n. 1067—1070. On nomme quelquefois les tournants, *pilotes tournants.*

Pilotins. Ce sont de très-courtes petites baguettes de bois, & quelquefois de cuivre, qui servent à lever les soupapes d'un sommier du Positif, & bien souvent de l'Echo, page 104, n. 337 : les faire & les poser, p. 213, n. 637 & 638. Faire ces Pilotins à la filiere. Voyez *Filiere.*

Pincé. Agrément. Il se fait en battant alternativement le son de la note vraie ou écrite, & la note empruntée inférieure ou au-dessous, en commençant & en finissant par la note vraie.

Pincette à bec, ou *Pince à bec*, p. 28, n. 103 & 104.

Pincettes droites, courbes, pour manier les pointes d'un cylindre d'Orgue, page 595, n. 1413.

Pincettes graduées, page 595, n. 1411.

Pioches. Ce sont des clavettes ou goupilles d'assez gros fil de fer, dont un bout est replié

R

Rabat. On nomme ainſi des pieces de peau, qu'on colle au petit bout des plis des côtés d'un ſoufflet, *page* 286, *n.* 790—791.

Rable, eſt un uſtenſile, ordinairement de bois, dont on ſe ſert pour jetter en tables l'étain & l'étoffe. Il y en de pluſieurs façons, *page* 319, *n.* 881 ; *p.* 323 ; *n.* 890—891, où l'on décrit celui d'une troiſieme eſpece : ſon uſage, *p.* 325, *n.* 895.

Rabot pour l'étain, page 18, *n.* 71. Pour le plomb, *page* 18, *n.* 72.

Raboter l'étain, *p.* 326, *n.* 920—921. Raboter l'étoffe ou le plomb, *page* 351, *n.* 950.

Racine quarrée. (extraction de la) Voyez notes des pages 299 & 300.

Racloir, page 23, *n.* 93 : Son uſage 337, *n.* 922.

Râlement d'un tuyau d'anche. On dit qu'un tuyau râle lorſqu'il ne parle pas net, qu'il a un ſon enroué, déſagréable, *page* 440, *n.* 1160.

Rallonger ou *ajouter un tuyau de Trompette, page* 441, *n.* 1163. Voyez *Ajouter un regiſtre, une vergette.*

Rangée de tuyaux ; c'eſt ordinairement un Jeu ſimple. On parle plus particuliérement de rangée, lorſqu'il s'agit des fournitures & des Cymbales, *page* 41, *n.* 150 ; *page* 47, *n.* 173—176 ; *page* 357, *n.* 965.

Rapes en bois, page 28, *n.* 106.

Raſette. Ce que c'eſt, *page* 53, *n.* 186 : les faire, *page* 376, *n.* 1006.

Rateau. C'eſt ordinairement une tringle de bois, le long de laquelle on fiche un nombre de pointes, pour ſervir de guides à des baſcules. On met un rateau au Poſitif, & bien ſouvent à l'Echo, &c. *page* 103, *n.* 335. Faire un rateau, *page* 401, *n.* 1063—1066.

Ratiſſoire, page 37, *n.*153.

Ravalement. On déſigne par ce terme les touches d'un clavier à la main, qui ſont ajoutées au-delà des quatre octaves ordinaires, ſoit dans les Deſſus, ſoit dans les Baſſes ; mais on entend le plus ſouvent l'étendue des Baſſes, plus bas que le premier *C ſol ut*, ſoit aux Pédales, ſoit aux claviers à la main. On dit un ravalement de Pédale juſqu'en *A mi la*, juſqu'en *G ré ſol*, juſqu'en *F ut fa.* Il eſt fort rare qu'on mette de ravalement en haut ni en bas, aux claviers à la main.

Recaler, c'eſt donner le dernier ajuſtage à une mortaiſe, à un tenon, à un angle, &c. pour qu'un aſſemblage ſoit bien juſte, qu'il joigne bien, & qu'il ſoit propre.

Récapitulation des Diapaſons des tuyaux à bouche, page 77, *n.* 266.

Recuire les lames de laiton pour les anches ; c'eſt les faire rougir un peu, & les laiſſer refroidir, *page* 368, *n.* 985. On recuit de même le fil de laiton. Si on le trouve trop gros, on peut le rendre plus menu en le tirant à force ſans filiere, étant recuit. Dans ce cas, ſi on le veut bien doux, il faut le recuire encore, parce qu'en le tirant, il s'allonge & s'écrouit.

Recuire ſignifie encore, faire devenir bleu ou jaune un outil qu'on aura trempé, *page* 249, *n.* 699. Si l'on veut tremper un outil tranchant, comme un ciſeau, un fer de rabot, on ne le recuit ſeulement que juſqu'à ce qu'il devienne jaune ou couleur d'or.

Régale. Ancien Jeu de l'Orgue, qui n'eſt plus guere d'uſage qu'aux Orgues en tables, *page* 57, *n.* 204. Sa figure, *page* 55, *n.* 196.

Regiſtres (les) ſont des regles de bois qui ſont partie d'un Sommier, & dont la fonction eſt d'ouvrir ou de fermer le vent aux Jeux de l'Orgue, *page* 91, *n.* 299 & 300 : leur fonction, *page* 96, *n.* 318—320 ; *page*, 99 *n.* 327—329. Comment ſe font les Regiſtres ; avec une Diſſertation, s'il eſt mieux ou non de les doubler de peau, *page* 75, *n.* 529—539 : les tirer à la filiere. V. *Filiere.*

Regles des claviers à la main ; comment on en fait les diviſions, *page* 246, *n.* 692.

Regle d'un clavier de Pédale, page 256, *n.* 716.

Regle d'un Sommier, page 163, *n.* 497—503. Regle de grand Sommier pour un petit 32 pieds, *page* 231, *n.* 673. Regle de grand Sommier pour un 16 pieds, *page* 233, *n.* 674 : pour un 16 pieds ſans bombarde, *page* 234, *n.* 675—677 : pour un grand 8 pieds, *page* 236, *n.* 678 : pour un petit 8 pieds, *page* 237, *n.* 680 : pour un 8 pieds avec le Poſitif ſur le même Sommier, ce qui fait un Sommier double, *page* 238, *n.* 681 : pour un Poſitif ordinaire de 8 pieds, *page* 239, *n.* 682 & 683 : pour un Poſitif de 4 pieds, avec un autre plus petit, *page* 241, *n.* 684 & 685.

Regle à dreſſer les tuyaux pour les bien ſouder, page 352, *n.* 951.

Regle pour les groſſeurs des porte-vents. Voyez *Porte-vents.*

Regle pour la grandeur & le nombre des ſoufflets pour un Orgue quelconque, page 300, *n.* 827.

Relever les écuſſons pour des tuyaux de Montre, page 342, *n.* 933, 934, 936.

Relever un Orgue, *p.* 450, *n.* 1193—1225.

Remonter les ſoufflets en cuir neuf, page 451, *n.* 1195.

Remontoir ; ce que c'eſt, *page* 568, 1349—1352.

Rentrant. (angle) On dit angle rentrant, plis rentrants d'un ſoufflet. Ce ſont ceux qui ſont des angles qui regardent le dedans du ſoufflet.

Renvoi. Les pieces de Muſique doivent être notées ſans renvoi ſur le papier, avant que de les noter ſur le cylindre.

Reperes des Regiſtres, *p.* 97, *n.* 320 ; *page* 99, *n.* 327. Comment on met ces reperes de pluſieurs façons, *page* 191, *n.* 570—572.

Replanir. C'eſt donner le dernier fini à un ouvrage de Menuiſerie, avec le rabot & le ciſeau. On acheve ainſi de le bien affleurer, bien dreſſer, bien unir, le mettre en un mot dans toute la propreté dont il eſt ſuſceptible.

Repolir les tuyaux de Montre. Voyez *Polir les tuyaux de Montre.*

Repos ; (en Muſique) c'eſt la terminaiſon d'une phraſe ou d'une repriſe. Il exige un ſilence d'environ la valeur d'une noire, ou au moins d'une croche pointée.

Repouſſoir, page 90, *n.* 297 ; *page* 171, *n.* 518. Repouſſoir pour égaliſer les pointes d'un cylindre, *page* 595, *n.* 1414.

Repriſe. Toute partie de l'air qui ſe répete, doit être écrite tout au long pour le notage des cylindre.

Repriſes des Fournitures & des Cymbales, page 47, *n.* 173—175.

POS

répandent du verre pilé moins fin que celui de l'autre. Ils ébauchent avec le premier, & finissent avec le second : cet outil fait fort bien son effet.

Ponts. Ce que c'est, *page* 414, *n.* 1103, où il s'agit des ponts pour les tuyaux de Montre, *page* 416, *n.* 1111. Il y a plusieurs autres especes de ponts, *page* 423, *n.* 1129.

Ponts. Ce sont (pour les cylindres d'Orgue) les pointes prolongées en forme de ponts, ou de petits crampons pour les tenues considérables.

Pores du bois, de la peau blanche, &c. Ce sont des trous ou des ouvertures imperceptibles, dont sont parsemés le bois, les peaux, le parchemin, au travers desquels le vent filtre & se perd. On fait tout ce qu'on peut pour boucher au moins en partie ces pores, en doublant en parchemin collé avec la colle-forte, en mettant double peau, &c. à tout ce qui contient le vent dans l'Orgue, comme les soufflets, les porte-vents de bois, les layes des sommiers, &c. on encolle les gravures des sommiers pour la même fin. On refait même les doublures de parchemin après un certain temps pour les raisons données, *page* 451, *n.* 1196 & 1197.

Port-de-voix ; agrément, dont le commencement est une tenue considérable sur la note empruntée : il se termine par une petite tenue sur la note vraie.

Porte-vents. Il y en a de deux especes. Ceux qu'on nomme grands Porte-vents de bois, qui amenent le vent aux sommiers ; & les petits Porte-vents qui conduisent le vent aux tuyaux de la montre, & à tous ceux qui sont postés. Il y a des regles pour déterminer la grosseur & la capacité des grands Porte-vents, *page* 297, *n.* 824—826. Ajuster & poser les grands Porte-vents, *page* 389, *n.* 1032—1036. Principes au sujet de ces Porte-vents, *page* 295, *n.* 817—823. Faire les Porte-vents d'étoffe, & déterminer leurs grosseurs respectives, *page* 417, *n.* 1113—1114 : les faire, les couper, les souder & les poser, *page* 417, *n.* 1115—1121.

Porte-vent élastique. Ce que c'est, *page* 552, *n.* 1313—1314.

Poser toutes les machines de l'Orgue. Voyez le nom de chaque machine en particulier.

Positif. On nomme ainsi un Buffet d'Orgue, plus petit & séparé du grand Buffet. Il est posé sur le devant. Le nombre & la qualité de presque tous ses Jeux est moindre. Quelquefois le Positif n'est point posé séparément dans un Buffet particulier sur le devant du grand Orgue. On le met ou dans le soubassement du grand Buffet, ou sur le grand sommier même, qu'on fait double à cet effet ; ou encore, on en place le sommier particulier au même niveau du grand sommier : mais il a toujours son clavier particulier, ainsi que son abrégé, &c. Regle pour un sommier double, pour y faire jouer les Jeux du Positif aussi-bien que ceux du grand Orgue, *page* 238, *n.* 681. Regles de plusieurs sommiers de Positif, *page* 239, *n.* 682—685. Devis des Jeux convenables dans plusieurs especes de Positifs plus ou moins considérables, *pages* 485 & 486.... 491.... Un autre, *ibid.* 491.... 492....493.... Un autre, *ibid.* 493.... Un autre, *ibid.* 493.... 494.... 495.... Un autre, *ibid.* 495.... 496.

Poster les tuyaux, c'est les faire jouer ailleurs

QUI

qu'à leur place naturelle sur le sommier. Tous les tuyaux de la Montre sont postés ; ceux des Cornets, presque tous les tuyaux de bois, & bien d'autres qu'on ne peut poser sur leur vent, c'est-à-dire, sur leur trou respectif du sommier, *page* 100, *n.* 328 ; *page* 419, *n.* 1120—1122.

Pot-au-blanc, *page* 21, *n.* 84.

Pot-à-colle, *page* 34, *n.* 117.

Potée. C'est de l'étain calciné & réduit en poudre très-fine. On s'en sert pour repolir le brunissoir. Il y en a aussi qui en font usage pour donner le dernier lustre aux tuyaux d'une montre d'Orgue.

Poulies, pour faire jouer une soufflerie. Voyez les Principes théoriques de cette machine, *p.* 9, *n.* 28—32 : leur usage dans une soufflerie, *p.* 384, *n.* 1017.

Prêle ; c'est une plante, autrement nommée *queue de cheval,* dont les tiges sont rondes, creuses & rudes en dehors. On se sert de la grosse prêle pour adoucir le bois, les os, l'ivoire, l'ébène, &c. pour le placage des claviers, & pour les préparer à recevoir le lustre convenable. On ne fait aucun usage de la petite prêle pour polir.

Prestant. Jeu de l'Orgue, *p.* 39, *n.* 142 : son diapason, *p.* 68, *n.* 234.

Principaux tuyaux d'une Montre ; ce que c'est, *p.* 329, *n.* 902.

Prix ou *estimation de toutes les pieces & Jeux l'Orgue,* *page* 465, *n.* 1238—1258.

Profil, terme de Dessinateur. C'est la représentation d'une chose vue de côté, pour en faire sentir les enfoncements & les saillies. Profil signifie encore la simple délinéation des moulures, des corniches, des cadres, &c. On dit dans ce sens, un beau profil, c'est-à-dire, des moulures bien formées, bien ordonnées, de bon goût, &c. Ce qu'on appelle bien profiler, veut dire que les moulures s'accordent parfaitement ensemble dans les retours, les ressauts, &c.

Prompt (tuyau) *pour les les jeux à bouche :* c'est toujours une qualité très-nécessaire ; mais les Jeux d'anche peuvent être trop prompts à parler ; c'est alors un grand défaut, *page* 438, *n.* 1154.

Pupitre, c'est une planche de bois pour soutenir un livre devant l'Organiste, *page* 88, *n.* 292.

Q

Quadruple-croche. Note de Musique de la valeur du quart d'une croche. Il en faut 64 pour la valeur d'une ronde. Son exécution n'est possible que dans les airs d'une lenteur excessive.

Quarrer les trous des Sommiers. Voyez *Trous des Sommiers.*

Quarte de Nazard. Jeu de l'Orgue, *page* 46, *n.* 170 : son Diapason, 66, *n.* 225, 226.

Queues des soufflets, *page* 121, *n.* 385. Queues des soupapes. Voyez *Soupapes.*

Quintadiner. On dit d'un tuyau, particuliérement de ceux qui sont bouchés, bien rarement des autres, qu'il quintadine lorsqu'il fait sentir la quinte au-dessus du ton qu'il doit rendre.

Quinte du loup, *p.* 431, *n.* 1137.

Quinte, ou *Nazard* ; c'est la même chose. V. *Nazard.*

SOU

monter le corps d'un tuyau avec son pied lorsqu'il est fort grand, *page* 345, *n.* 940 & 941. Souder les bagues aux Jeux d'anche, *page* 361, *n.* 972 : y souder le noyau, *page* 362, *n.* 973. Souder les écussons aux tuyaux de Montre, *page* 343, *n.* 935 & 936.

☞ *Souder en soudure forte.* J'ai cru faire plaisir à plusieurs Ouvriers ou aux Amateurs de mettre ici cet article, quoiqu'il n'appartienne pas directement à l'Art que nous traitons. Tous les Facteurs d'Orgues n'étant pas établis dans de grandes Villes, se trouvent quelquefois obligés de faire eux-mêmes, faute d'Ouvriers en ce genre, certains instruments, comme leurs Accordoirs, l'Anémometre, & bien d'autres choses. Ces sortes d'instruments, pour être d'un bon service, & pour résister à quantité d'accidents, doivent être soudés en soudure forte. Je vais donc enseigner ici ce que c'est que cette espece de soudure qui est également bonne pour le cuivre rouge.

Il y a deux principales especes de soudure forte. L'une est la soudure d'argent, & l'autre la soudure de cuivre, qu'on nomme autrement *soudure de zinc*, parce que le zinc entre dans sa composition. La soudure d'argent est de cinq sortes, ou de cinq degrés différents. La plus forte, ou pour mieux dire la plus difficile à fondre, (car elles sont toutes également solides) se fait en faisant fondre dans un creuset neuf gros d'argent fin & un gros de bon laiton ; & c'est la soudure au dix. Le second degré est sept gros d'argent avec un gros de laiton ; & c'est la soudure au 8. Le troisieme degré est cinq gros d'argent avec un gros de laiton ; & c'est la soudure au 6. Le quatrieme degré est trois gros d'argent avec un gros de laiton ; c'est la soudure au 4. Le cinquieme degré est deux gros d'argent avec un gros de laiton ; c'est la soudure au tiers.

A mesure qu'on aura composé une soudure, on la versera toute liquide dans une lingotiere de fer ; & lorsqu'elle sera froide, on forgera ce petit lingot, en le faisant recuire plusieurs fois, de peur qu'il ne se crevasse. On le mettra en lame de l'épaisseur à peu-près d'un quart de ligne. Lorsqu'on veut souder, on coupe cette soudure par très-petits morceaux, qu'on appelle *paillons.* Il ne faut pas oublier de marquer sur chaque lame de soudure, son degré.

Toutes ces graduations différentes des soudures ont été imaginées, afin de pouvoir remettre plusieurs fois les pieces au feu pour y souder d'autres morceaux, sans que la soudure des premiers fonde. Sur cela il faut savoir que moins il y a de cuivre dans la soudure d'argent, plus il lui faut de feu pour fondre. Ainsi il faut que le feu soit plus ardent pour fondre la soudure au 10, que pour fondre celle au 8, & ainsi des autres soudures. Il s'ensuit de-là que si l'on ne peut souder toutes ensemble les pieces qui doivent composer un instrument, on n'en soude qu'une partie, mais avec la soudure au 10. On fait tenir ensuite, & l'on attache à l'instrument les autres pieces bien ajustées, & on les soude avec la soudure au 8. Si l'on a d'autre pieces à ajouter au même instrument, on les soude avec la soudure au 6. S'il faut encore remettre au feu, on soude avec la soudure au 4 ; & enfin avec la soudure au tiers, qui est celle qui fond le

SOU

plus facilement. On observe toujours qu'il ne faut pas chauffer plus qu'il ne faut pour fondre la soudure avec laquelle on travaille ; car autrement les soudures précédentes fondroient.

Voici donc comment il faut s'y prendre pour souder en argent. Après qu'on aura bien ajusté ensemble les deux bords ou l'assemblage de deux pieces qu'on veut souder, on les fera tenir ensemble, en les liant, non avec du fil de laiton ou de cuivre rouge, mais avec du fil de fer recuit. On nétoyera l'endroit à souder, soit avec une lime, ou grattoir, ou burin ; on le mouillera avec de l'eau en-dedans & dehors, si cela se peut ; on y mettra de distance en distance des paillons de soudure mouillée. On couvrira le tout avec du borax en poudre ; puis on mettra la piece sur un petit feu, pour faire sécher lentement le borax, qui bouillira fort aisément. Comme cette ébullition est assez véhémente, il arrive quelquefois qu'elle déplace les paillons de soudure, où les fait tomber. Si cela arrive, il faut les remettre promptement à leur place pendant le bouillonnement. Enfin lorsqu'on verra que le borax aura fini de bouillir, qu'il enflera, & qu'il n'y aura aucun dérangement dans la soudure, on retirera la piece. Alors on arrangera le feu pour y faire une place parmi les charbons pour contenir & asseoir la piece qu'on y mettra autant de niveau qu'on pourra, & de sorte que la soudure se trouve de niveau. On couvrira le tout de charbons entiérement, ensorte cependant qu'on y ménage quelque petite ouverture par où on puisse voir la soudure. S'il y a dans la piece quelque endroit pesant qui porte en l'air, on l'appuyera, afin que son poids ne fasse pas casser les endroits qui doivent devenir rouges. On soufflera sur le feu avec un soufflet à main, ou avec un écran. On animera ainsi le feu jusqu'à ce qu'on voye couler la soudure. A cet instant, on cessera de souffler, & on découvrira promptement la piece avec une grande précaution, pour ne pas courir le risque de la casser ; car dans cet état elle est très-cassante. On la retirera du feu bien doucement, en observant de ne pas employer, lorsqu'on veut souder, du charbon qui pétille au feu, parce que les parcelles qui s'en détachent, tombent ordinairement sur la soudure, & la couvrent ; ce qui fait que ne pouvant plus la voir, on court le risque de fondre ou de gâter la piece.

Lorsque la piece sera refroidie, on en ôtera tout le fil de fer, & on la mettra dans un vase ou poële rempli d'une quantité d'eau suffisante pour la bien couvrir. On y mêlera une petite quantité d'eau-forte, ensorte qu'en y trempant le doigt, & l'apliquant sur la langue, on en sente le picotement très-supportable. Ce mélange se nomme *eau-seconde.* Lorsqu'on aura jetté la piece dans le poëlon, on mettra le tout sur le feu, & on en fera bouillir l'eau pendant un demi-quart-d'heure ou environ. On verra alors la piece nette, qui aura déposé tout son noir, & il ne restera plus de borax vitrifié sur la soudure. Si tout le borax n'étoit pas emporté, il faudroit remettre encore un moment de plus la piece à bouillir. Toute cette opération s'appelle *dérocher.*

Si l'on doit remettre l'instrument au feu pour y souder d'autres pieces, on les ajustera, & on les attachera ensemble avec du fil de fer, aussi-bien que celles qui auront déja été soudées auparavant ; &

après

Réservoir du vent. Voyez *Laye.*

Réfine; on s'en fert pour nétoyer & étamer les fers à fouder.

Réfonnance. On dit d'un Bourdon de 4 pieds qu'il réfonne ou fonne 8 pieds. Une Trompette n'a quelquefois que **7** pieds, fi elle eft de menue taille ; on dit cependant qu'elle eft de 8 pieds en réfonnance, ou qu'elle fonne 8 pieds. On peut dire auffi que le Cromorne, qui eft un Jeu de 4 pieds, eft un 8 pieds en réfonnance, ou qu'il réfonne ou fonne 8 pieds. On peut dire de même de la Voix humaine, de la Régale, du Baffon, &c. qui font de petits Jeux, & qui cependant font de 8 pieds en réfonnance, ou fonnent ou réfonnent 8 pieds.

Reffort. (grand) C'eft un long ruban d'acier roulé fur lui-même, qu'on met dans une boîte de cuivre nommée *barillet,* pour fervir de premier moteur dans un mouvement à roues pour la Serinette. Outre ce grand reffort, il y en a de petits , pour pouffer certaines pieces, & produire divers effets.

Refforts des foupapes, page 95, *n.* 314. Les faire, & tout ce qu'il faut obferver à cet égard, *page 203, n.* 610—617 : les pofer, *page 205, n.* 618—621.

Reffort du Tremblant-doux, p. 125, n. 399—401.

Reffort du Tremblant-fort, p. 126, n. 402—404.

Retendoir, page 17, n. 66 : fon ufage, *page 332, n.* 910.

Retendre les tables d'étain & d'étoffe, page 332, n. 909.

Rideaux. On n'en met plus pour couvrir les façades des Orgues. On fait par l'expérience que celles qui en ont ne font pas moins fujettes à la pouffiere que celles qui n'en ont point. Les volets font préjudiciables par leur pefanteur, qui caufe toujours un trémouffement à tout l'inftrument ; ce qui fait dépérir les tuyaux de la Montre & ceux de l'intérieur de même. Il eft beaucoup mieux de ne mettre ni rideaux ni volets, quelque bien fufpendus qu'ils foient.

Rocourt. Voyez *Vernis.*

Ronde; note de Mufique de la valeur de deux blanches, de quatre noires, &c. C'eft la plus longue dont on fe fert ordinairement.

Rouleau d'abrége, page 112, *n.* 363. Les rouleaux trop longs font fujets à un grand inconvénient, *page 261, n.* 726—730.

Rouleaux du laminoir, page 593, n. 1406.

Rouler les tuyaux de Montre pour les fouder, page 338, *n.* 927. Rouler les autres tuyaux, p. 353, *n.* 954.

Roulettes. Ce font de fortes plaques circulaires. Elles font faites de cuivre, & affez petites. On les adapte en plufieurs endroits au-deffous du chariot d'un grand & gros cylindre , pour en faciliter le mouvement, *page 582, n.* 1377.

S

Saffran. Voyez *Vernis.*

Saillie des Anches hors du noyau, page 371, n. 993—998.

Sang de Dragon. Voyez *Vernis.*

Savon. On s'en fert pour adoucir le frottement des regiftres des Sommiers, page 386, *n.* 1022. On en emploie pour brunir les tuyaux de Montre, *page 337, n.* 923.

Sautillement des touches des claviers à la main, Moyen d'éviter ce défaut, page 400, n. 1061.

Sautoir. Ce que c'eft, *page 568, n.* 1350—1353.

Scie à fcier les tuyaux, page 16, *n.* 62. On fe fert de cette fcie, lorfqu'on fait des coupes pour couder des tuyaux d'étain ou d'étoffe, & les petits porte-vents.

Scier les touches des claviers. Voyez *Claviers.*

Secret du vent. Voyez *Laye.*

Séparation des vents. On entend par cette expreffion, une ou plufieurs divifions diftinctes & féparées dans une foufflerie d'un grand Orgue ; enforte qu'une partie des foufflets fournit le vent à certains Sommiers, & l'autre partie le fournit à d'autres Sommiers, fans que ces deux parties de la foufflerie ayent aucune communication enfemble. Cette féparation des vents a été très-ingénieufement imaginée, pour éviter les altérations dans les grandes Orgues. Elle fe fait ordinairement en deux parties ; quelquefois en trois, fi l'Orgue eft fort confidérable. S'il l'eft encore plus, on fait jufqu'à quatre, ou même cinq féparations des vents, *page 232—233* à la fin, *page 301, n.* 828. Exécuter cette féparation des vents, *page 391, n,* 1038—1039.

Serinette. Petit Orgue à cylindre, deftiné à apprendre des airs aux oifeaux, *page 563, n.* 1338 —1347.

Serinette à rouage, à reffort, jouant d'elle-même, *page 567. n.* 1348—1359.

Silence; intervalle muet qu'il faut laiffer entre toutes les notes, & les différentes parties conftitutives des agréments, fans lequel la Mufique n'a aucune articulation.

Silence final, eft celui qui termine les phrafes, les reprifes & les pieces. Il eft ordinairement de la valeur d'une noire.

Silence de coup de langue. Il eft ordinairement de la valeur d'une feconde croche après les croches, & d'une premiere croche après les noires.

Silence de détaché. Sa valeur ordinaire eft d'une premiere double-croche.

Silence d'intervalles des modules. Sa valeur ordinaire eft de la moitié d'un module.

Sommier. Defcription générale des Sommiers de plufieurs efpeces, page 89, *n.* 293—338. Inftructions & conftruction d'un très-grand Sommier, *page 152, n.* 468—628 : d'un Sommier pour un grand Pofitif, *page 210, n.* 629—941 : pour un grand fommier de Pédale, *page 215, n.* 642 —649 : pour un Sommier de Récit, *page 220, n.* 650—653 : pour un fommier d'Echo, *page 223, n.* 654. Réflexions fur tous ces Sommiers, *page 224, n.* 656—672.

Son (le) en général eft tout bruit qui frappe l'oreille. Il s'agit dans l'Orgue du fon comme harmonieux. Voyez *Harmonie.*

Sonner. Voyez *Réfonner.*

Sonnette. On en met ordinairement une à la foufflerie pour avertir le Souffleur, & une qu'on fonne du chœur pour avertir l'Organifte.

Soubaffement; c'eft le maffif ou corps d'en-bas d'un Buffet d'Orgue.

Souder, (maniere de) *page 333, n.* 912—916…. 340, N°. 931 ; *page 353, n.* 954—955. Souder les bifeaux quand ils font grands, *page 344, n.* 938—939 : les fouder lorfqu'ils font petits, *page 354, n.* 257 & 958. Souder &

Tactée. C'est une note dont on n'entend que le commencement, & dont le reste est en silence , pour n'en faire sentir que le tact. Elle vaut ordinairement le quart d'une croche, ou le huitième d'une noire.

Taille. Il y en a de trois especes. On dit un tuyau, un jeu de grosse Taille, de moyenne Taille & de menue Taille, *page* 41, *n.* 151—155. Il y a aussi différentes Tailles pour les Jeux d'anche, *page* 78, *n.* 267—275.

Tailler les Jeux à bouche. Les tuyaux de montre, *page* 335, *n.* 917 : leurs pieds, *page* 335, *n.* 918. Les autres Jeux à bouche, *page* 350, *n.* 948 : leurs pieds, *page* 331, *n.* 950. Tailler les tuyaux coniques ; comme les Bombardes, les Trompettes, les Clairons, *page* 359, *n.* 971: leurs pieds, *page* 363, *n.* 974—975. Un Cromorne, *page* 366, *n.* 980. La Voix humaine, *page* 366, *n.* 981. Le Hautbois, *page* 366 ; *n.* 982. Le Basson. V. *Basson.*

Talons des touches des claviers à la main, page 107, *n.* 358—358 : les faire & les poser, page 251, *n.* 703, 74.

Tamis. V. *Faux-Sommier.*

Tampons. V. *Fermetures des Sommiers.* Tampons. V. *Bouchés*, ou *Tuyaux bouchés.*

Tarauder ; c'est tailler en vis un cylindre, ou bien rendre un trou en vis, pour recevoir une vis: Les Ouvriers disent une vis mâle, une vis femelle, pour exprimer l'une & l'autre.

Tardif. On le dit d'un tuyau quel qu'il soit, lorsqu'il tarde à parler.

Tarieres pointues, page 34, *n.* 122. Tarieres ordinaires, *page* 34, *n.* 123.

Tempérament. Voyez *Partition.*

Temps ; succession des sons, qui ne produit que des effets déterminés , leur durée fixe le caractere de la Musique.

Tenaille à couper. Ce sont des tenailles tranchantes pour couper les pointes tonotechniques , *page* 594, *n.* 1410.

Tenon ; c'est le bout d'une piece de bois, ou de quelque métal, taillé de façon à entrer juste dans une mortaise.

Tenue, en général, est la partie parlante des notes, dont la longueur varie suivant le genre d'expression qui convient à la piece. Elle est déterminée par la longueur des silences nécessaires à l'articulation de la Musique.

Tenue, proprement dite, s'entend de la partie parlante d'une note, dont la longueur excede la valeur d'une tactée.

Tenue simple, est celle qui n'exprime qu'un son, comme sont toutes les tactées & les notes sans agréments.

Tenue composée, est celle qui exprime plusieurs sons alternativement modulés , dont l'ensemble concourt à ne former qu'une seule note, tels que sont tous les agréments.

Tenue finale, est la partie parlante, qui termine tous les agréments.

Terre-mérite ; c'est une espece de racine. Voyez *Vernis.*

Tierce, Jeu de l'Orgue. Il y en a de deux especes, sans y comprendre la grosse & menue-Taille.

Tierce ; (grosse) *page* 46, *n.* 167. Son diapason, *page* 70, *n.* 247—248. Tierce de grosse Taille, *page* 47, *n.* 171. Son diapason, *page*

71, *n.* 249. Tierce de menue Taille ; *page* 71 ; *n.* 249.

Tiers de blanche. Espece de noire, dont la valeur, dans l'exécution, n'est que du tiers d'une blanche.

Tiers de noire. Espece de croche de cette valeur.

Tilleul, est un bois, dont on fait quelquefois des claviers pour de petites Orgues , lorsqu'on veut qu'ils soient plus légers.

Tirages. Ce sont toutes les pieces, comme les vergettes qui servent à faire ouvrir les soupapes en tirant.

Tirants des registres : leur description générale, *page* 118, *n.* 377—383.

Tirasse ; on nomme ainsi un clavier de Pédale, qui tire ou fait baisser seulement les basses des touches du clavier à la main. On fait ordinairement une tirasse dans un petit Orgue où il n'y a point de Pédales séparées.

Tire-bourre. (ressort en) C'est ordinairement celui du Tremblant-fort, *page* 126, *n.* 402. On en fait de plusieurs autres manieres.

Ton de Chapelle, *Ton de l'Opéra*, *page* 432, *n.* 1140.

Tonotechnie. Terme composé du Grec, qui signifie l'art du ton, d'où l'on fait l'art de noter.

Tordre. (les rouleaux de l'abrégé ne doivent point être sujets à se). Explication là-dessus, *page* 261, *n.* 726—730.

Touche. V. *Clavier à la main.*

Tourelles d'un Buffet d'Orgue, *page* 87 , *n.* 287. V. *Buffet d'Orgue.*

Tourillon. C'est un gros pivot. On nomme encore tourillon dans l'abrégé, les petites pieces fixes & percées, dans lesquelles les pivots des rouleaux roulent. On en fait en bois & en laiton, *page* 113, *n.* 363—365. Faire les tourillons de bois, *page* 264, *n.* 733—734. Faire les tourillons en laiton, *page* 265, *n.* 736—737.

Tournants de bois. Ce que c'est, & leur fonction , *page* 118, *n.* 377 & 379 : leur construction, *page* 269, *n.* 748—750. Tournants de fer, *page* 271, *n.* 751—752. La fonction des uns & des autres , *page* 271, *n.* 753.

Tourne-à-gauche. V. *Griffe.*

Trace-bouches. Ce que c'est, & sa construction ; *page* 19, *n.* 77.

Trace-pieds. Ce que c'est, & sa construction, *page* 20, *n.* 78.

Traverse ; c'est une piece de bois, ou de quelque métal qui , dans un assemblage , est ordinairement horisontale, & porte les tenons.

Tremblant-doux, *page* 124, *n.* 397—401.

Tremblant-fort, *page* 126, *n.* 402—404.

Tremblement. Voyez *Cadence.*

Trente-deux pieds : Jeu de l'Orgue, *page* 44 ; *n.* 158 : son diapason, *page* 67, *n.* 231—232.

Treteau des bascules des soufflets, *page* 123, *n.* 392. Maniere de le poser, *p.* 381, *n.* 1012—1014.

Trill. Voyez *Cadence.*

Tringle, est une piece de bois équarrie, longue, platte & étroite. C'est aussi une verge de fer, ou de quelqu'autre métal, qui est ronde ou platte, étroite & mince.

Triple-croche. Note de Musique, dont la valeur est le huitieme d'une noire, le quart d'une croche, & la moitié d'une double-croche.

SOU

après avoir mouillé la pièce, y avoir mis de la
soudure mouillée, l'avoir couverte de borax, &
l'avoir fait sécher, on les soudera comme les
premieres, avec de la soudure d'un degré inférieur.
On dérochera toujours après chaque soudure avec
la même eau-seconde.

☞ On soude avec la soudure de cuivre presque de même, qu'avec celle d'argent ; mais
il faut plus de chaleur pour la fondre. Elle se
vend à Paris 34 sols la livre. Elle est en petits
grains assez semblables à la graine d'oignon : en
voici la composition.

On fera fondre dans un creuset deux livres dix
onces du meilleur laiton bien doux. Lorsqu'il sera
bien liquide, on y jettera quatorze onces de zinc,
qu'on aura mis auparavant sur le bord du fourneau, pendant la fusion du laiton, afin qu'il se
trouve bien chaud, & même tant soit peu rouge : il y
fondra bien vite. On remuera aussi-tôt avec un
bâton de bois, dont on fera auparavant rougir le
bout. On jettera dans le creuset presque de suite,
une once & demie d'étain fin, qui y fondra sur
le champ. On remuera la matiere, pour que le tout
se mêle bien. On retirera promptement le creuset
du feu, afin que le zinc & l'étain ne se calcinent
pas, & on le renversera sur un plan de sable de
Fondeur, faisant en sorte que la matiere s'y trouve
aussi mince qu'il sera possible. On la pilera dans
un mortier de fer, & on la passera par un crible, afin que les grains se trouvent de la grosseur de la graine d'oignon. On aura soin de mettre à part tout ce qui sera plus fin, qu'on séparera
aisément avec un crible plus fin. Toute la partie
de la soudure, qui sera trop fine, sera rejettée.
Tous les Ouvriers, à Paris, se servent de cette
soudure préférablement à celle d'argent, principalement parce que celle-ci coûte soixante fois
plus que celle de cuivre, qui ne coûte que 34
sols la livre.

Lorsqu'on voudra souder avec cette soudure
forte, on en mettra une petite quantité dans un
godet avec de l'eau : on la lavera bien dans deux
eaux ; & étant toute mouillée, on en mettra sur
les jointures de la piece qu'on veut souder : mais
il en faut mettre une plus grande quantité, &
beaucoup plus près-à-près que de la soudure d'argent, dont on se contente de mettre des paillons
de distance en distance. Celle-ci exige que les
jointures soient plus fines & plus exactes que celles
où l'on se sert de la soudure de cuivre. Tout le
reste se fait comme avec la soudure d'argent. La
soudure de cuivre tient plus fort que celle d'argent : elle est plus propre en ce qu'elle est de la
couleur du cuivre, ensorte qu'elle ne paroît pas
du tout. Celle d'argent se distingue toujours.

Soudure pour les tuyaux : il y en a de quatre
especes ; sa composition, *page 339, n. 929
—930.*

Soudure d'argent, Soudure de cuivre. V. *Souder
en soudure forte.*

Soudure forte. V. *Souder en soudure forte.*

Soufflerie, est le local où sont posés les soufflets.
On entend encore par ce terme l'ensemble des
soufflets posés en leur place. V. *page 380, n.
1009.* Poser la soufflerie, *page 380, n. 1010—
1018.*

Soufflets : leur description, *page 120, n. 384
—391* : leur construction, *page 273, n. 736—
814.*

Orgues. IV. Part.

TAB

Soufflets doubles. Ce sont tous ceux des petites
Orgues où l'on souffle soi-même avec le pied,
& pour toutes celles à cylindre, excepté aux grandes Orgues d'Eglise.

Soufflets en lanterne. V. *Organisation du Clavecin, & celle du forté-Piano.* On ajoute ici que
cette maniere de soufflets peut être employée avec
beaucoup d'avantage pour les grandes Orgues où
l'on n'auroit pas assez d'espace pour placer des
soufflets ordinaires.

Soupapes des Sommiers, page 93, n. 305, 308,
312, 317, 319 : leur figure, page 97, n. 322 :
les faire & les garnir, page 196, n. 585—592 :
les coller dans la laye, page 198, n. 594—596 :
remettre une soupape qui seroit éreintée ou décollée page 456, n. 1211.

Soupapes à bascule. On fait ainsi quelquefois les
soupapes pour éviter d'employer des bascules brisées pour les faire ouvrir. Voyez la Pl. 133, fig.
5, où l'on en a représenté une : de *A* à *B*,
c'est comme une soupape ordinaire. Cette partie
est garnie de peau par dessous. Il nécessaire
qu'il y ait deux peaux collées l'une sur l'autre,
afin que la queue puisse être à double peau. La
partie de *B* à *D* est du même morceau que la
soupape ; mais elle est taillée au ciseau, ensorte
que la soupape étant collée dans sa place, elle
se trouve relevée de quatre ou cinq lignes. On
fait *B D* de la même longueur que *A B.* Cependant
dant si l'on veut que le clavier enfonce peu, on
peut faire *B D* un peu plus court que *A B.* On
met une barre de deux pouces au moins d'épaisseur sur la Planche des boursettes, au-dedans de la
laye, vis-à-vis le bout *D.* On y fait des trous
qui pèrcent & la barre & la planche, dans les-
quels on met des pilotins & des boursettes au-
dessous des pilotins ; comme on fait à un sommier
de Positif. *Voyez le n. 1468.*

Soupapes des soufflets : leur description, *page
121, n. 386—388 :* les faire, les garnir & les
poser *page 292, n. 811—813.*

Soupapes des gosiers : leur description, *page 122,
n. 389—391 :* les faire, les garnir, les poser,
& leurs dimensions, *page 306, n. 832—836.*

Soupape du Tremblant-doux : sa description,
page 124, n. 397—401.

Soupape du Tremblant-fort : sa description, *page
126, n. 402—404.*

Soupir, silence de la valeur d'une noire, non
compris le silence de la note précédente, & ainsi des
autres soupirs indiqués dans la Musique ordinaire.

Statique. C'est la science de l'équilibre dans la
composition des machines, *page 3, n. 32.*

T

Table d'étain ou d'étoffe, dont on fait les tuyaux,
de l'Orgue : les couler. Voyez *Fondre.*

Table à fondre. Différentes manieres de les construire, *page 276, n. 762—772.*

Table d'un Sommier ; ce que c'est, *page 90, n.
295 :* la faire & la coller, *page 168, n. 513,
—518.*

Table. (Orgue en) V. *Orgue en table.*

Tableau de tous les Jeux de l'Orgue notés. V.
Planche 17. V. *page 44. n. 158—181.*

Tables des Soufflets : leur description, *page 120,
n. 385—386.* Différentes manieres de les construire, *page 276, n. 762—772.*

H 8

qu'on aura laiffé la gomme trop lpng-temps fur le feu. S'il en refte quelques grains qui n'ayent pas été fondus, on aura bien opéré. On mettra ce vernis dans des bouteilles qu'on tiendra bien bouchées, pour qu'il ne s'épaifliffe pas.

Comme les matieres qui entrent dans la compofition de ce vernis font très-inflammables, il faudra avoir tout auprès du fourneau & à portée, une ferviette pliée en quatre dans de l'eau. Si le feu prenoit dans le pot, on le couvriroit promptement avec ladite ferviette mouillée, & tant foit peu tordue, afin qu'il ne tombe pas d'eau dans le vernis. On ne laiffera cette ferviette qu'un moment fur le pot; elle éteindra le feu fur le champ. Il convient de faire toujours ce vernis en un endroit où l'on ne rifque rien pour le feu, comme dans un jardin ou un champ, ou deffous une voûte, &c.

Si l'on juge que cette quantité de vernis foit infuffifante, on en fera une feconde ou troifieme fois, à moins qu'on n'aime mieux en faire une plus grande quantité en une fois; mais il ne faut pas faire fervir le même pot deux fois.

Si l'on vouloit vernir tout le Buffet de l'Orgue, ce vernis y eft très propre. Si l'on veut donner au bois une couleur, il vaut mieux qu'elle foit à l'huile. Après qu'on en aura paffé deux couches, on paffera également deux couches de ce vernis gras. Mais il eft effentiel de ne pas paffer une feconde couche, que la premiere ne foit bien feche. Il faut en dire de même des couleurs à l'huile.

Quoique ce vernis gras ainfi fait foit bien convenable pour les tuyaux qu'on veut laiffer en blanc, cependant fi l'on fouhaite qu'il foit encore plus blanc, on peut le blanchir de la maniere fuivante.

On commencera par faire diftiller l'effence de térébenthine avec autant d'eau qu'on mettra dans un alembic de verre ou de cuivre. Il viendra autant d'eau que d'effence dans le récipient. On féparera aifément l'un de l'autre, au moyen d'un entonnoir de verre. On mettra le doigt au petit bout de l'entonnoir pour le boucher; on le remplira de ce qui fera diftillé. L'eau ira tout de fuite au fond, & l'effence furnagera. On ouvrira à demi l'orifice de l'entonnoir; l'eau s'écoulera; & lorfqu'on verra que l'effence arrivera à cet orifice, on le fermera. On aura ainfi l'effence toute pure fans eau.

On prendra plufieurs affiettes de fayence, les moins profondes, on y mettra du vernis jufqu'à moitié, & on achevera de les remplir avec l'effence diftillée : on mêlera bien le tout, & on l'expofera au grand foleil d'été. Cette effence s'évaporera dans deux ou trois jours, felon l'ardeur du foleil. Quand le vernis fera revenu à fa premiere confiftance, on remettra de l'effence comme la premiere fois. On réitérera cette opération trois ou quatre fois. On verra que chaque opération blanchira un peu le vernis. Enfin la derniere fois on laiffera évaporer jufqu'à ce que le vernis foit revenu à la même confiftance qu'il avoit lorfqu'on l'a mis dans les affiettes. Si l'on ne faifoit pas diftiller l'effence, elle laifferoit dans le vernis une efpece de galipot qui diminueroit fa qualité. La diftillation enleve à l'effence la plus grande partie de cette fubftance. Si l'on employoit l'effence diftillée quand on fait le vernis gras, il en feroit meilleur.

Lorfqu'on voudra paffer fur les tuyaux du vernis à dorer, on pourra fe fervir d'abord de celui qui eft décrit, *page 349*, ou mieux, de celui qu'on va trouver un peu plus bas. On en paffera une couche (le tuyau étant froid) le plus uniment qu'il fera poffible. Lorfqu'il fera fec, on paffera pardeffus cette couche une autre couche du vernis gras, qu'on fera de la maniere fuivante.

Prencz demi-livre de karabé jaune; vous le ferez fondre comme on l'a dit plus haut de la gomme copale. Vous y mêlerez fix onces d'huile de lin chaude, & une livre & demie d'effence de térébenthine. La manipulation fera exactement la même; mais il faut que cette effence foit auparavant colorée de la maniere fuivante :

Vous en prendrez deux livres que vous mettrez dans un autre pot. Vous y jetterez une once de gomme gutte en poudre..... demi-once fang de dragon en poudre .... une once fafran en poudre.... une once rocourt en poudre.... deux onces terremérite rouge en poudre ... fix gros aloës fuccotrin concaffé. Vous ferez chauffer l'effence avec toutes ces poudres, bien doucement & à petit feu, pendant une demi-heure, en remuant fouvent avec une fpatule. Il faut ainfi préparer l'effence d'avance, afin qu'elle ait le temps de fe clarifier avant de faire le vernis; ou bien fi l'on eft preffé, on la filtrera au papier gris : c'eft cette effence ainfi préparée & colorée qu'on mêlera au vernis propre à dorer fans or.

Cette façon de colorer en or, c'eft-à-dire, ces deux vernis colorés, l'un à l'efprit-de-vin, & l'autre qui eft un vernis gras également coloré, eft propre non-feulement pour les tuyaux qu'on veut faire paroître dorés, mais encore à être appliqué fur les fculptures, figures & ornements de bois ou moulures, qu'on auroit auparavant argentés avec des feuilles d'argent, foit à la détrempe, foit à l'huile. On y paffera d'abord une couche de vernis doré à l'efprit-de-vin; on donnera enfuite une autre couche de vernis gras coloré en or. Cela imitera très-bien la dorure, & durera fort longtemps dans toute fa beauté. Au refte, il ne faudra pas s'étonner fi dans les commencements cette efpece de dorure a trop de couleur; elle pâlira fuffifamment dans la fuite; & elle viendra d'ellemême au ton & au point tel qu'il convient.

☞ Voici une autre recette du vernis à dorer, fait avec l'efprit-de-vin, pour en appliquer une premiere couche à froid. Elle m'a paru, par les effais que j'en ai faits, meilleure & plus belle que celle que j'ai donnée en la page *349*, à laquelle on fera bien de fubftituer celle-ci.

Prenez deux livres efprit-de-vin ... quatre onces gomme laque platte, autrement dit, en feuille, pilée très-fin, & paffée au tamis de foie fin... une once quatre gros terre-mérite rouge en poudre.... demi-once fang de dragon concaffé : il faut le choifir le plus haut en couleur. Celui qui eft en rofeau n'eft pas toujours le plus rouge, mais plutôt celui qu'on trouve en groffe maffe. Il faut rejetter celui qu'on vend en petits pains plats : fix gros gomme gutte concaffée : fix gros de fafran en poudre..... cinq gros & demi rocourt concaffé.... fix gros aloës fuccotrin.

Faites diffoudre la gomme lacque toute feule dans l'efprit-de-vin, en la faifant chauffer au bainmarie pendant trois ou quatre heures, de la même maniere, & avec toutes les mêmes précautions qu'on a expliquées à la page 348. L'infufion étant froide, décoëffez le matras, & vous y jetterez
toutes

Trompette; Jeu de l'Orgue. Defcription de toutes fes parties, *page* 54, *n.* 188—193; *page* 56, *n.* 198 : fon diapafon, *page* 78, *n.* 267—278.

Trous des Sommiers: les faire fur la table, *p.* 175, *n.* 528 : les faire aux regiftres & aux chapes, *page* 181, *n.* 547 : les faire de la grandeur convenable, *n.* 548—549; les quarrer, *page* 182, *n.* 550—553.

Trouver les mefures convenables pour placer les tuyaux fur un fommier, fans qu'on foit obligé d'en pofter un feul, page 242, *n.* 687.

Turlutaine. C'eft la Serinette ordinaire. Voyez *Serinette.*

Tuyau de ton, page 35, *n.* 126.

Tuyaux d'Orgue. Ce font les tuyaux, foit à bouche, foit à anche, qui produifent le fon de l'Orgue. On fait les uns en étain, les autres en étoffe, d'autres en bois, felon la qualité des Jeux. Bien rarement on y emploie toute autre matiere. Voyez *Jeux de l'Orgue.*

V

Valeur des notes. La durée du temps qui détermine leur longueur totale.

Valeur totale des notes. Elle comprend la tenue & le filence de la note.

Vent (le) *dans l'Orgue,* eft un air pouffé avec certaine force par la preffion des foufflets, *page* 274, *n.* 758.

Ventaux. V. *Soupapes des foufflets.*

Vergettes, (les) font de petites tringles de bois qui forment les tirages, pour ouvrir ou fermer les foupapes des fommiers. Leur ufage, *page* 113, *n.* 363 : les garnir de leur fil de laiton, *page* 393, *n.* 1043: les ajouter lorfqu'il en faut de fort longues, *page* 395, *n.* 1046.

Vérification d'un Orgue. Maniere de la faire, *page* 502, *n.* 1281; *page* 509, *n.* 1282—1285. Modele du Procès-verbal de vérification, *p.* 510, *n.* 1286—1287.

Vernir les tuyaux de Montre, page 348, *n.* 946.

Vernis pour les tuyaux de Montre, page 348, *n.* 946, où l'on verra le procédé qu'il faut fuivre pour la compofition du vernis. Il y eft dit, ligne 24, que le matras doit être au moins deux fois plus grand qu'il ne faut ; *lifez* : trois fois au moins plus grand qu'il ne faut ; enforte que lorfque l'efprit-de-vin y fera avec les autres drogues, il s'y trouve au moins les deux tiers de vuide ; & quand même il y auroit les trois quarts, ce ne feroit que mieux. *Ligne* 38 : il y eft prefcrit qu'on doit chauffer le tuyau avant de le vernir. Comme c'eft un grand embarras, & qu'il faut bien des foins pour faire ainfi chauffer de grands tuyaux, j'ai cherché les moyens d'éviter cette opération qui a fes inconvénients : & après m'être affuré d'un très-bon fuccès, par des expériences réitérées, & faites avec la plus grande attention, j'ai trouvé qu'on peut vernir les tuyaux à froid, en y paffant d'abord le vernis à l'efprit-de-vin, tel qu'il eft décrit là-même. Après que cette couche fera feche, on y paffera une couche de vernis gras, qui redonnera la tranfparence à l'autre vernis, & le tuyau ne fera plus mat. Voici la compofition de ce vernis.

☞ On commencera par préparer une livre d'huile de lin. A cet effet, on la mettra dans un pot de terre avec une once de litharge, demi-once de cérufe calcinée, & demi-once de talc, ou de

pierre à jéfus ; en tout deux onces de matiere. On fait bouillir le tout à un feu doux & égal, pendant environ deux heures, en remuant fouvent, de peur que l'huile ne noirciffe. Quand elle mouffera, il faudra l'écumer. Lorfque l'écume commencera à devenir rouffe, l'huile fera fuffifamment cuite & dégraiffée. On l'ôtera du feu, & on la laiffera repofer pendant quelques jours.

Lorfqu'on voudra faire le vernis, on prendra un pot de terre plombé, qui fupporte bien le feu, qui foit fept ou huit fois plus grand qu'il ne faut ; on y mettra une demi-livre de la plus belle gomme copale, la plus blanche & la plus tranfparente. On la concaffera en petits morceaux comme des féves, fans la réduire en poudre. On mettra ce pot fur un fourneau très-ardent, & fans flamme. On fera fondre ainfi cette gomme, en la remuant très-fouvent avec une fpatule de fer ou de cuivre. Lorfque la gomme monte en fondant, & qu'elle rifque de fe répandre au dehors, on ôtera promptement le pot du feu, on l'emportera à quelque diftance du côté convenable pour que la fumée n'aille pas vers le fourneau, & on le pofera fur une planche de bois. Là on remuera la matiere, jufqu'à ce qu'elle foit defcendue. On la rapportera fur le feu. Lorfqu'elle remontera encore, on emportera le pot fur la planche, comme la premiere fois. Ordinairement, lorfque la gomme eft montée ainfi jufqu'à trois fois, c'eft une preuve qu'elle fera fuffifamment fondue. Il vaudroit mieux qu'elle ne le fût pas tout-à-fait, que de rifquer de la laiffer trop long-temps fur le feu ; ce qui noirciroit le vernis.

Pendant le temps que la gomme copale fondra, on fera chauffer fur un réchaud de feu, fix onces d'huile de lin préparée comme il eft dit ci-deffus, qu'on aura mis dans un autre vafe. Le plus commode pour cela fera un *biberon* de malade, fait d'une terre qui aille au feu.

Lorfque la gomme copale fera fondue ou prefque fondue & très-chaude, le pot étant fur le feu, on y verfera fort lentement, & comme en petit fil, l'huile de lin très-chaude, en remuant continuellement avec l'autre main. On laiffera encore le pot fur le feu pendant une demi-minute, en remuant toujours, pour que la gomme copale fe mêle bien avec l'huile de lin. Il faut obferver que tout le fuccès de la manipulation de ce vernis dépend beaucoup de ce mélange. Pour peu qu'on opere mal, le mélange ne fe fait pas. Pour qu'il réuffiffe bien, il faut que la gomme copale foit bien chaude, & l'huile de lin auffi, & la verfer en petit filet, & remuer toujours.

Ce mélange étant bien fait : on rapportera le pot fur la planche, & en remuant toujours, on attendra que la plus grande chaleur foit paffée ; alors on y mettra une livre & demie d'effence de térébenthine froide ; mais on n'en verfera que fort peu au commencement. Il s'excitera une affez grande fermentation, qui fera beaucoup monter la matiere. On ne ceffera point de remuer ; lorfque la matiere fera defcendue, on en remettra encore un peu. Enfin lorfqu'il ne paroîtra plus de fermentation, on verfera continuellement, en remuant toujours, jufqu'à ce que toute la quantité d'une livre & demie y foit : le vernis fera alors fini. Lorfqu'il fera un peu plus refroidi, on le paffera au travers d'un linge. C'eft alors qu'on verra fi toute la gomme copale aura été fondue. Si cela eft, ce fera une marque

TABLE DES PLANCHES.

Où l'on indique les Numéros, & les Articles qui en contiennent l'explication & l'usage.

VER   ZIG

toutes les autres drogues. Vous coëfferez de re-chef le matras tout comme la première fois , & y ferez un trou avec une épingle , &c. vous ferez encore chauffer le tout de même, & autant de temps; le remuerez , &c. Quand le vernis sera fini , vous le filtrerez au travers d'un papier gris , & vous le mettrez dans des bouteilles que vous tiendrez bien bouchées.

Il est mieux de filtrer ainsi le vernis à l'esprit-de-vin, que d'attendre qu'il se clarifie de lui-même. Il reste toujours au fond de la bouteille un dépôt qui trouble le vernis pour peu qu'on la remue. Si on le tire au clair, on en perd une quantité considérable, qui demeure dans le matras avec la partie des drogues qui ne fond point; au lieu qu'en le filtrant , tout le fond du matras reste à sec sur le papier gris. Au reste , si l'on trouvoit le vernis trop épais, & qu'il ne pût point passer au travers du papier gris , on mettroit deux , trois, ou quatre onces d'esprit-de-vin, qu'on mêleroit bien avec le vernis dans le matras sans qu'il fût nécessaire de le faire chauffer davantage.

On ne donnera aucune autre préparation à la gomme lacque en branches, que de la mettre en poudre très-fine, sans la blanchir, comme il est marqué *page* 348. La couleur rouge qu'elle contient y est nécessaire pour le vernis à dorer.

Nous avons parlé plusieurs fois du bain-marie: comme il peut se trouver des personnes qui ignorent ce que c'est, nous l'expliquerons ici en peu de mots. On prend un chaudron, ou autre vase pareil ; on met dans le fond une ou deux poignées de foin, ou un petit paillasson, ou un torchon, pour empêcher que le matras ne touche au fond. On met une suffisante quantité d'eau froide dans le chaudron , pour qu'elle monte un peu au-dessus du liquide qui est contenu dans le matras.

On met le chaudron sur un trépied de fer ; & quand le matras est dedans , on le fait tenir droit en mettant la pincette de la cheminée ou autre chose en travers sur les bords du chaudron , & on fait du feu dessous. Il faut bien se garder de faire bouillir l'eau, mais seulement la faire chauffer au point qu'on puisse y tremper la main un instant, sans se brûler. Si l'on faisoit bouillir l'eau , on courroit le risque de faire casser le matras ; & de faire blesser même très-grièvement l'Artiste & ceux qui se trouveroient auprès.

Vibration. Voyez *Battement.*

Vielle. Son organisation , *page* 643—645.

Villebrequin , *page* 28 , *n.* 107.

Vis sans fin ; c'est une vis qui engrene dans une roue. On nomme Vis sans fin dans l'Orgue, celle qui engrene dans la denture du cylindre, & qui sert à le faire tourner, au moyen de la manivelle.

Voix humaine ; Jeu de l'Orgue, *page* 57, *n.* 201 : son diapason , *page* 84 , *n.* 286.

Volant : c'est un arbre garni de quatre aîles qu'on pose au dernier mobile d'un mouvement à roues, pour modérer leur rapidité, *page* 568 , *n.* 1349, 1350, 1351, 1355.

Volets. Voyez *Rideaux.*.

Z

Zig-zag ; (des Jeux posés en) c'est-à-dire qui ne sont pas en ligne droite ou sur une ligne, mais sur deux, ensorte qu'un tuyau soit posé sur l'une, & le suivant sur l'autre , & ainsi alternativement. On pratique le zig-zag pour gagner de la place lorsqu'on ne peut pas donner une longueur suffisante à un sommier. Voyez *page* 173 , *n.* 524.

Figure

FIN DE LA TABLE DES PLANCHES.

tringle de fer *QR*. *P* eſt le regiſtre qui empêche l'Orgue de jouer, en bouchant le porte-vent *RP*. *A* eſt le bout du porte-vent qui s'emmanche dans le ſommier. *Y* eſt le trou du ſoufflet, par lequel il donne le vent dans le porte-vent. C'eſt par les deux trous *ll* que les deux chanterelles paſſent : on conçoit que ſans être fort grands, ces trous doivent être tels que les chanterelles y ſoient à l'aiſe, de peur que dans leurs vibrations elles n'aillent toucher contre le bois, ce qui en changeroit & gâteroit le ſon. Du reſte, tous les détails de conſtruction de la Vielle elle-même ne ſont pas de mon reſſort, puiſque je n'ai qu'à parler de ſon organiſation.

N. B. Je dois avertir ici, que ſans ceſſe occupé, depuis bien des années, à recueillir les régles que je viens de donner ſur la Facture d'Orgues, j'ai reconnu avec déplaiſir qu'il m'étoit échappé quelques obſervations eſſentielles: je ne vois plus d'autre moyen de réparer cette omiſſion, qu'en les plaçant dans la Table des Matieres qui va ſuivre. Ainſi je prie le Lecteur de jetter les yeux ſur toute cette Table, comme ſur un ſupplément à tout l'Ouvrage.

F I N.

ville de bois, qui porte une éminence. Elle se place en T, *fig.* 1. Lorsqu'on la fait tourner un peu en faisant jouer le regiſtre SS, on fait venir
cette éminence en-deſſus; ce qui releve les chanterelles, qui ne touchent
plus à la roue : tandis qu'en même-temps, la même opération fait relever les
deux leviers de bois UM, & UN, *fig.* 4, les deux chevalets de bois
MN ſe relevent auſſi, & font relever les quatre cordes du bourdon de la
Vielle. L'on remet, par une opération contraire, les cordes comme elles
étoient auparavant. m eſt une cheville qui ſert à tendre plus ou moins
une des cordes du bourdon qu'on nomme *Trompette.*

1483. La figure 5 repréſente une coupe dans la longueur de la Vielle. F eſt
le peigne ou les tuyaux de l'Orgue. X ſont les coudes de l'axe de fer C de la
manivelle. A ces coudes ſont attachées les tringles de fer, qui aboutiſſent aux
deux leviers de fer, qui tiennent à leur milieu les deux queues, auſſi de fer,
des tables de deſſous le ſoufflet VYZ. ZR eſt la table du milieu du ſoufflet. VY la table de deſſus; & ab eſt la table de deſſous, dont la charniere de peau eſt au milieu. Cette charniere doit être faire de façon
que le vent ne puiſſe avoir aucune communication d'un côté à l'autre de la
même table, qui n'eſt pas droite, mais qui forme un angle très-obtus. YRR
eſt le porte-vent qui eſt aggrandi en C, pour contenir le tremblant-doux.
Vd eſt un des deux reſſorts qui chargent la table du deſſus du ſoufflet, par
leur élaſticité.

La figure 6 repréſente le deſſous de la Vielle, dont on a ôté la grande
table, pour faire voir les deux tables de deſſous du ſoufflet. On voit en
$ffff$ leurs ſoupapes.

1484. La figure 7 repréſente le double coude de l'axe de la manivelle, pour
faire agir alternativement les deux deſſous du ſoufflet, qui font l'effet de
quatre tables de deſſous.

La figure 8 repréſente une coupe en travers de la Vielle & de l'Orgue,
au commencement du clavier, vers la roue, pour faire voir le fond du ſoufflet avec les tringles, les leviers, & les coudes de la manivelle qui le font
jouer. AG eſt le ſommier, au-dedans duquel on voit une ſoupape avec le
pilotin qui la fait ouvrir; celui-ci eſt pouſſé par la touche HL. LGg eſt le
conduit qui porte le vent au tuyau F de l'Orgue. FD ſont les bouts des
autres tuyaux de l'Orgue. h ſont les bouches des tuyaux.

La figure 9 repréſente, en perſpective, le peigne entier, ou tous les
tuyaux de l'Orgue. ik ſont les trous, ou les embouchures des tuyaux, par
où ils reçoivent leur vent.

1485. La figure 10 repréſente une coupe en travers, tout près du manche de
la Vielle. F eſt le peigne. H repréſente les touches du clavier. QQ eſt le
regiſtre du tremblant-doux. Il communique avec ſa ſoupape R, par la petite

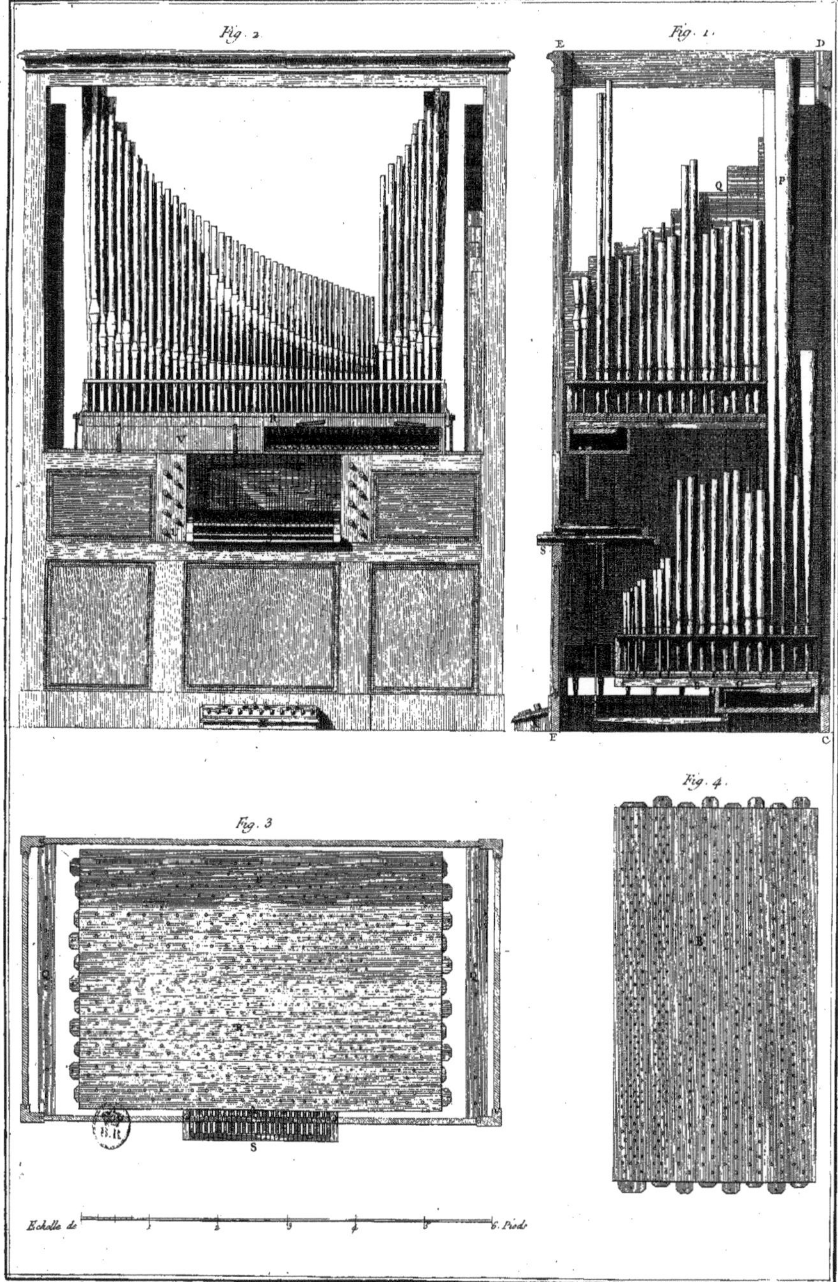
Fig. 2
Fig. 1
Fig. 3
Fig. 4
E
D
Q
P
S
F
C
S
Echelle de 6. Pieds
De la Gardette del. et Sculp.

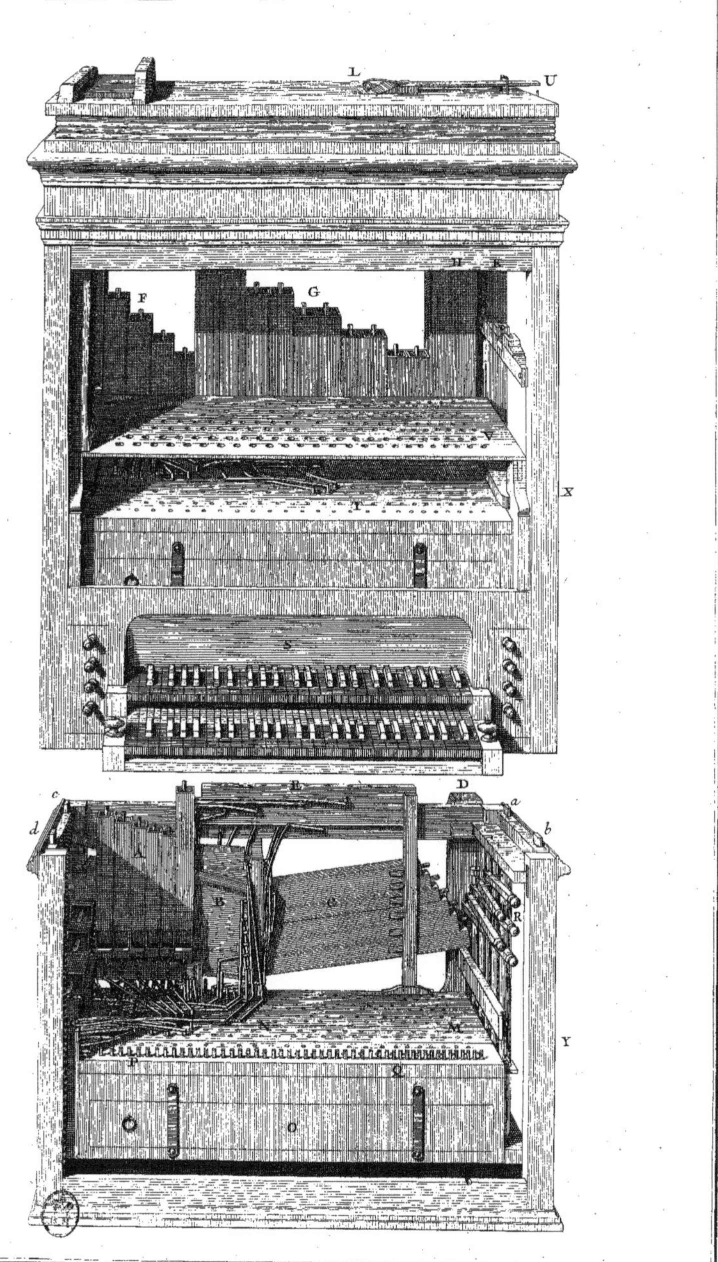

De la Gardette del. et Sculp.

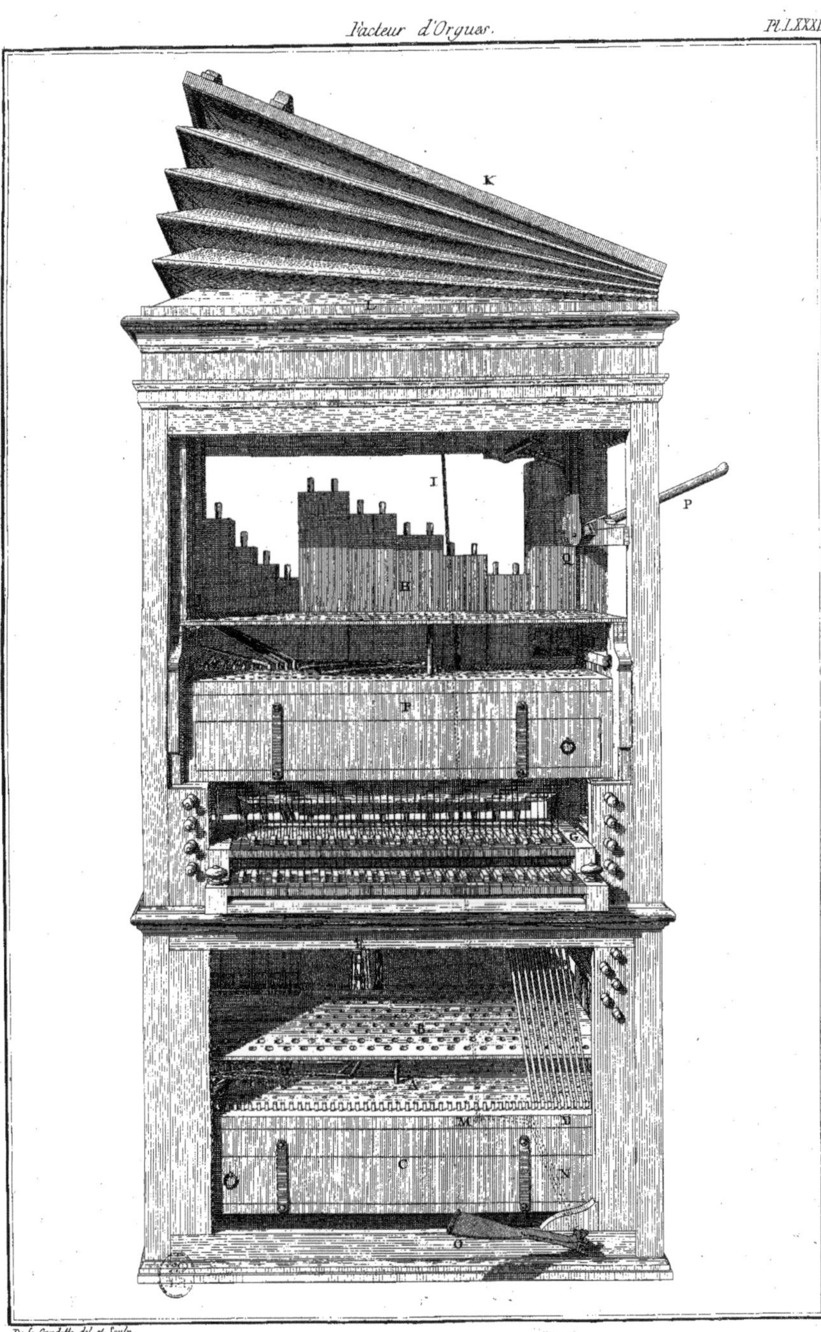
K
I
P
Q
H
F
O
G
B
L
M
N
C
O
O

Fig. 1.

Fig. 2.

Fig. 3.

De la Gardette del. et Sculp.

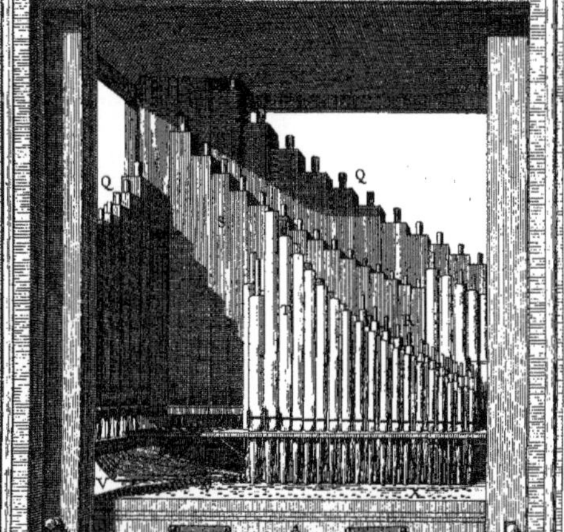

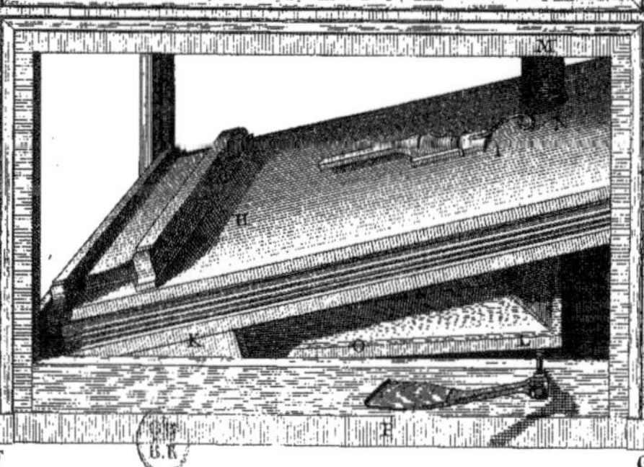

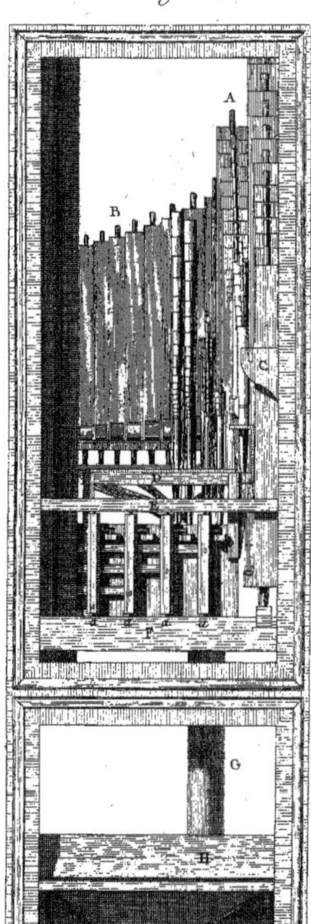

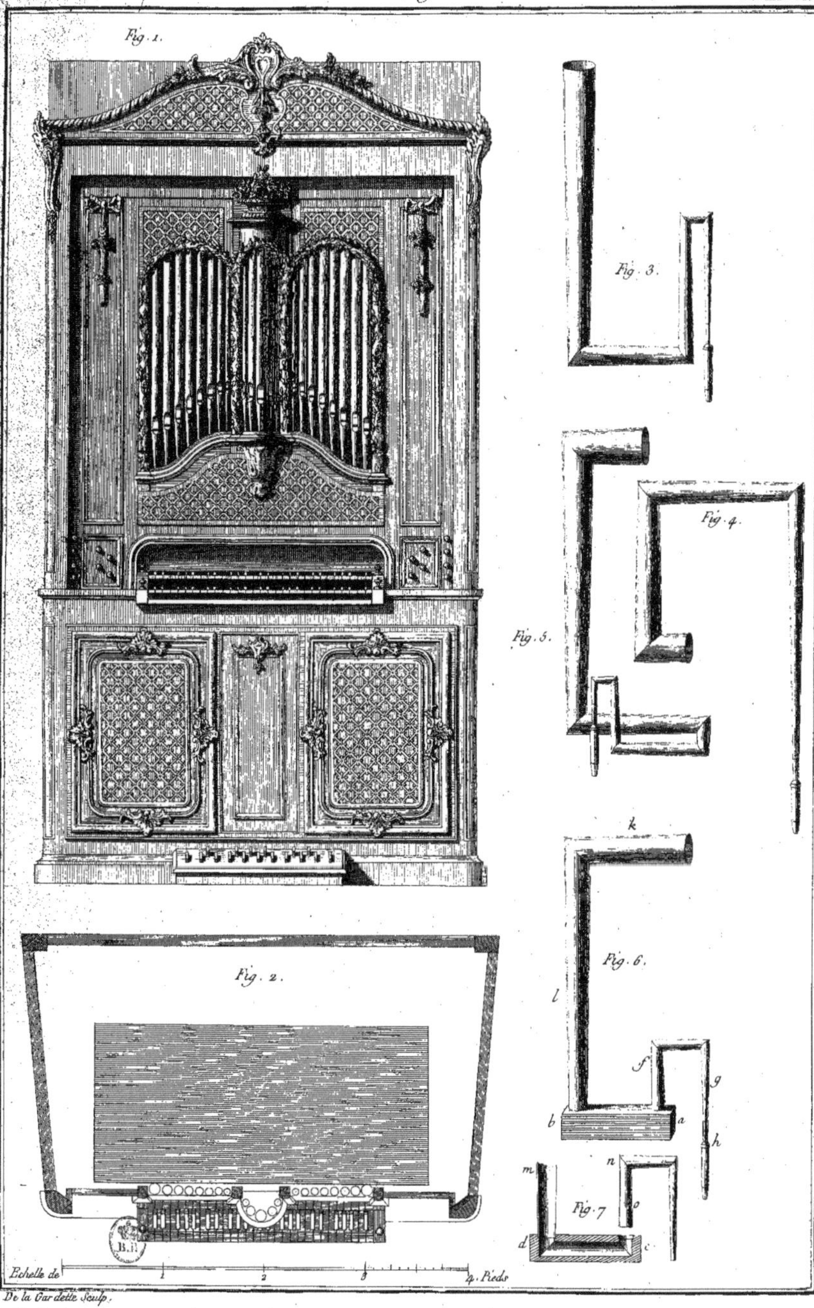

De la Gardette Sculp.

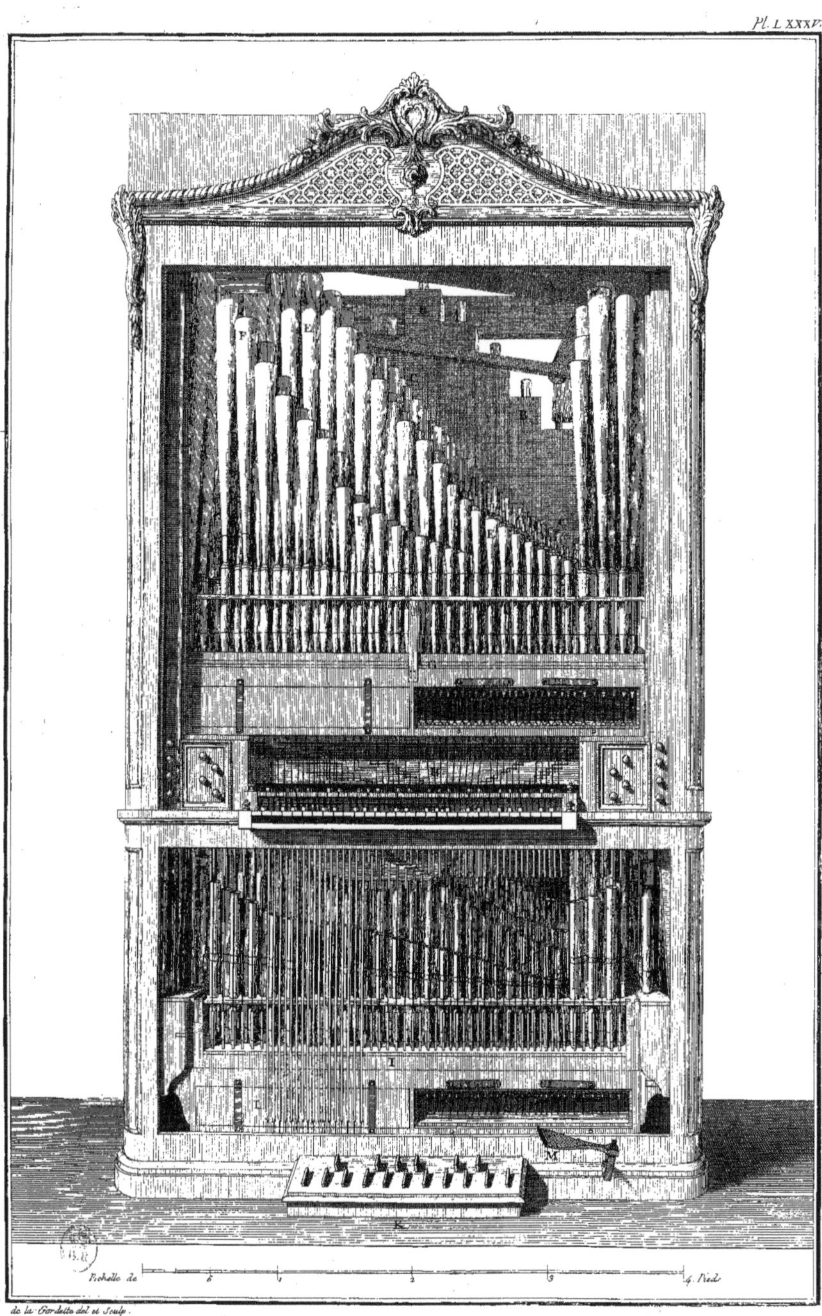

Echelle de
de la Gardette del et Sculp.

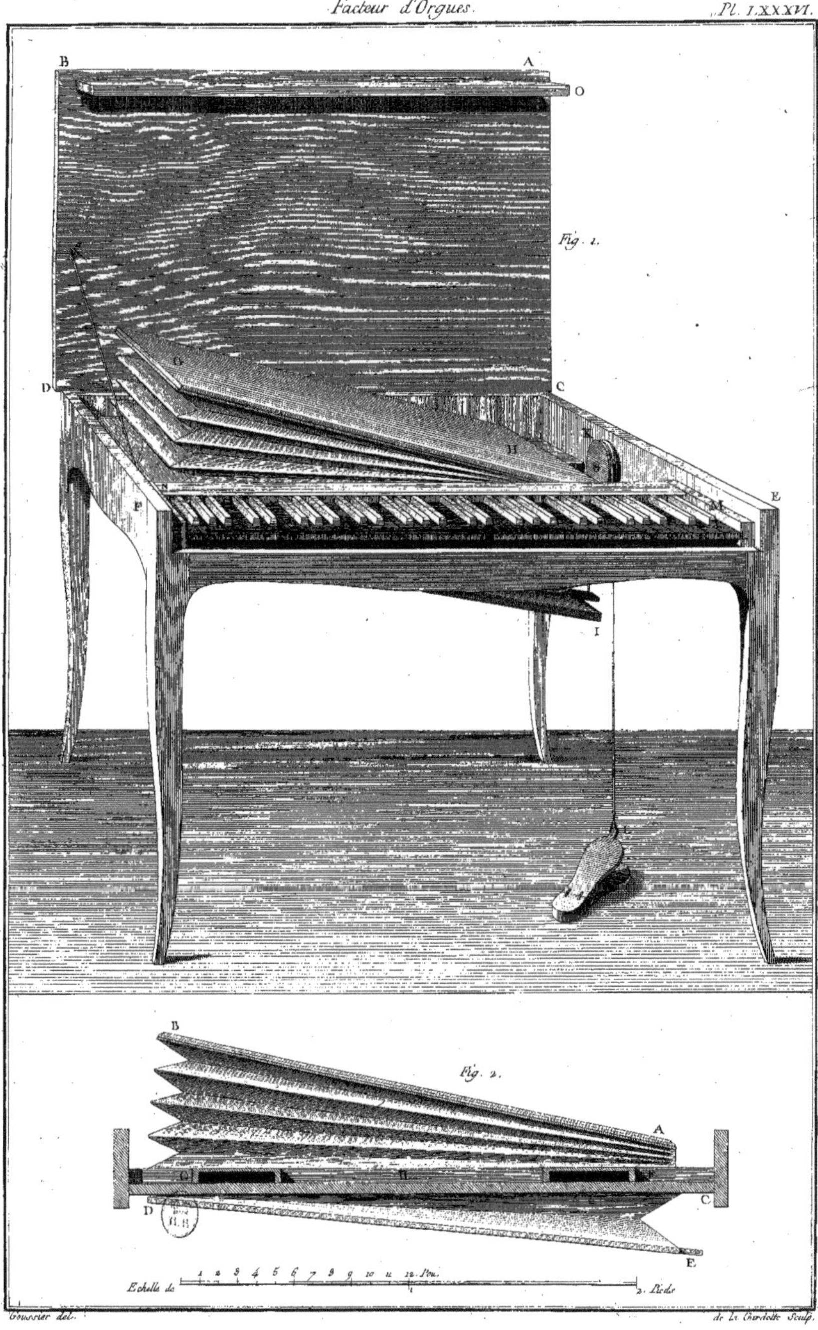
B
A
O
Fig. 1.
D
C
H
E
F
M
I
L
B
Fig. 2.
A
C
D
E
Echelle de   1 2 3 4 5 6 7 8 9 10 11 12. Pou.   2. Pieds
Goussier del.
de La Charlotte Sculp.

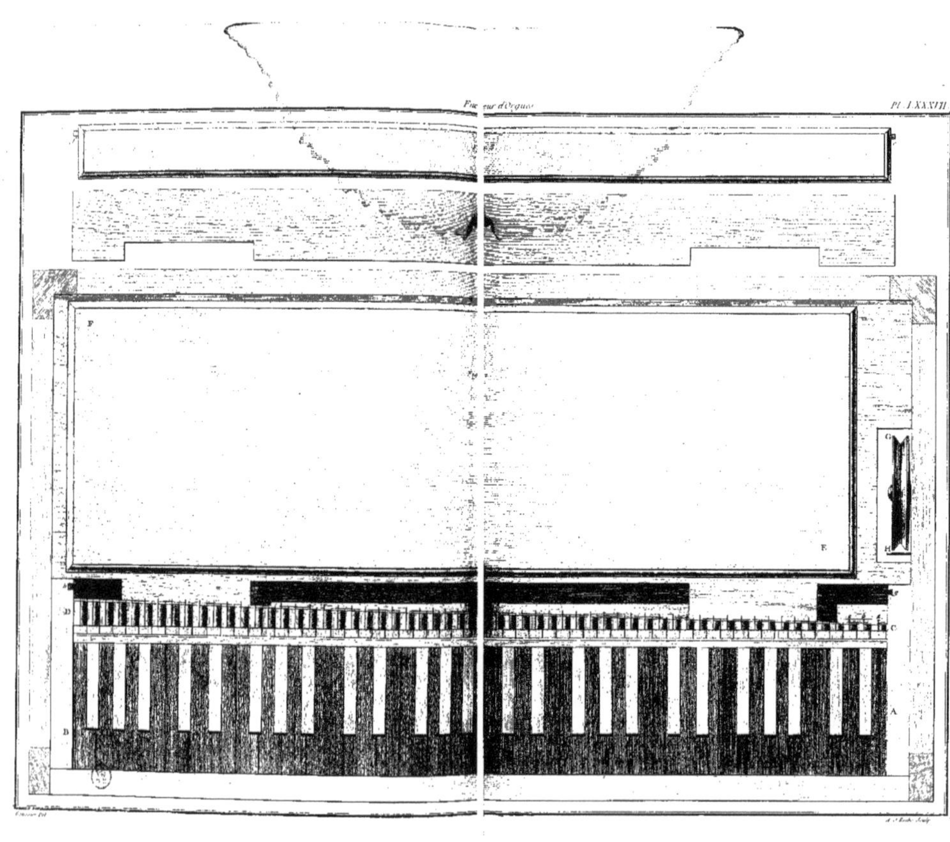
Pl. LXXXIII

Goussier del.

A. J. Roubo Sculp.

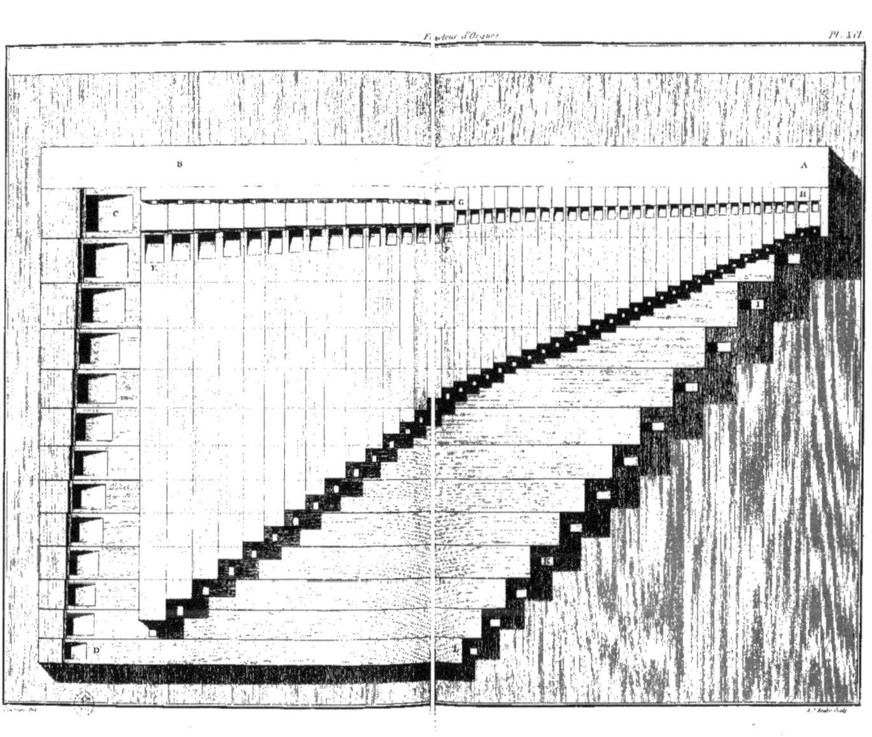

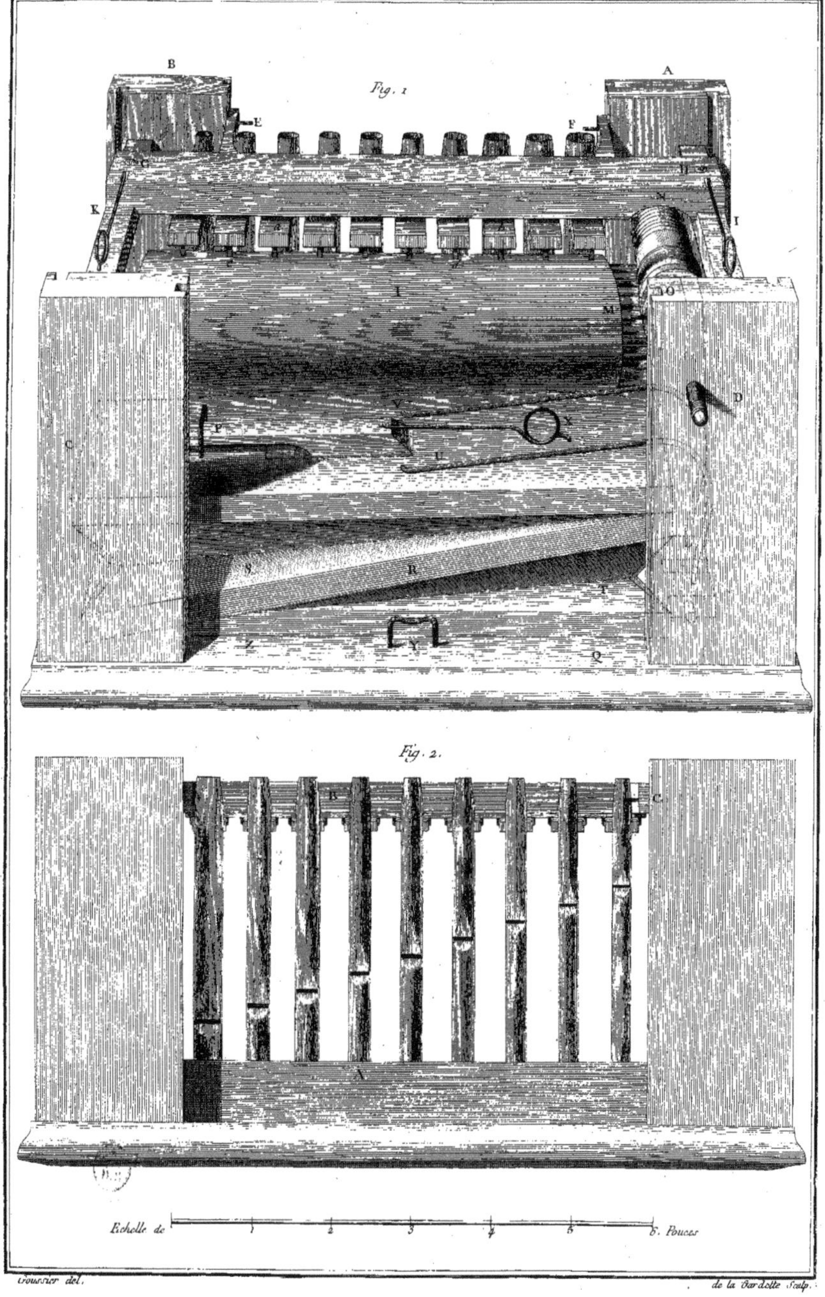
Fig. 1.
B
A
E
F
G
K
N
I
L
M
D
P
V
U
X
C
S
R
T
Q
Z
Fig. 2.
R
C
V
Echelle de   1   2   3   4   5   6. Pouces
Goussier del.
de la Gardette Sculp.

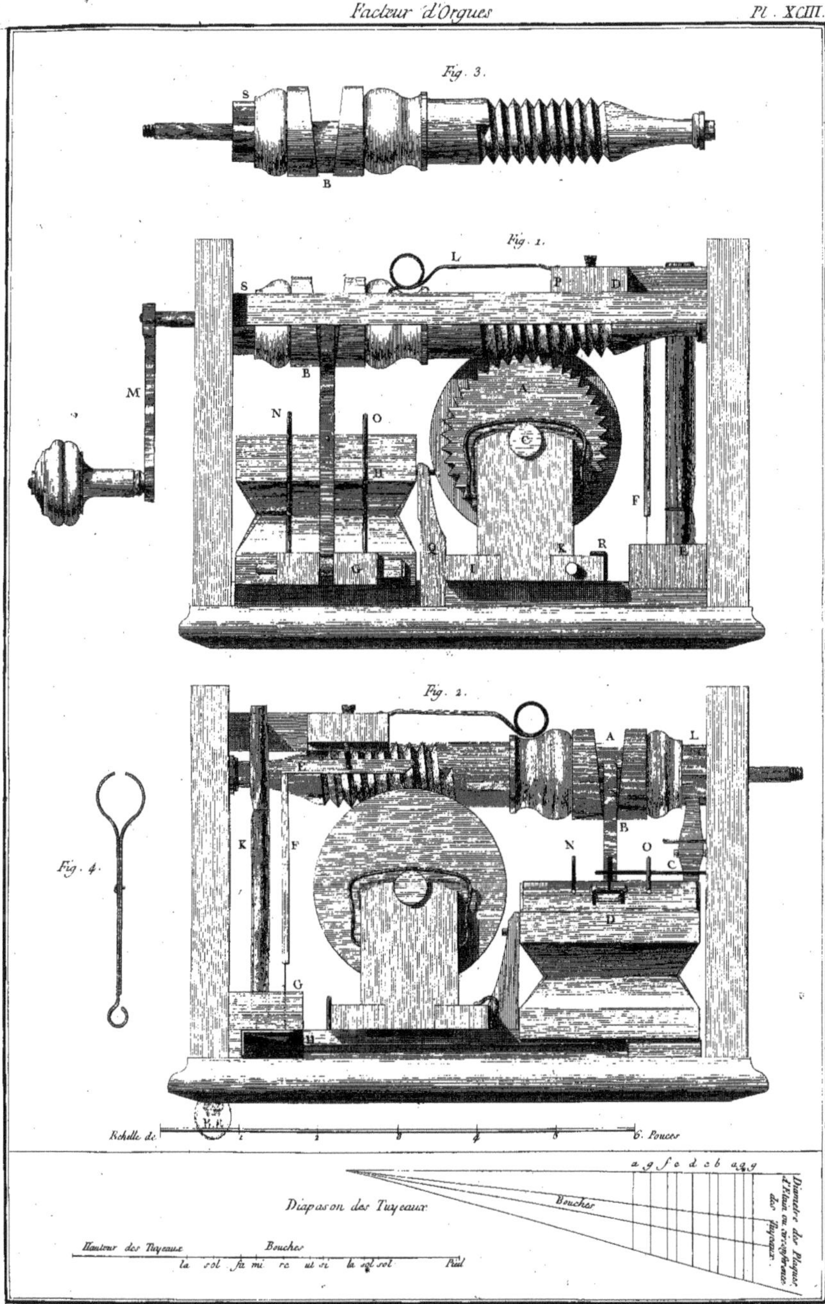

Goussier del.

de la Gardette Sculp.

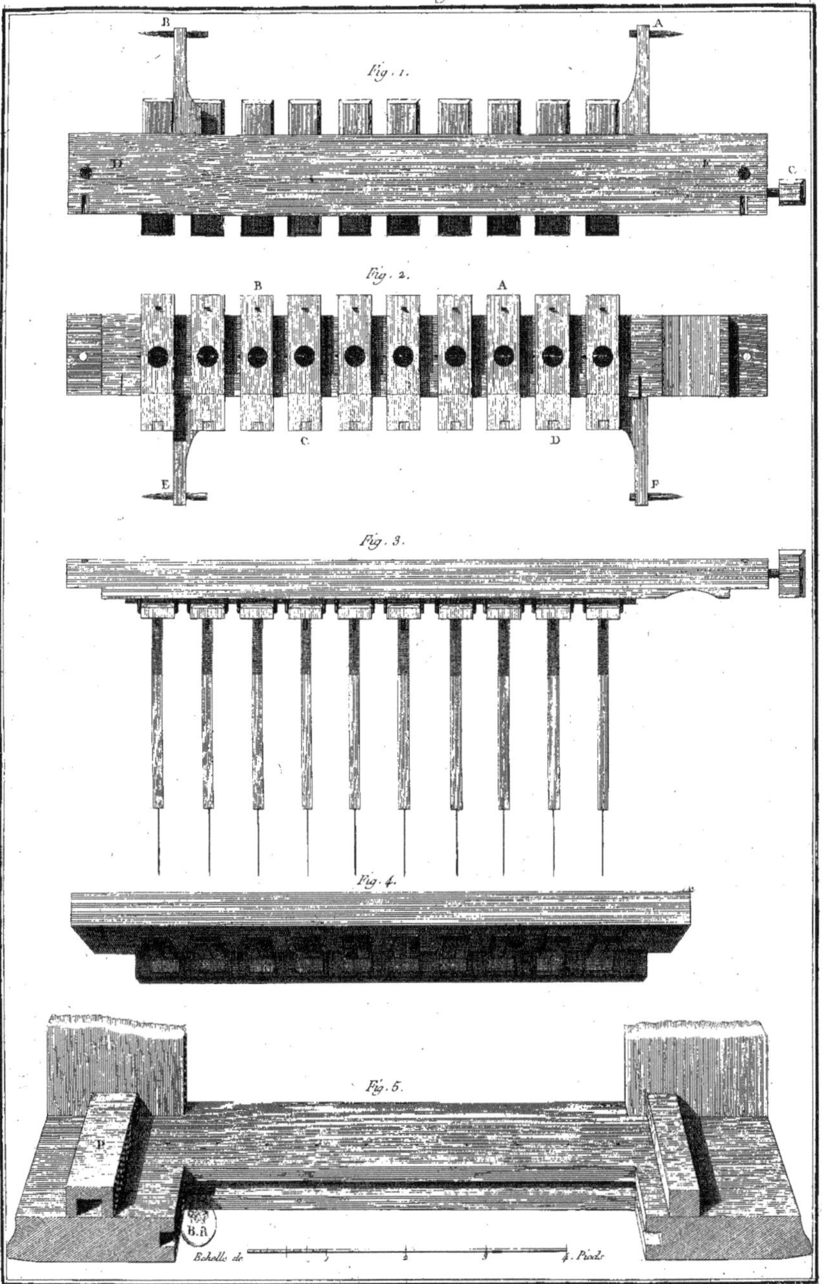

Goussier del.

de la Gardette Sculp.

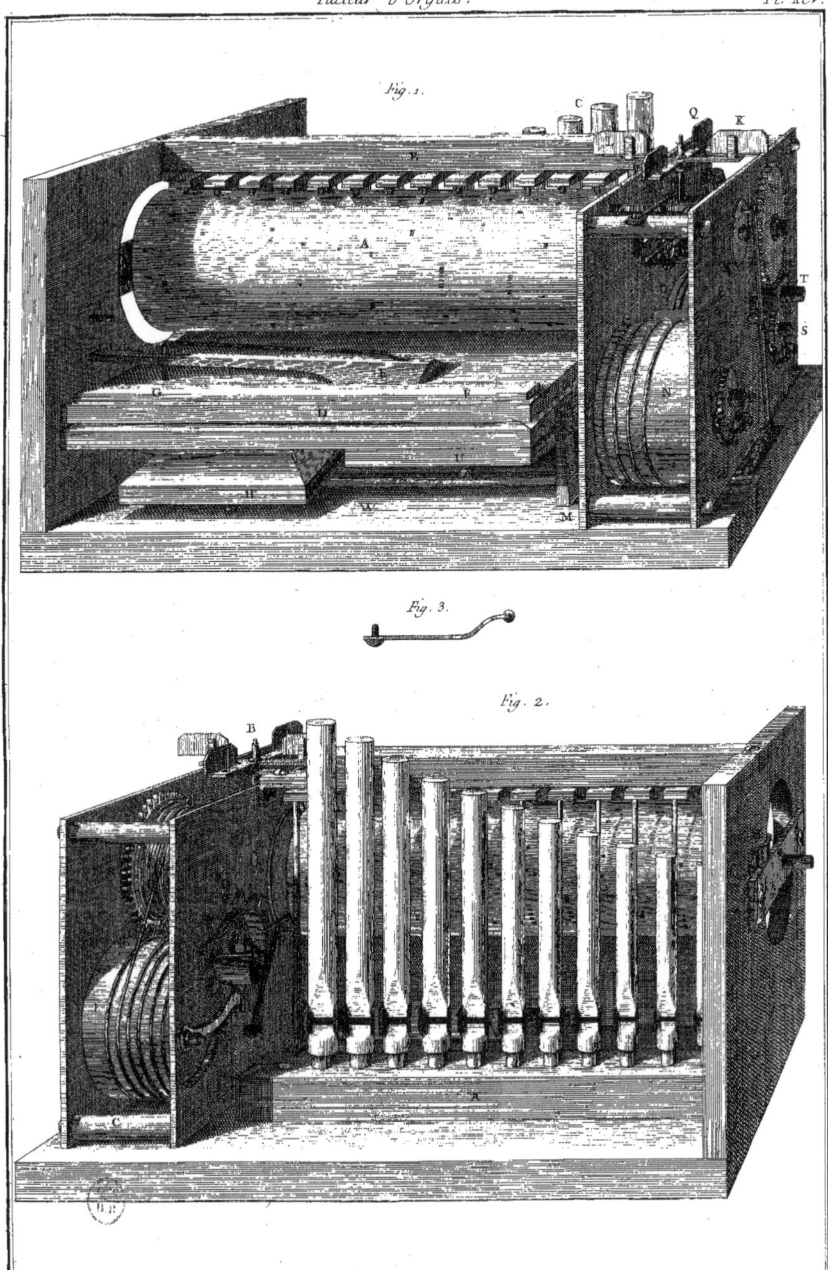

Fig. 1.
Fig. 3.
Fig. 2.

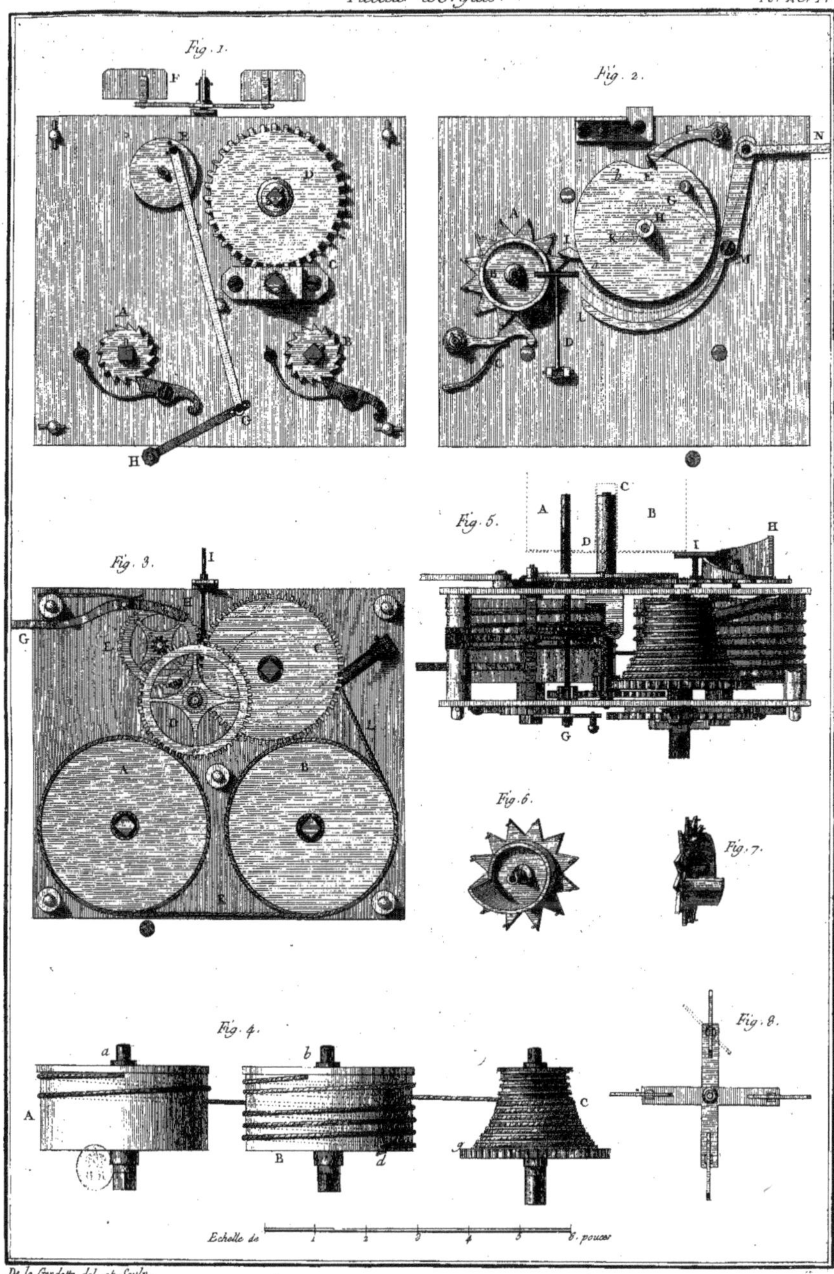
Fig. 1.
F
E
D
C
A
G
H
Fig. 2.
P
N
A
C
H
K
B
Z
L
D
M
Fig. 3.
I
B
G
E
D
C
G
L
A
B
F
Fig. 5.
A
C
B
D
I
H
G
Fig. 6.
Fig. 7.
Fig. 4.
a
b
A
B
d
C
Fig. 8.
Echelle de　1　2　3　4　5　6 pouces

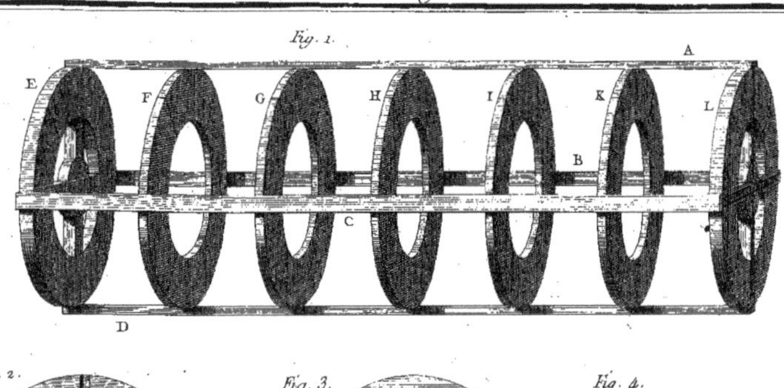

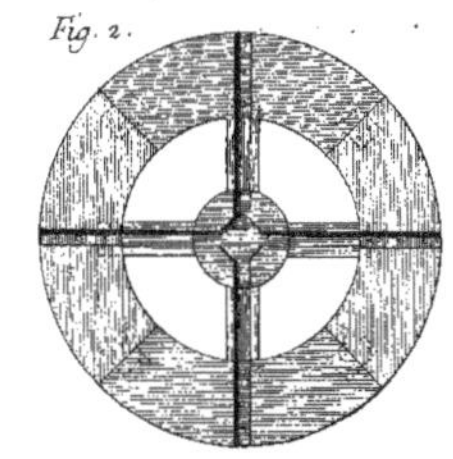

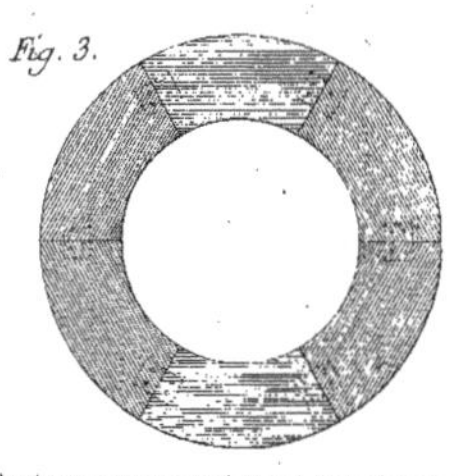

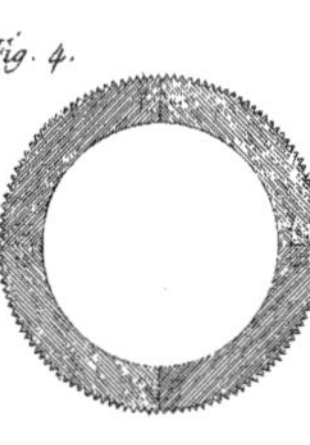

Echelle de 1 2 3 4. pieds

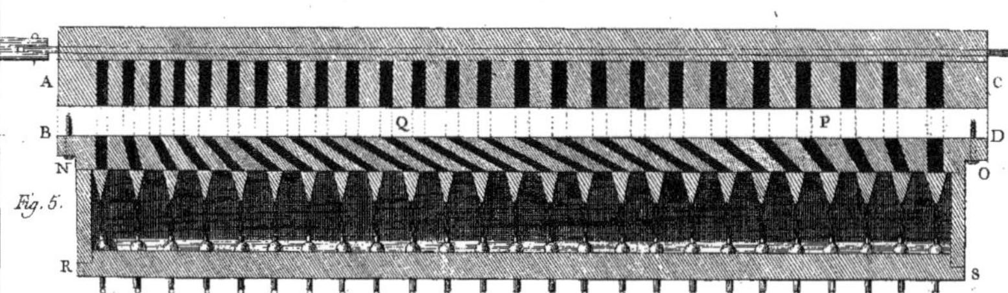

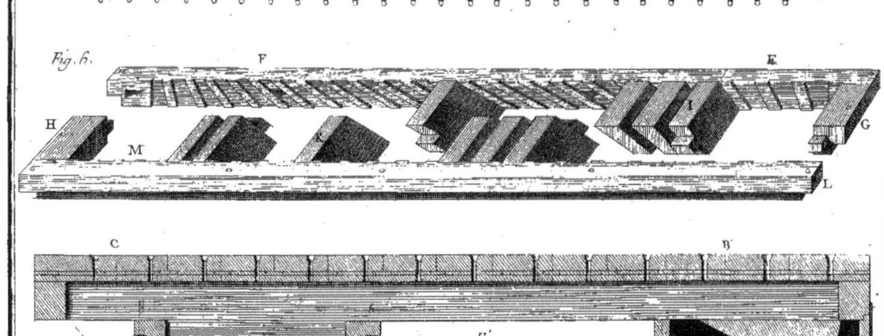

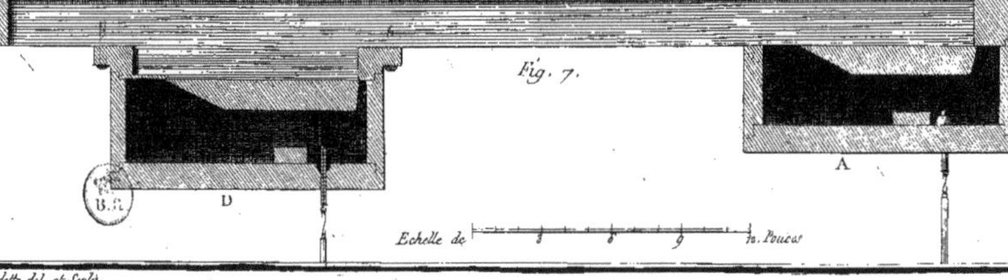

Echelle de 3 6 9 12. Pouces

de la Gardette del. et Sculp.

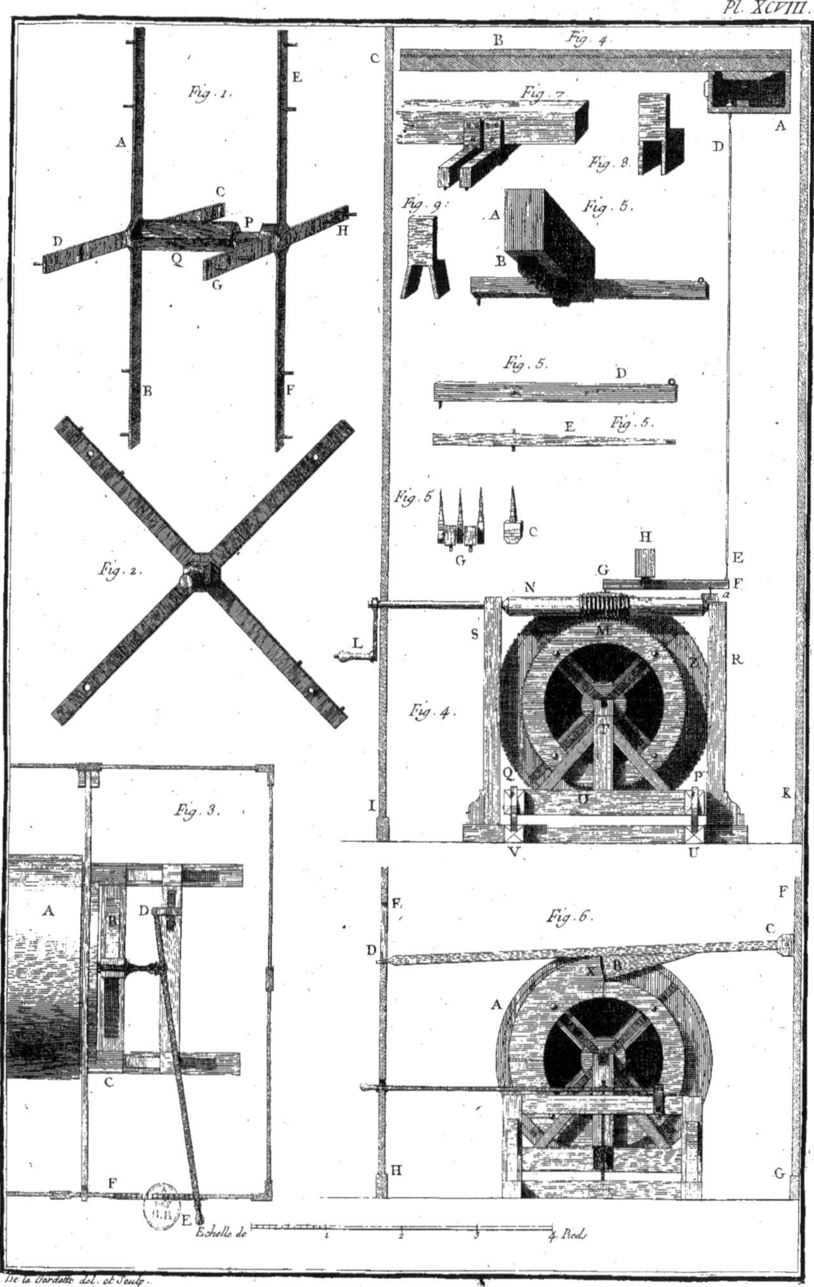

De la Gardette del. et Sculp.

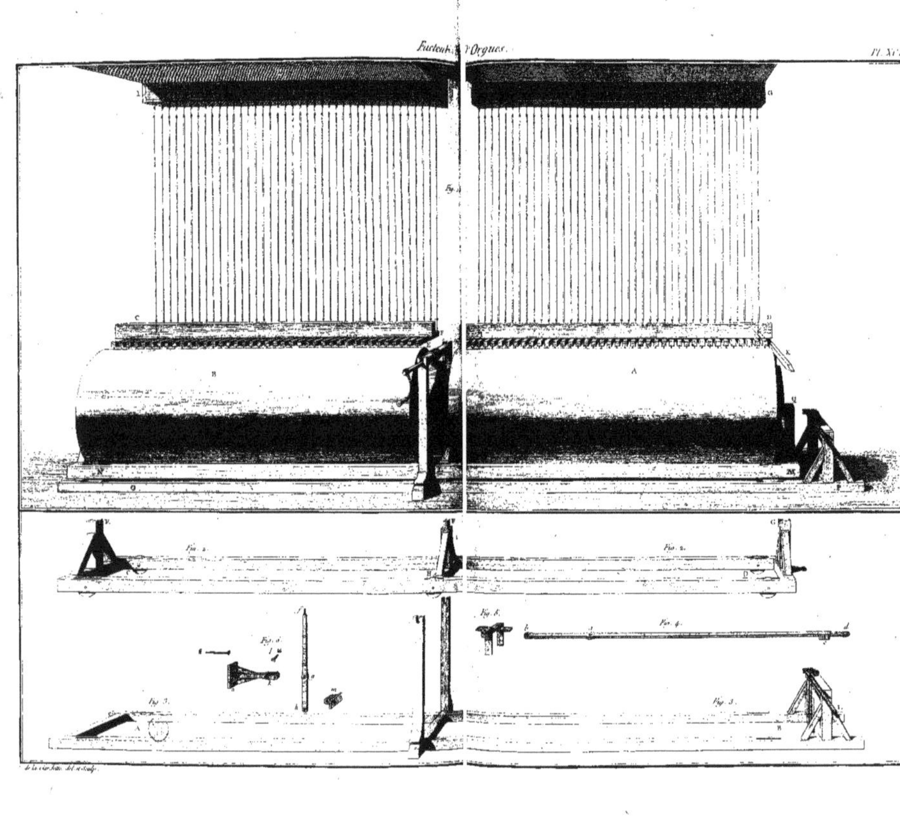

Facteur d'Orgues.
Pl. XCIX.
Fig. 1.
Fig. 2.
Fig. 2.
Fig. 3.
Fig. 4.
Fig. 5.
Fig. 5.
de la Gardette del. et Sculp.

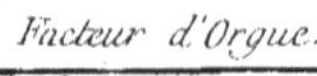

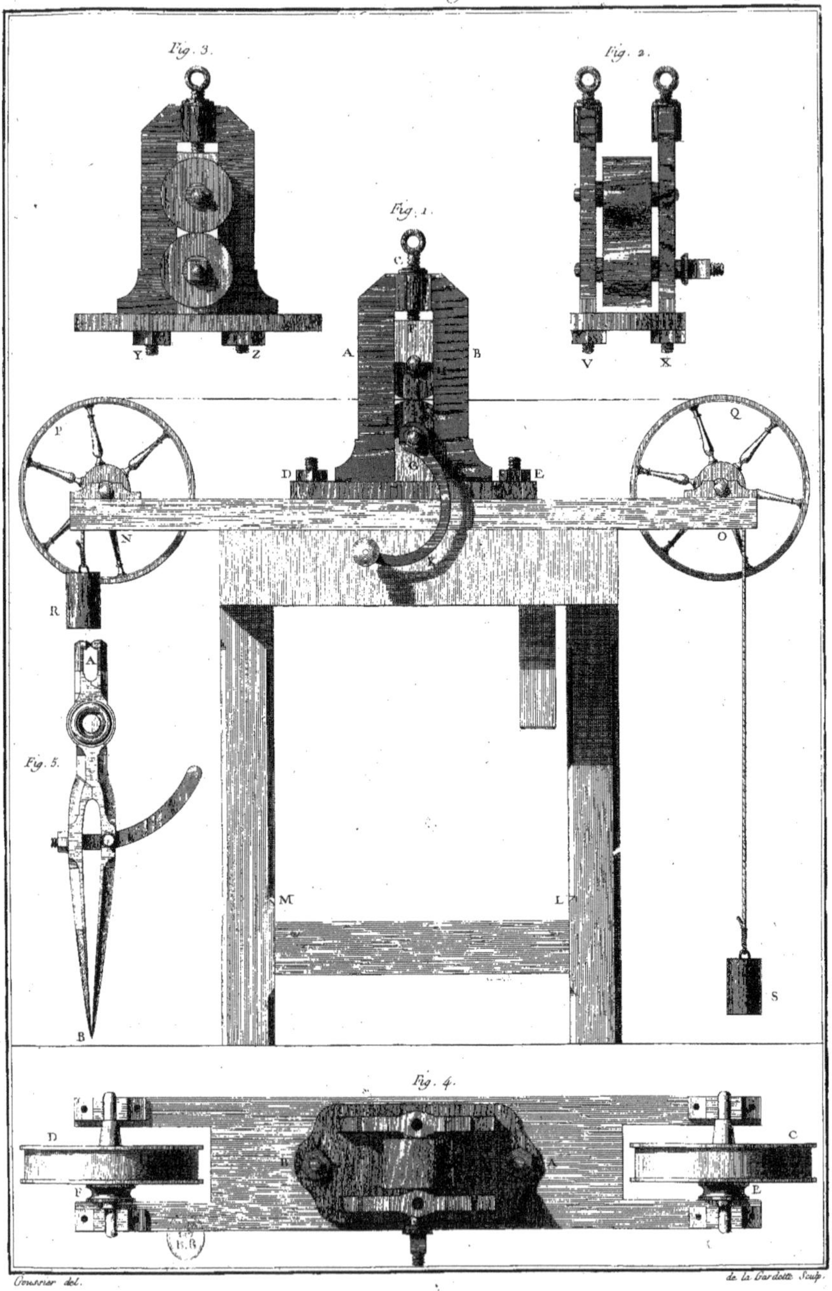

Fig. 3.
Fig. 2.
Fig. 1.
C.
A   B
Y   Z
V   X
P   Q
N   O
R
Fig. 5.
A
B
M   L
S
Fig. 4.
D   C
F   E
Goussier del.
de la Gardette Sculp.

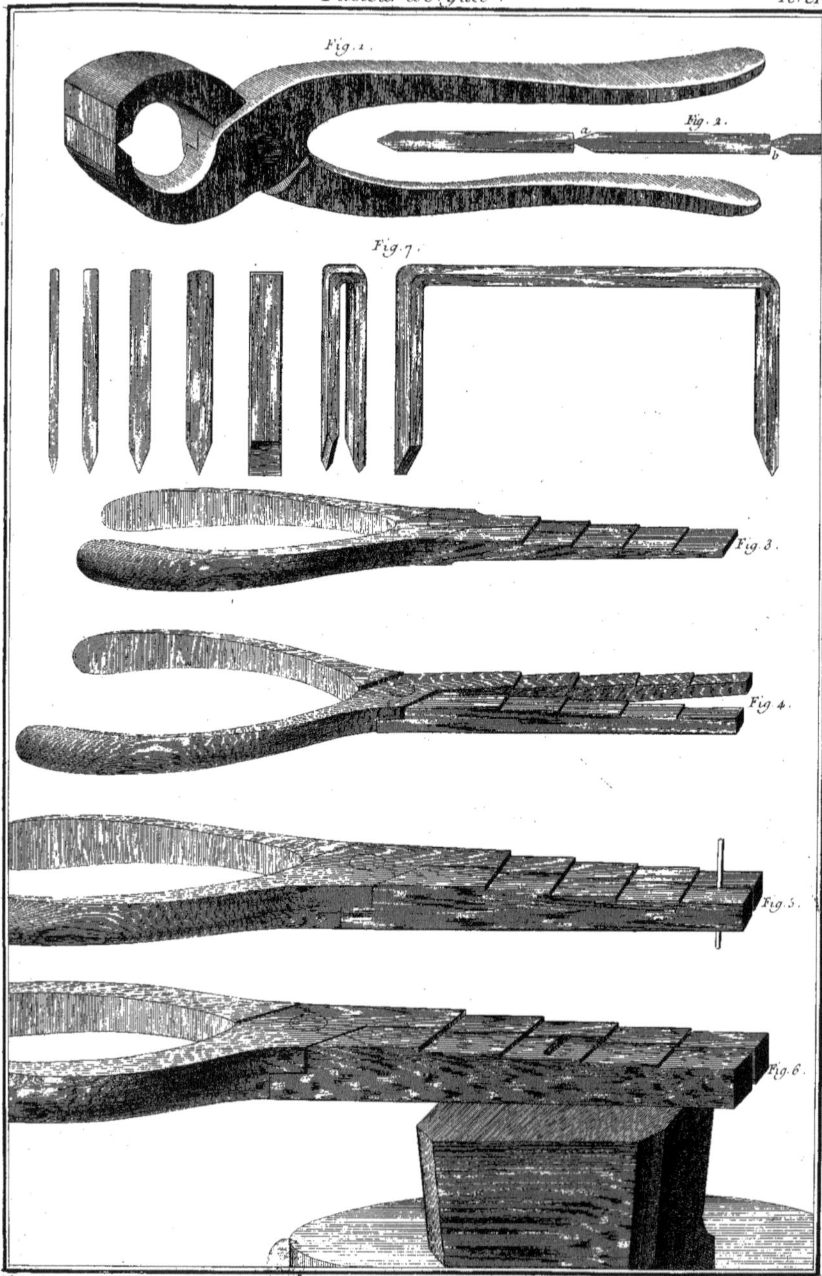

Fig. 1.
Fig. 2.
a
b
Fig. 7.
Fig. 3.
Fig. 4.
Fig. 5.
Fig. 6.
Goussier Del .
A. J. Roubo Sculp .

Fig. 1.

Fig. 2.

Fig. 3.

Fig. 4.

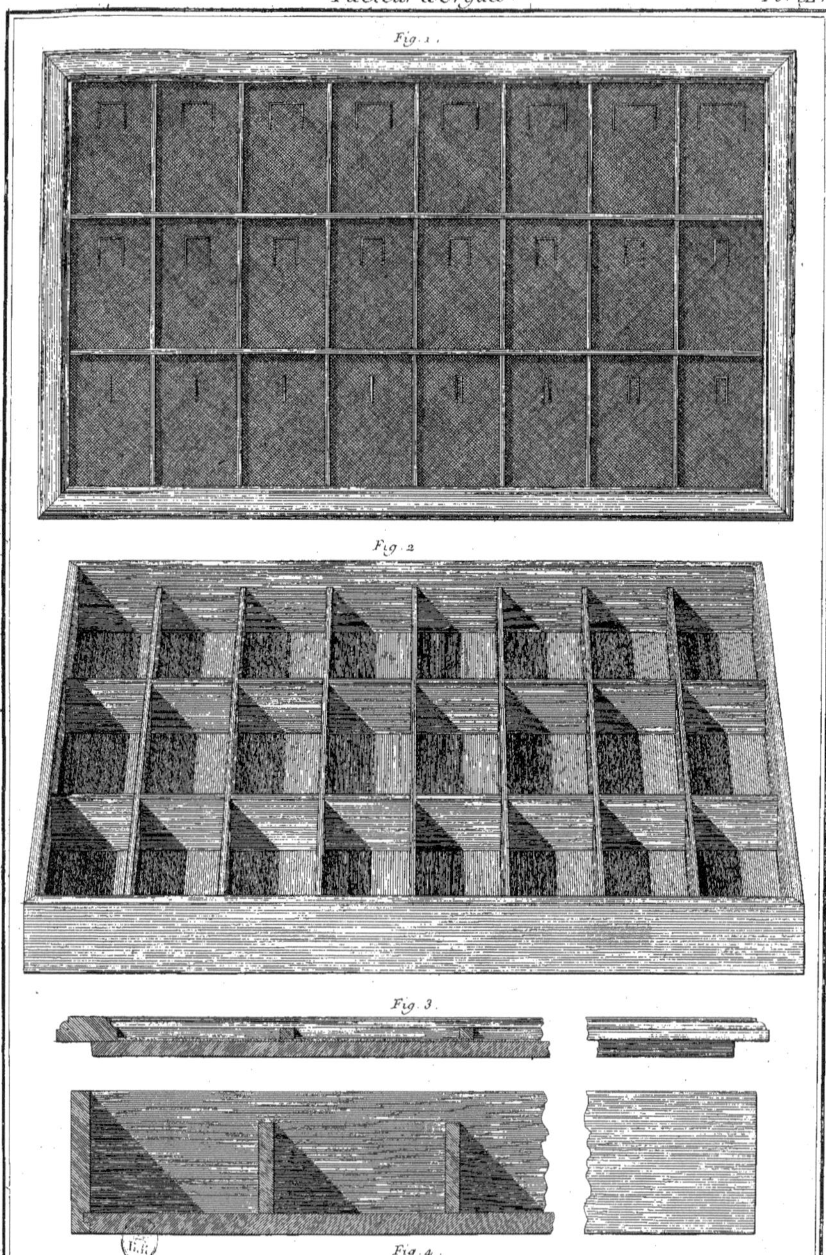

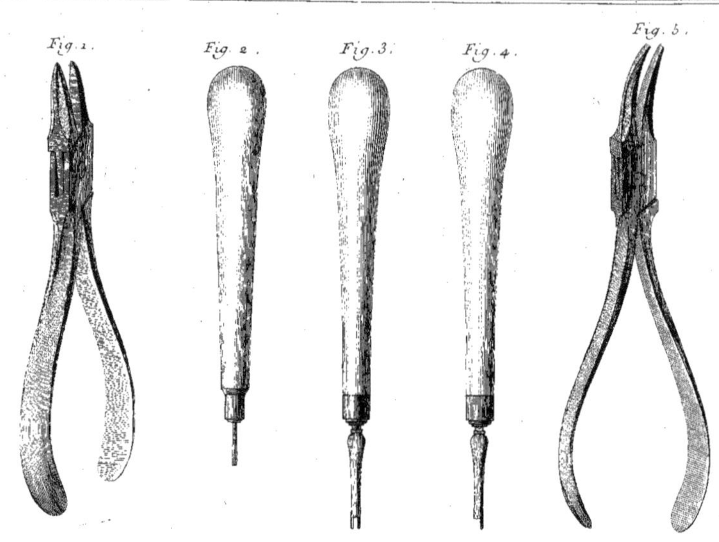

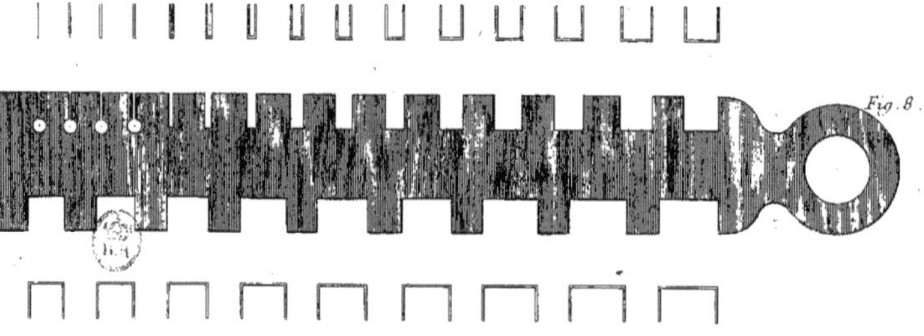

Goussier Del.

A. J. Roubo Sculp.

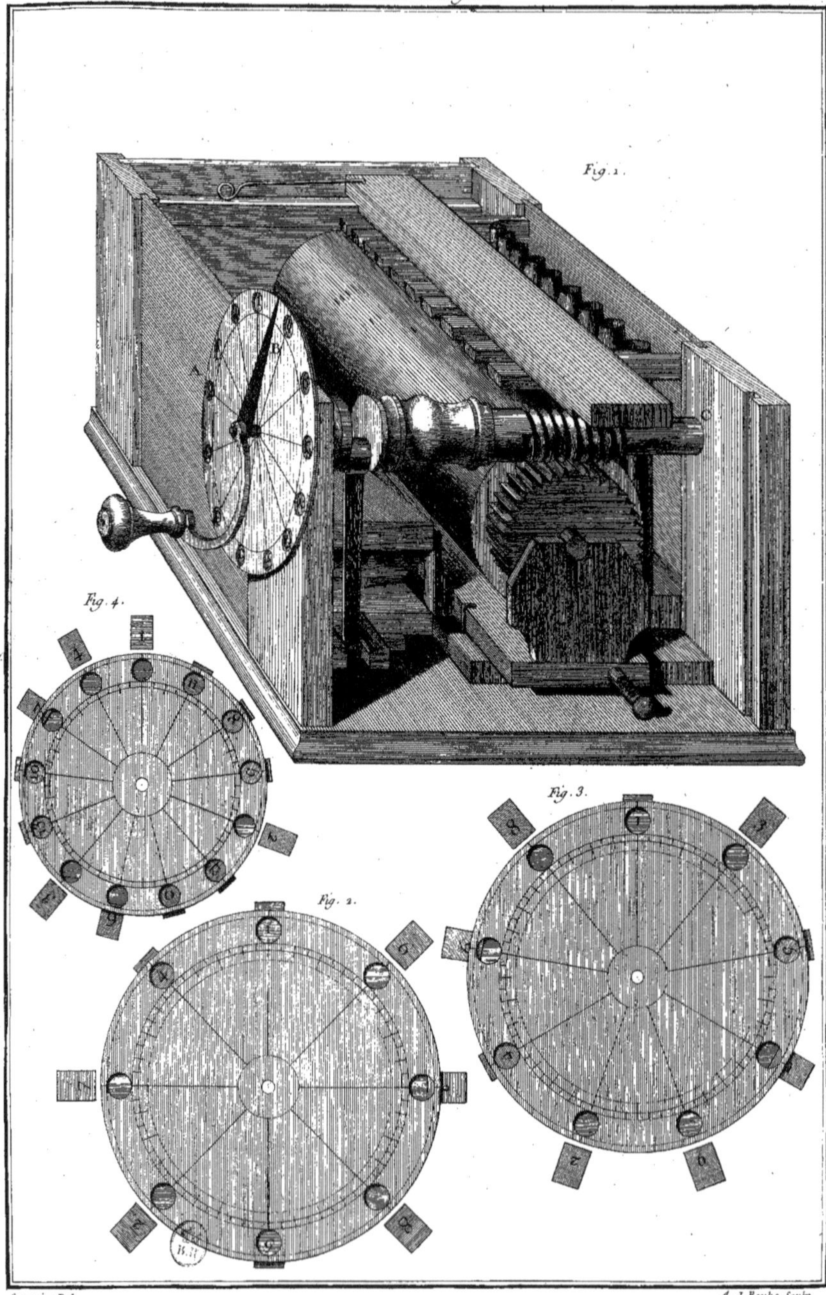
Fig. 1.
Fig. 4.
Fig. 3.
Fig. 2.

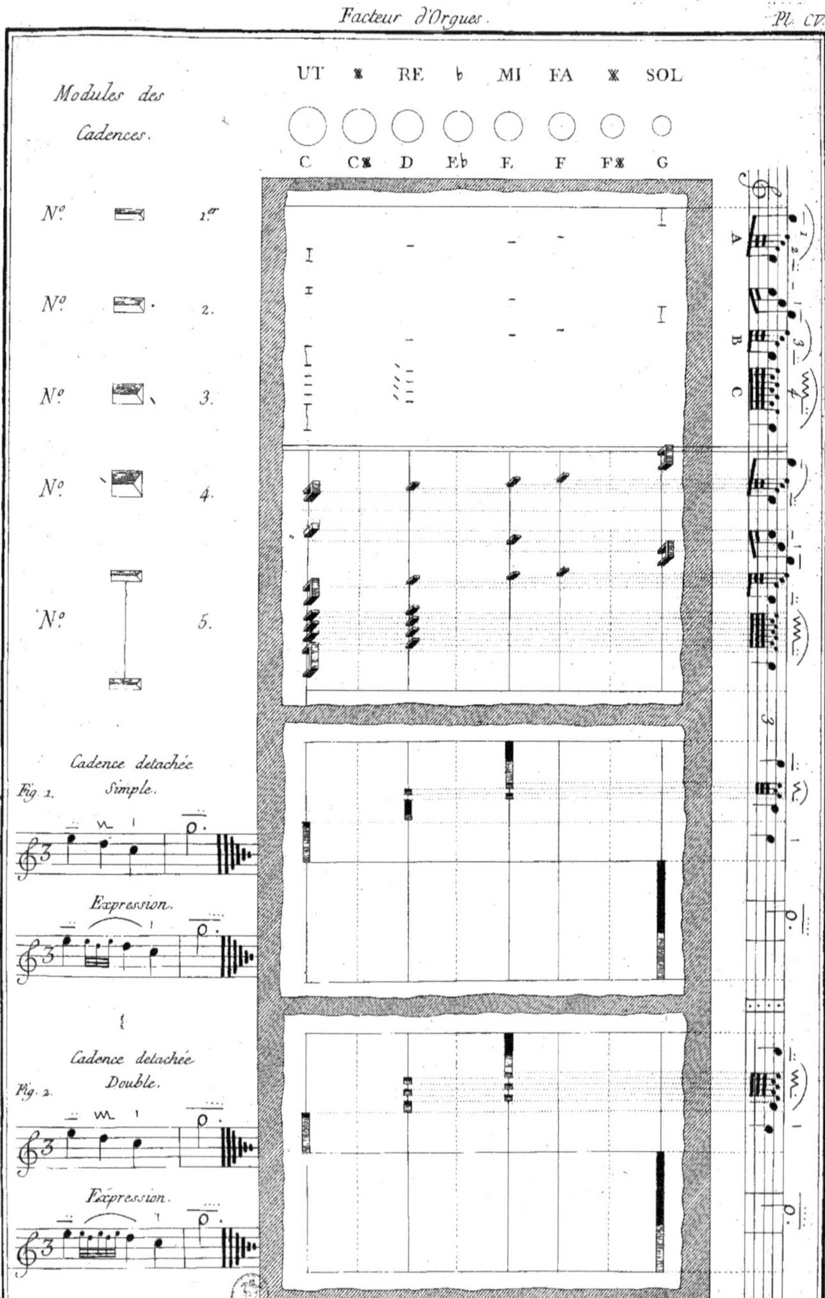
Modules des Cadences.
UT RE MI FA SOL
C C D E♭ E F F G
N.º 1.er
N.º 2.
N.º 3.
N.º 4.
N.º 5.
Cadence detachée
Simple.
Fig. 1.
Expression.
Cadence detachée
Double.
Fig. 2.
Expression.
A
B
C

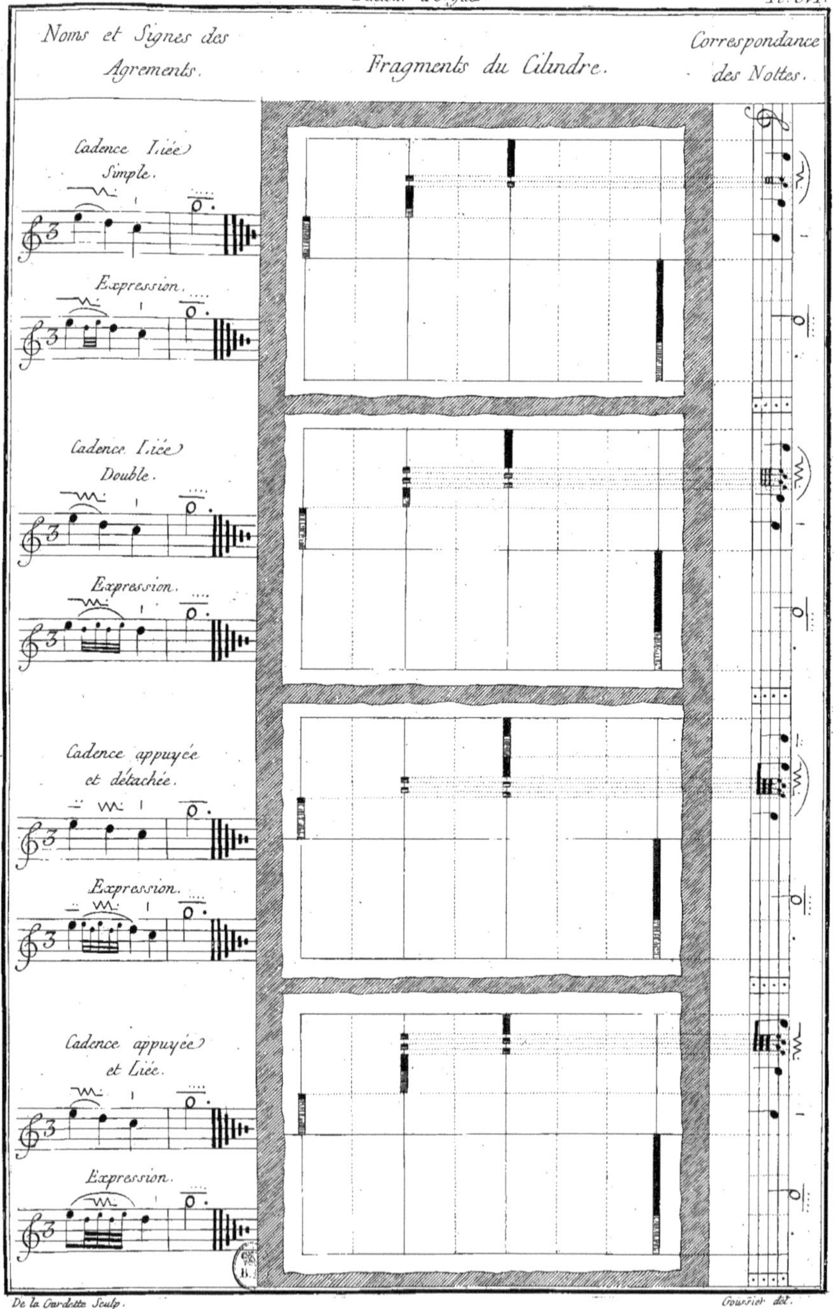

De la Gardette Sculp.   Goussier del.

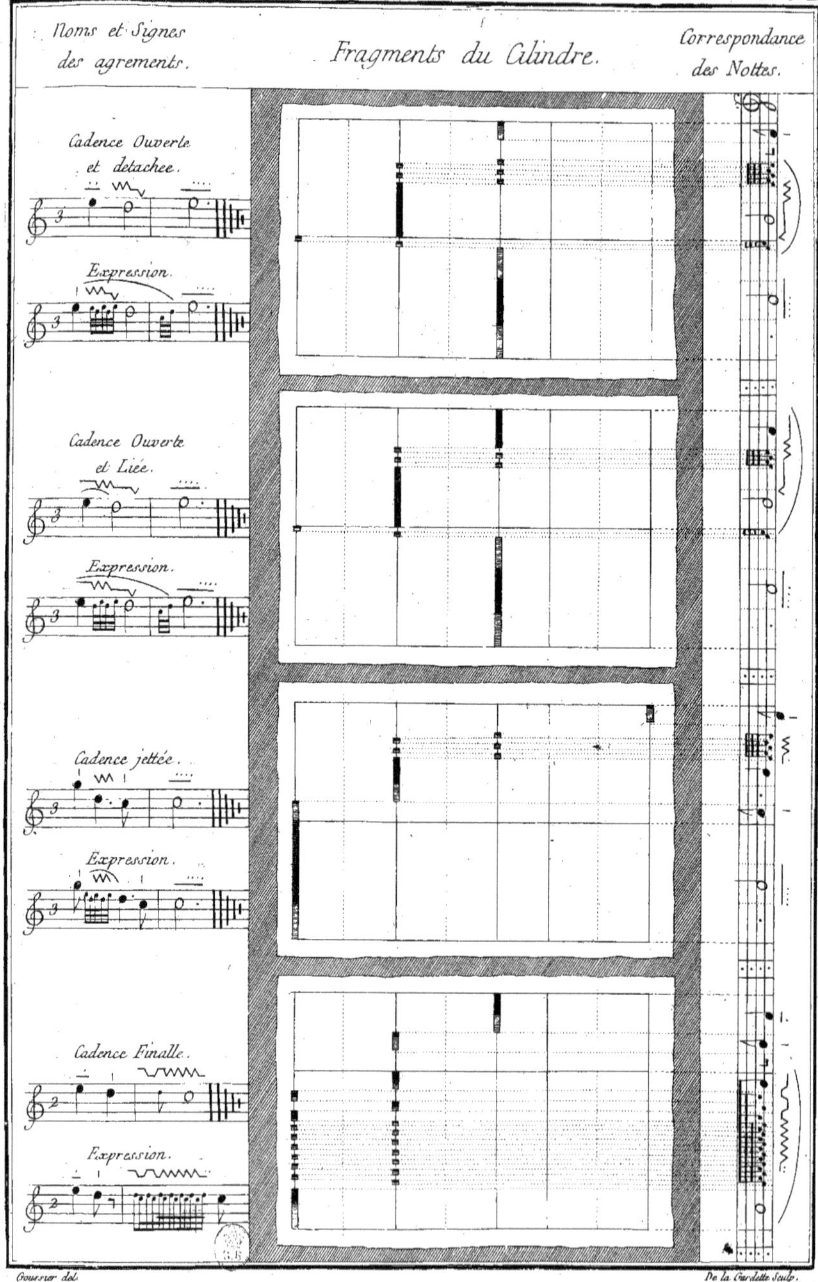
Noms et Signes des agrements.
Fragments du Cilindre.
Correspondance des Nottes.
Cadence Ouverte et detachee.
Expression.
Cadence Ouverte et Liée.
Expression.
Cadence jettée.
Expression.
Cadence Finalle.
Expression.
Goussier del.
De la Gardette Sculp.

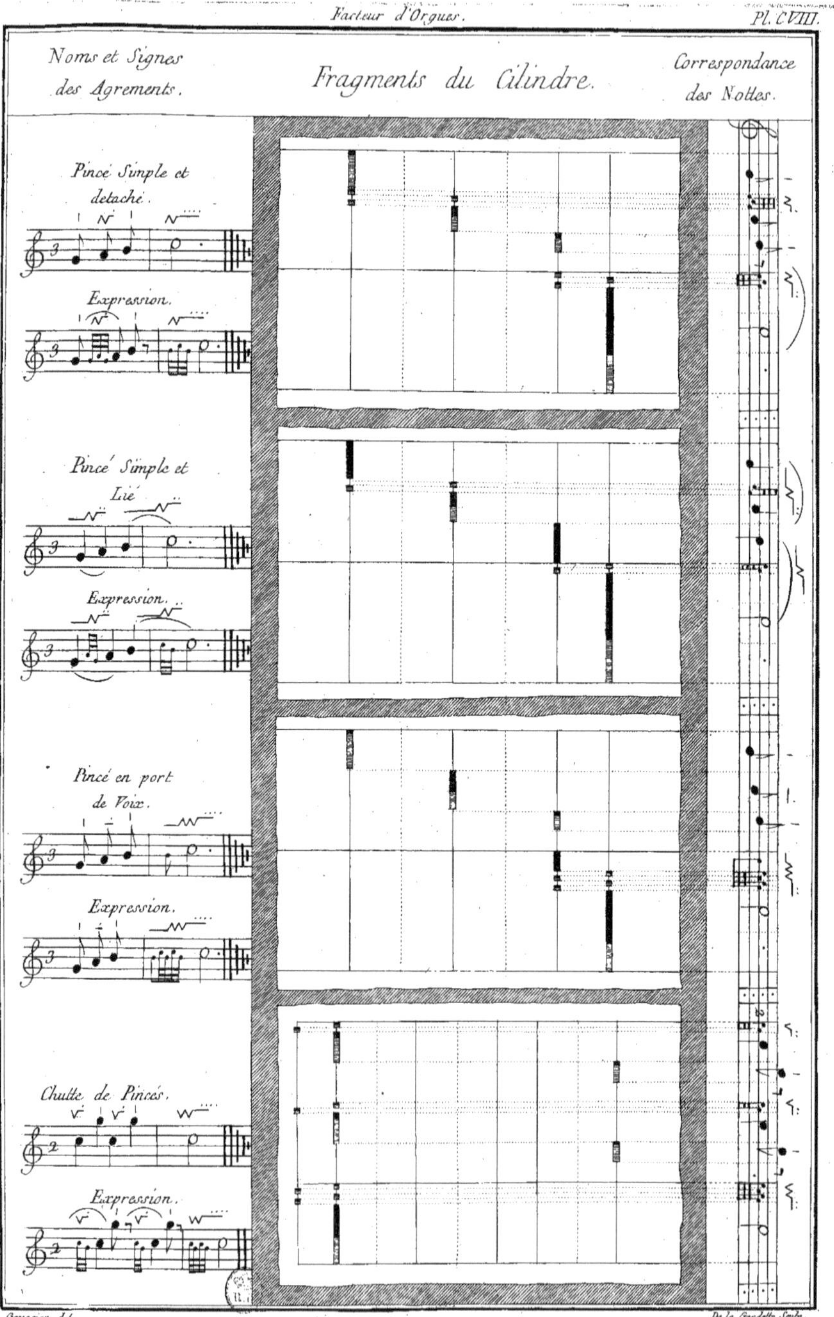
Noms et Signes
des Agrements.
Fragments du Cilindre.
Correspondance
des Nottes.
Pincé Simple et detaché.
Expression.
Pincé Simple et Lié.
Expression.
Pincé en port de Voix.
Expression.
Chutte de Pincés.
Expression.
Goussier del.
De la Gardette Sculp.

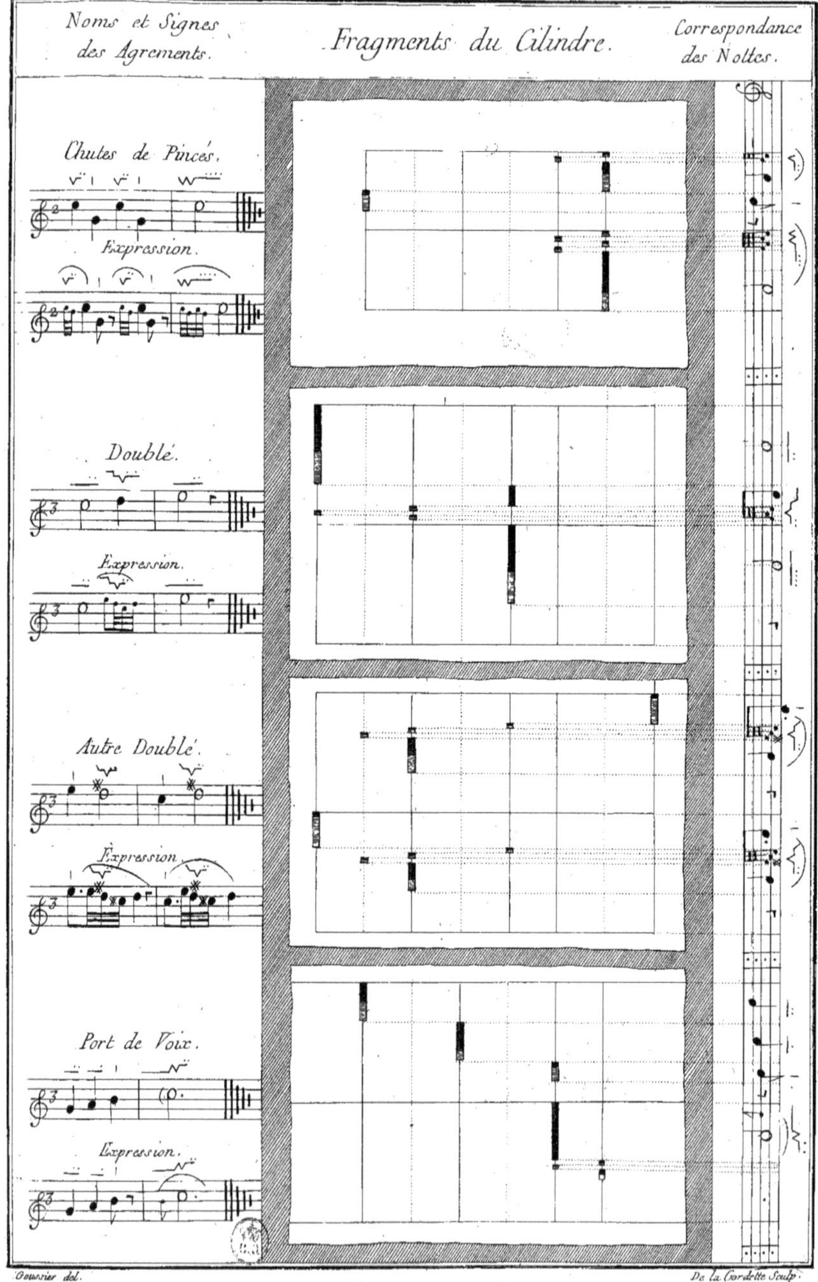

Facteur d'Orgues.
Pl. CIX.
Noms et Signes
des Agrements.
Fragments du Cilindre.
Correspondance
des Nottes.
Chutes de Pincés.
Expression.
Doublé.
Expression.
Autre Doublé.
Expression.
Port de Voix.
Expression.
Goussier del.
De la Gardette Sculp.

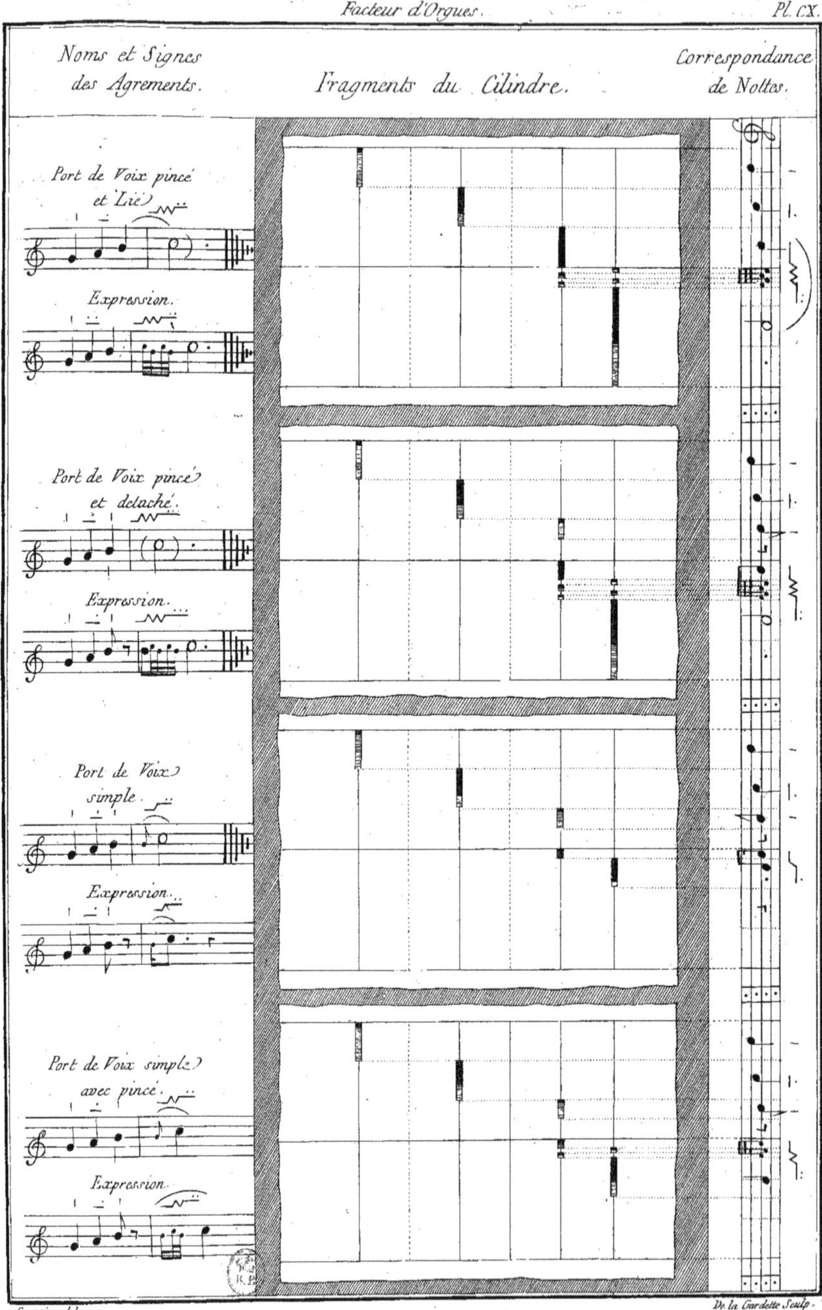
Noms et Signes
des Agrements.
Fragments du Cilindre.
Correspondance
de Nottes.
Port de Voix pincé
et Lié.
Expression.
Port de Voix pincé
et detaché.
Expression.
Port de Voix
simple.
Expression.
Port de Voix simple
avec pincé.
Expression.
Goussier del.
De la Gardette Sculp.

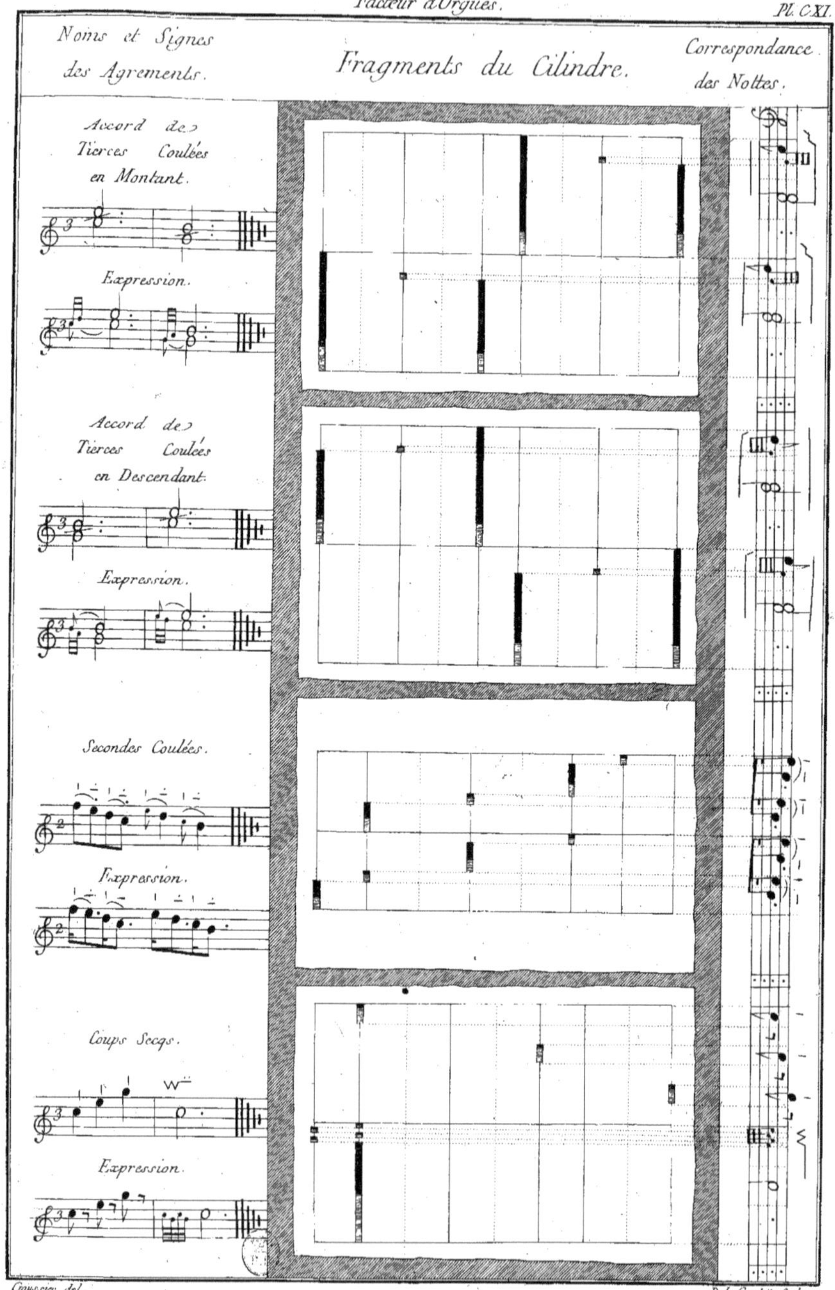
Noms et Signes
des Agrements.
Fragments du Cilindre.
Correspondance
des Nottes.
Accord de
Tierces Coulées
en Montant.
Expression.
Accord de
Tierces Coulées
en Descendant.
Expression.
Secondes Coulées.
Expression.
Coups Secqs.
Expression.
Goussier del.
De la Gardette Sculp.

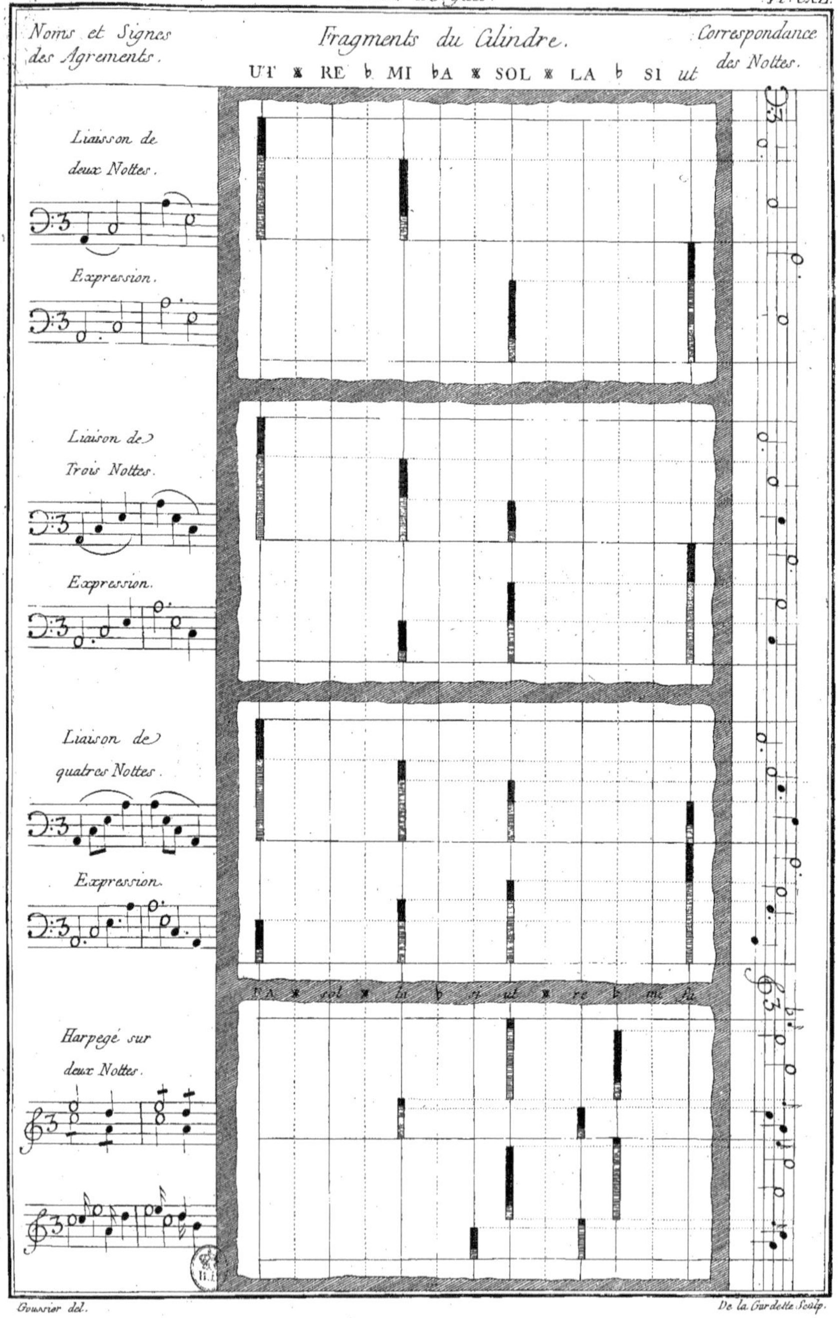
Noms et Signes des Agremens.
Fragments du Cilindre.
Correspondance des Nottes.
UT ✕ RE ♭ MI ♭A ✕ SOL ✕ LA ♭ SI ut
Liaisson de deux Nottes.
Expression.
Liaison de Trois Nottes.
Expression.
Liaison de quatres Nottes.
Expression.
FA ✕ sol ✕ la ♭ si ut ✕ re ♭ mi fa
Harpegé sur deux Nottes.

Goussier del. De la Gardette Sculp.

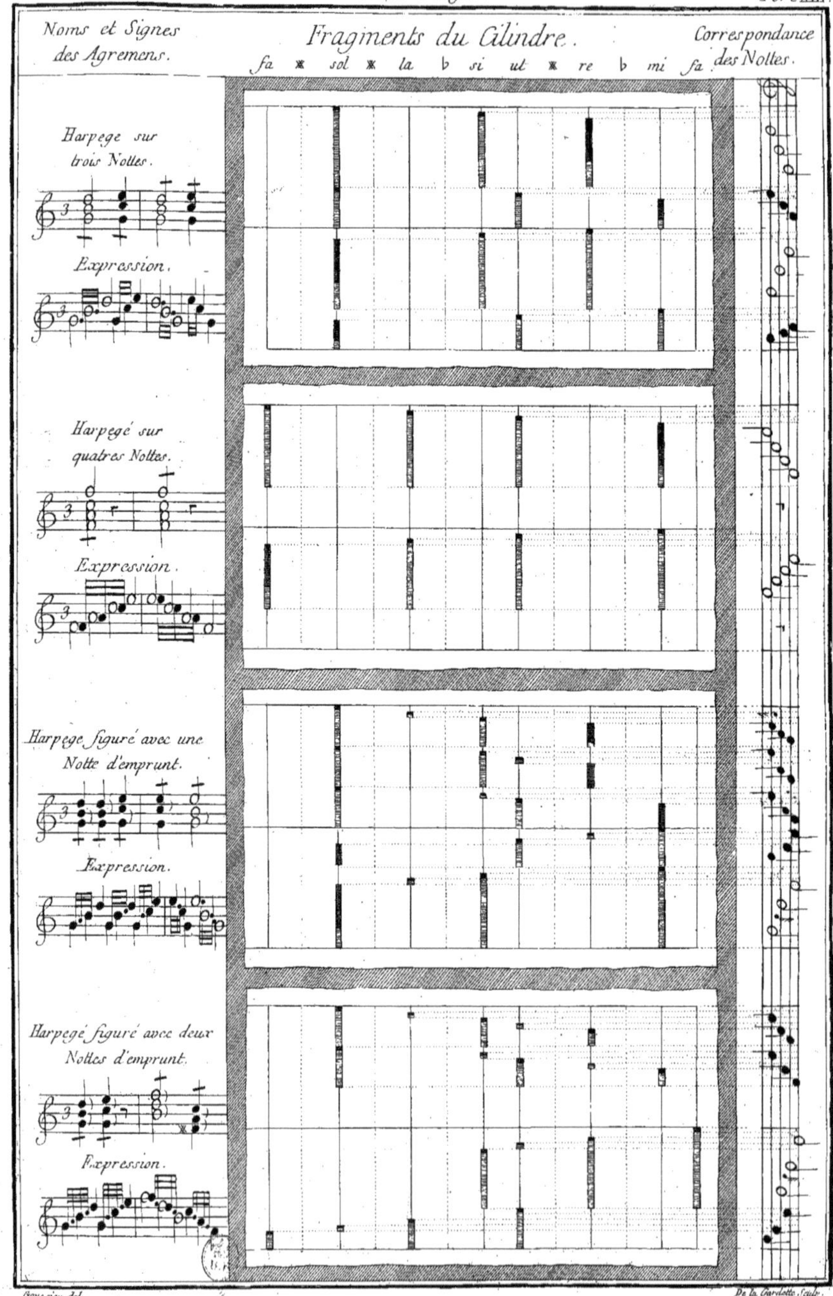
Noms et Signes
des Agremens.
Fragments du Cilindre.
Correspondance
des Nottes.
fa ✕ sol ✕ la ♭ si ut ✕ re ♭ mi fa
Harpege sur
trois Nottes.
Expression.
Harpegé sur
quatres Nottes.
Expression.
Harpege figuré avec une
Notte d'emprunt.
Expression.
Harpegé figuré avec deux
Nottes d'emprunt.
Expression.
Goussier del.
De la Gardette Sculp.

SOL ✕ LA ♭ SI UT ✕ RE ♭ MI FA ✕ SOL
G G✕ A B♭ B C C✕ D E♭ E F F✕ g

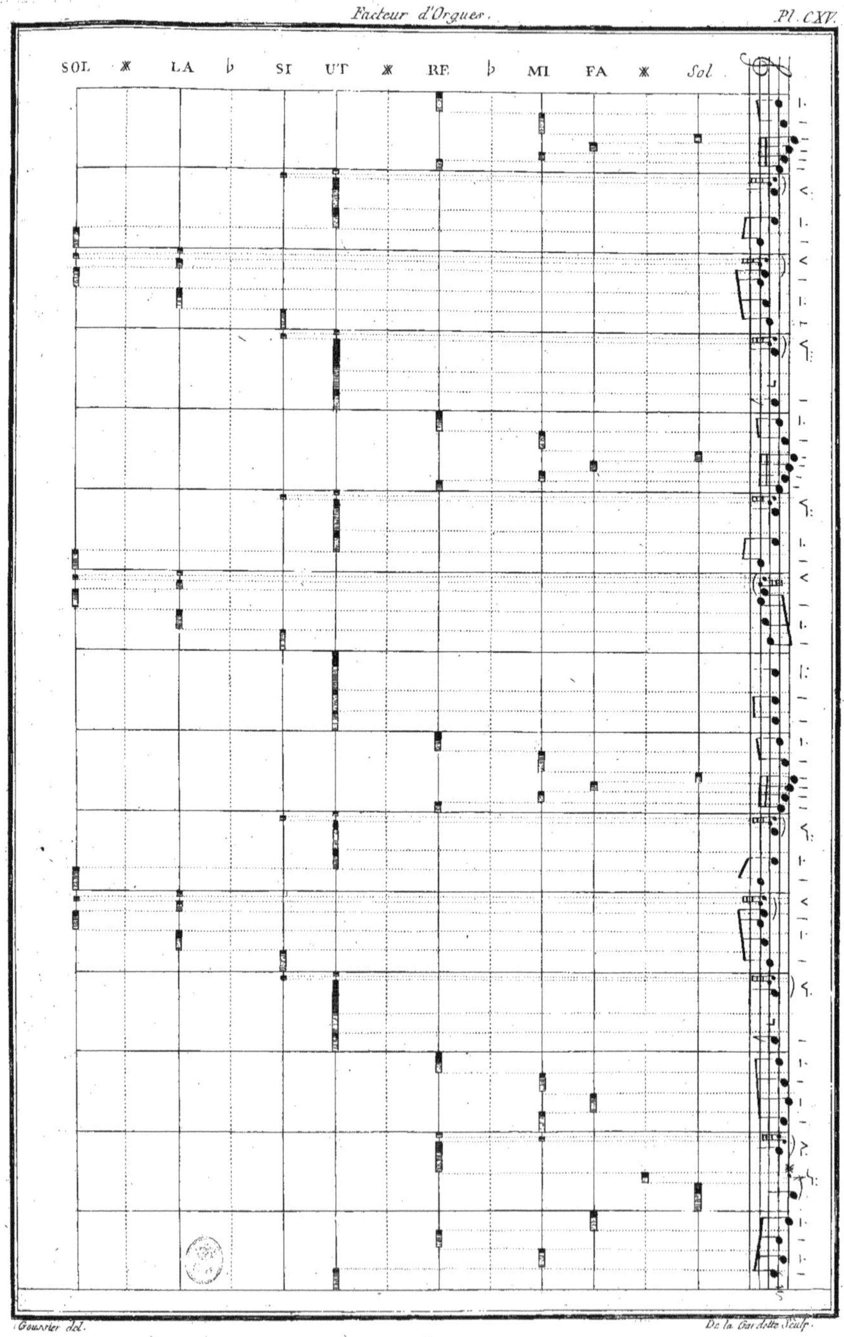

Goussier del. De la Gardette Sculp.

SOL ♯ LA ♭ SI UT ♯ RE ♭ MI FA ♯ Sol

Fin.

SOL ✕ LA ♭ SI UT ✕ RE ♭ MI FA ✕ Sol
SOL ✕ LA ♭ SI UT ✕ RE ♭ MI FA ✕ Sol

SOL ✕ LA ♭ SI UT ✕ RE ♭ MI FA ✕ Sol

Goussier del.
De la Gardette Sculp.

ROMANCE DE Mr BALBASTRE.

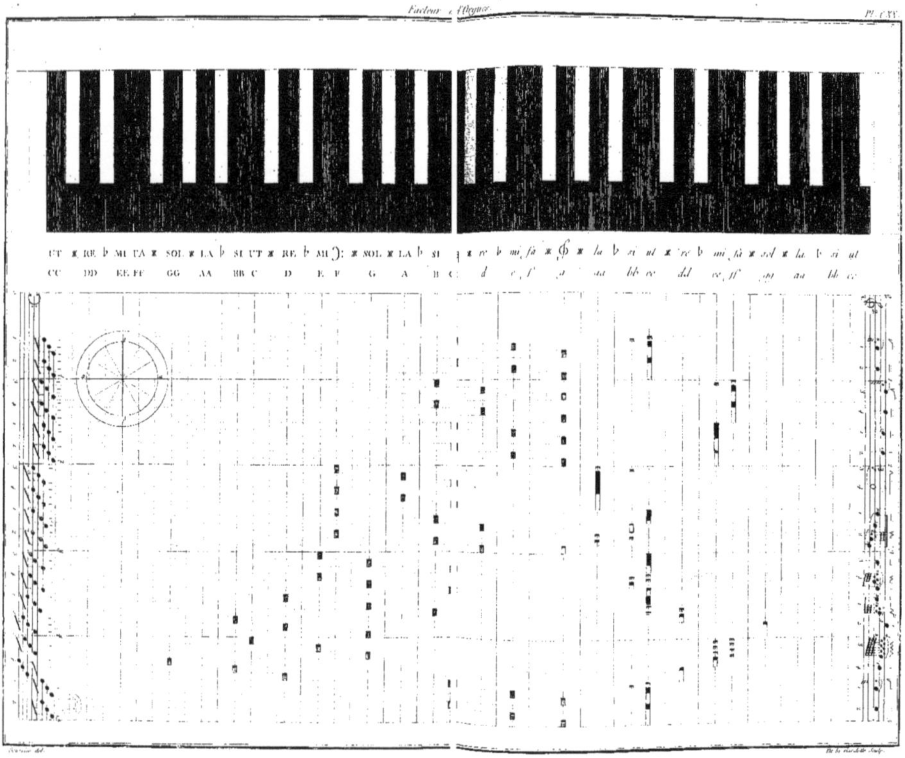

UT ☒ RE ♭ MI FA ☒ SOL ☒ LA ♭ SI UT ☒ RE ♭ MI ☿ ☒ SOL ☒ LA ♭ SI ♮ ☒ re ♭ mi fa ☒ ☒ la ♭ si ut ☒ re ♭ mi fa ☒ sol ☒ la ♭ si ut
CC DD EE FF GG AA BB C D E F G A B C d e f g aa bb cc dd ee ff gg aa bb cc

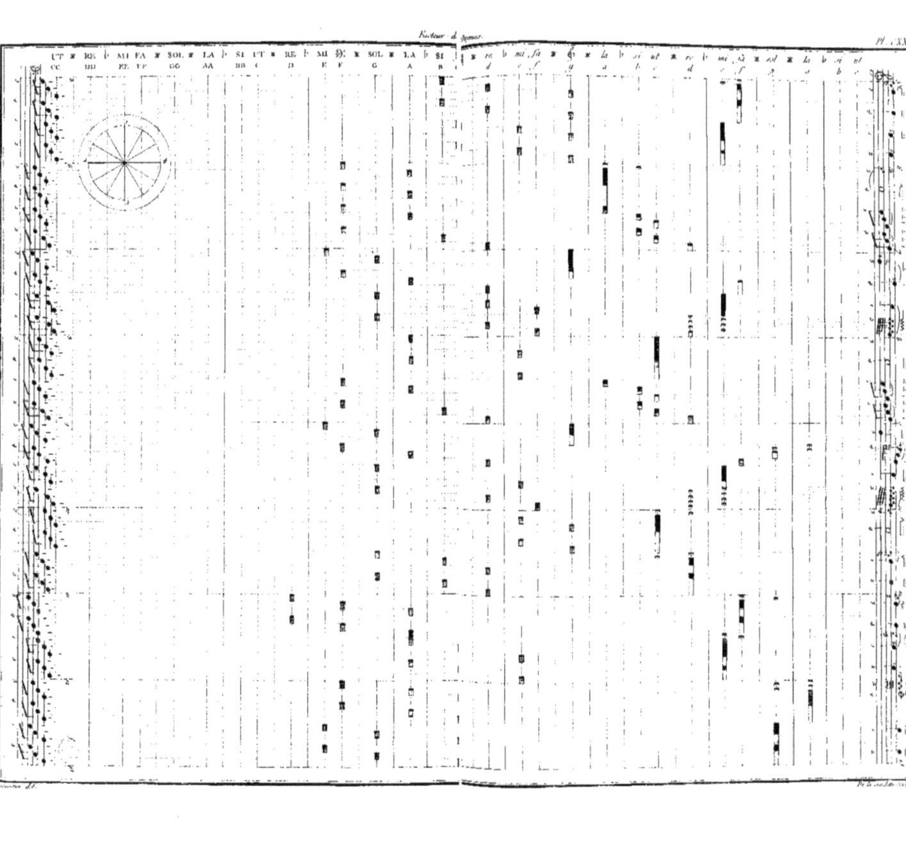
UT ♯ RE ♭ MI FA ♯ SOL ♯ LA ♭ SI UT ♯ RE ♭ MI ♯: ♯ SOL ♯ LA ♭ SI
CC DD EE FF GG AA BB C D E F G A B

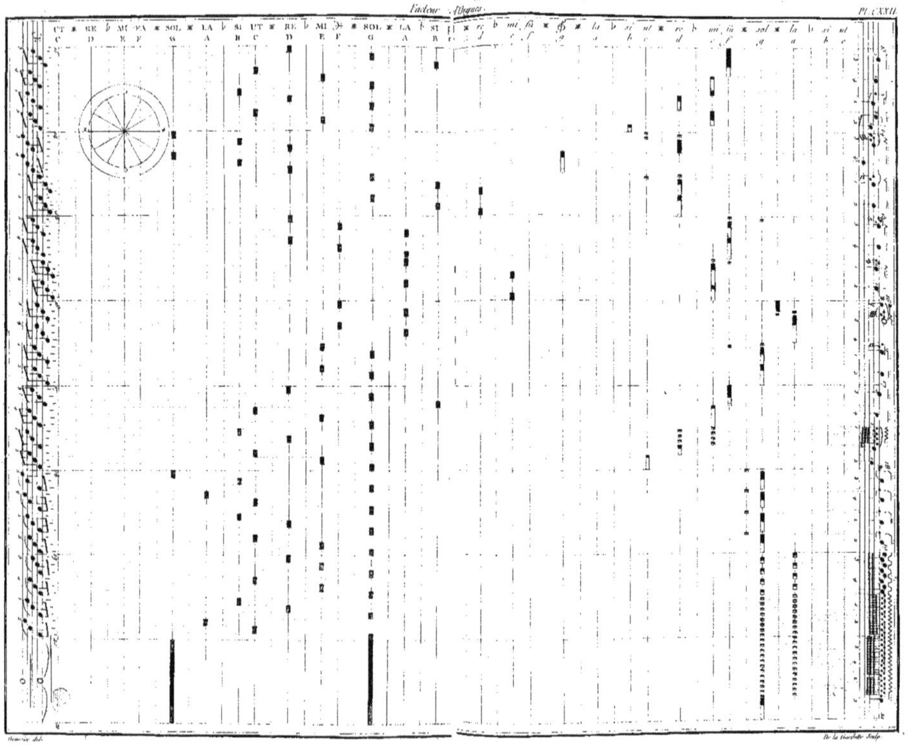

UT ♯ RE ♭ MI FA ♯ SOL ♯ LA ♭ SI UT ♯ RE ♭ MI ♯ SOL ♯ LA ♭ SI ♯ re ♭ mi fa ♯ ♯ la ♭ si ut ♯ re ♭ mi fa ♯ sol ♯ la ♭ si ut
C D E F G A B C D E F G A B c d e f g a b c d e f g a b c

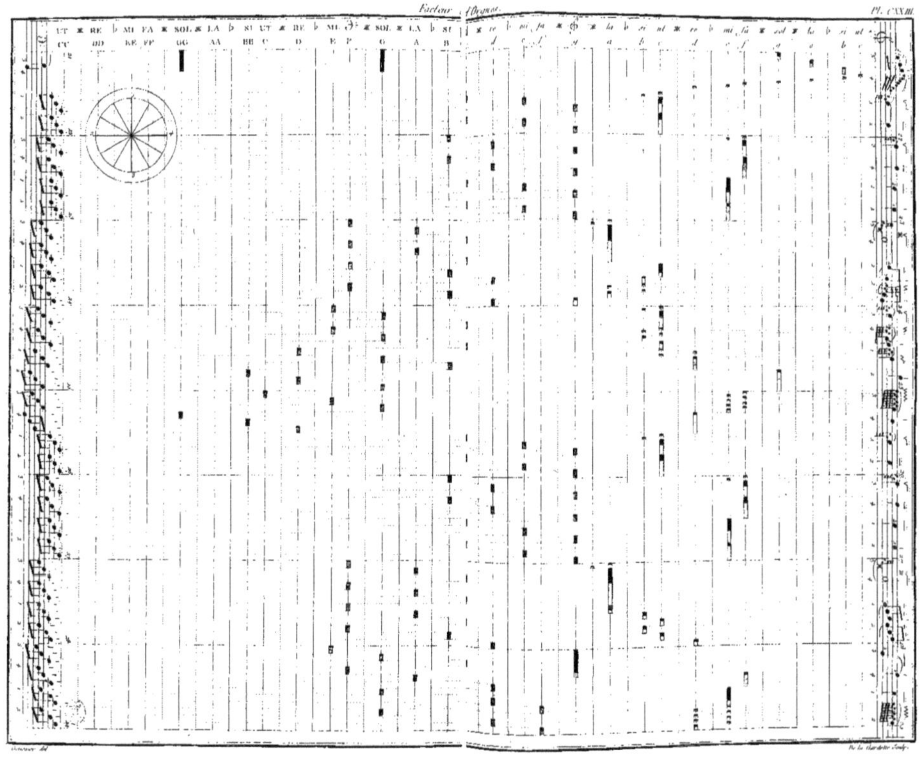

UT # RE b MI FA # SOL # LA b SI UT # RE b MI # SOL # LA b SI # re b mi fa # # la b si ut # re b mi fa # sol # la b si ut
CC DD EE FF GG AA BB C D E F G A B c d e f g a b c d e f g a b c

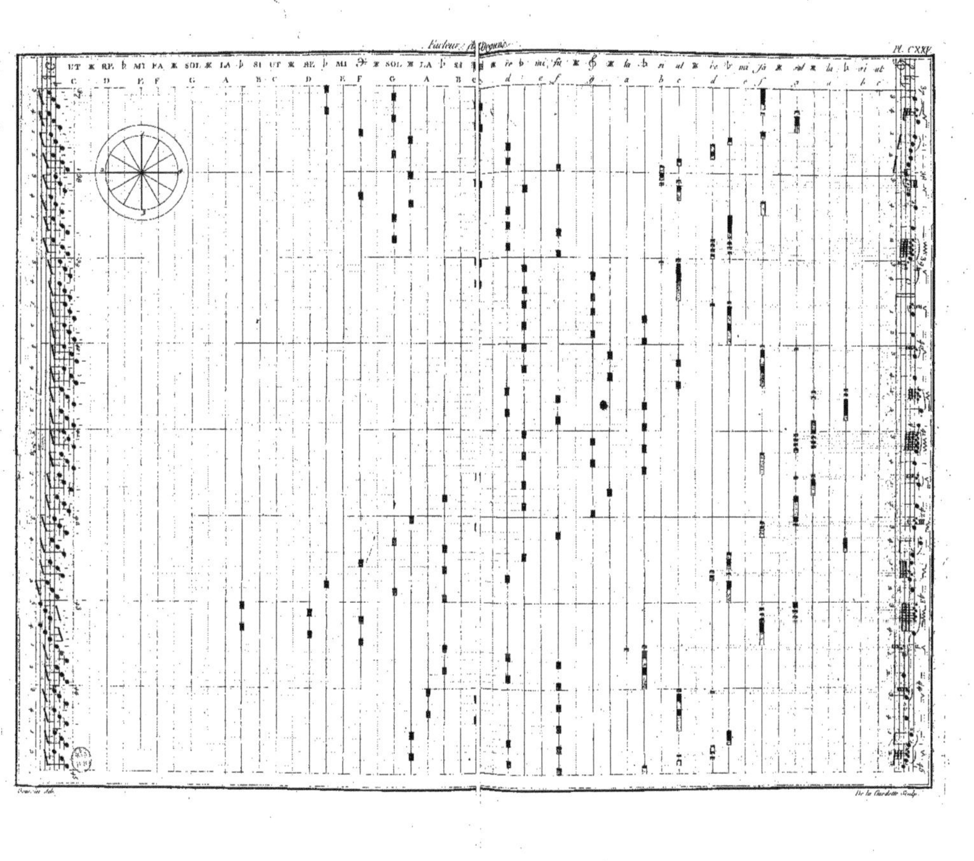

UT RE MI FA SOL LA SI UT RE MI SOL LA SI mi fa la si ut mi fa la si ut
C D E F G A B C D E F G A B c d e f g a b c d e f g a b c

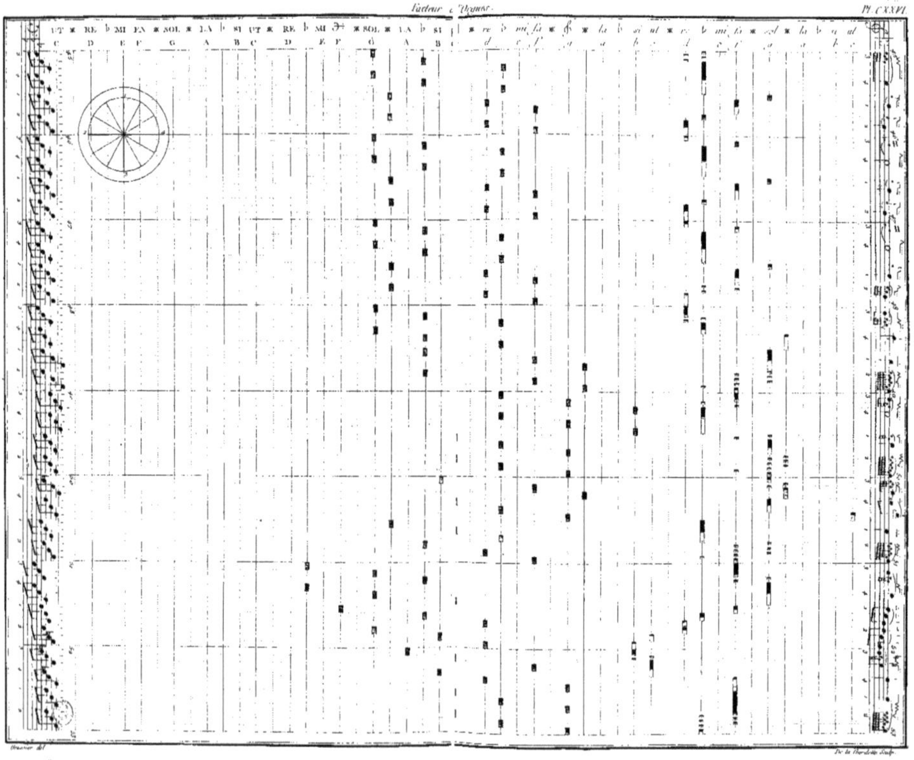

UT ✳ RE ♭ MI FA ✳ SOL ✳ LA ♭ SI UT ✳ RE ♭ MI ✳ SOL ✳ LA ♭ SI ✳ re ♭ mi fa ✳ sol ✳ la ♭ si ut ✳ re ♭ mi fa ✳ sol ✳ la ♭ si ut
C D E F G A B C D E F G A B d e f g a b

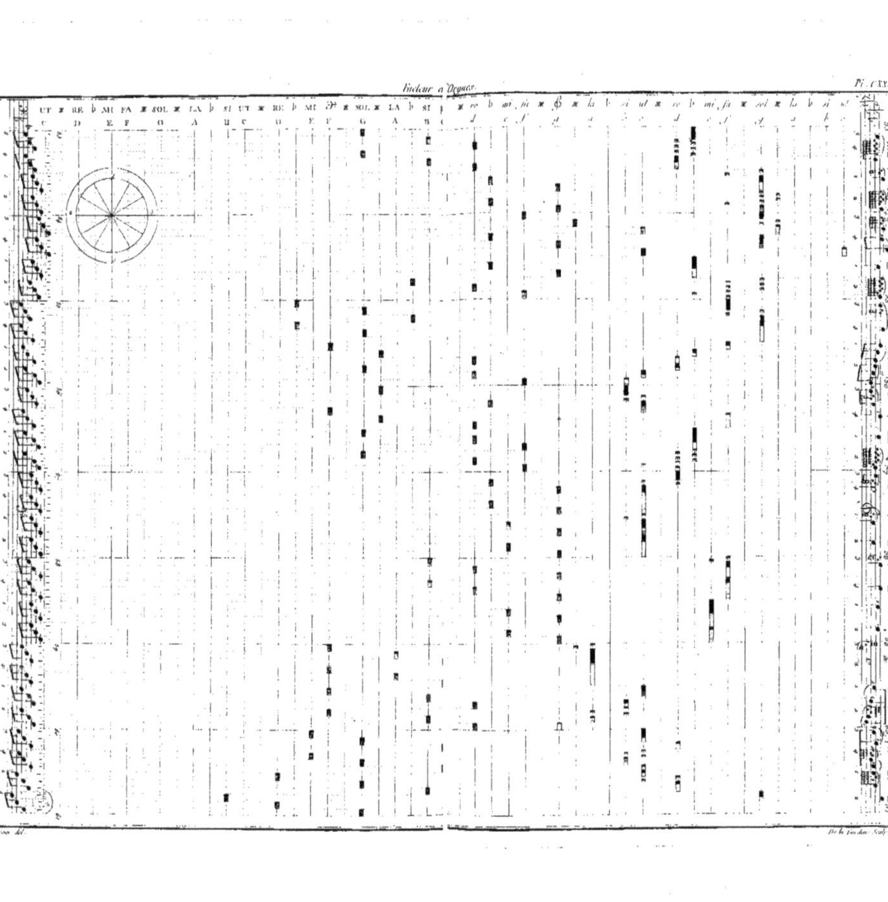
UT RE MI FA SOL LA SI UT RE MI SOL LA SI
C D E F G A B C D E F G A B

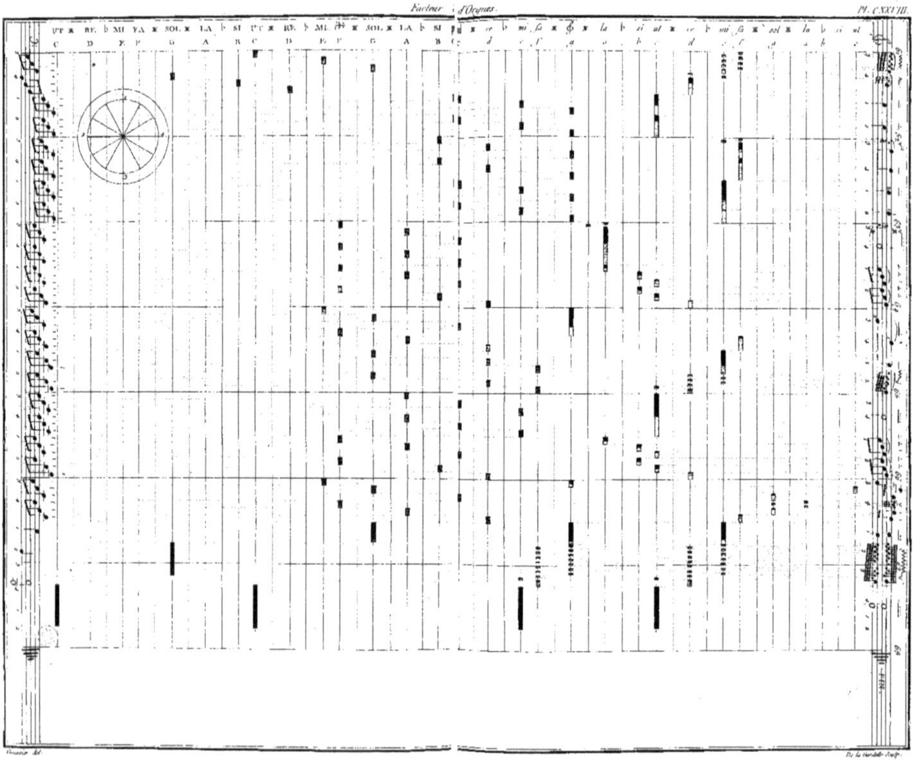

Dessiné del. De la Gardette Sculp.

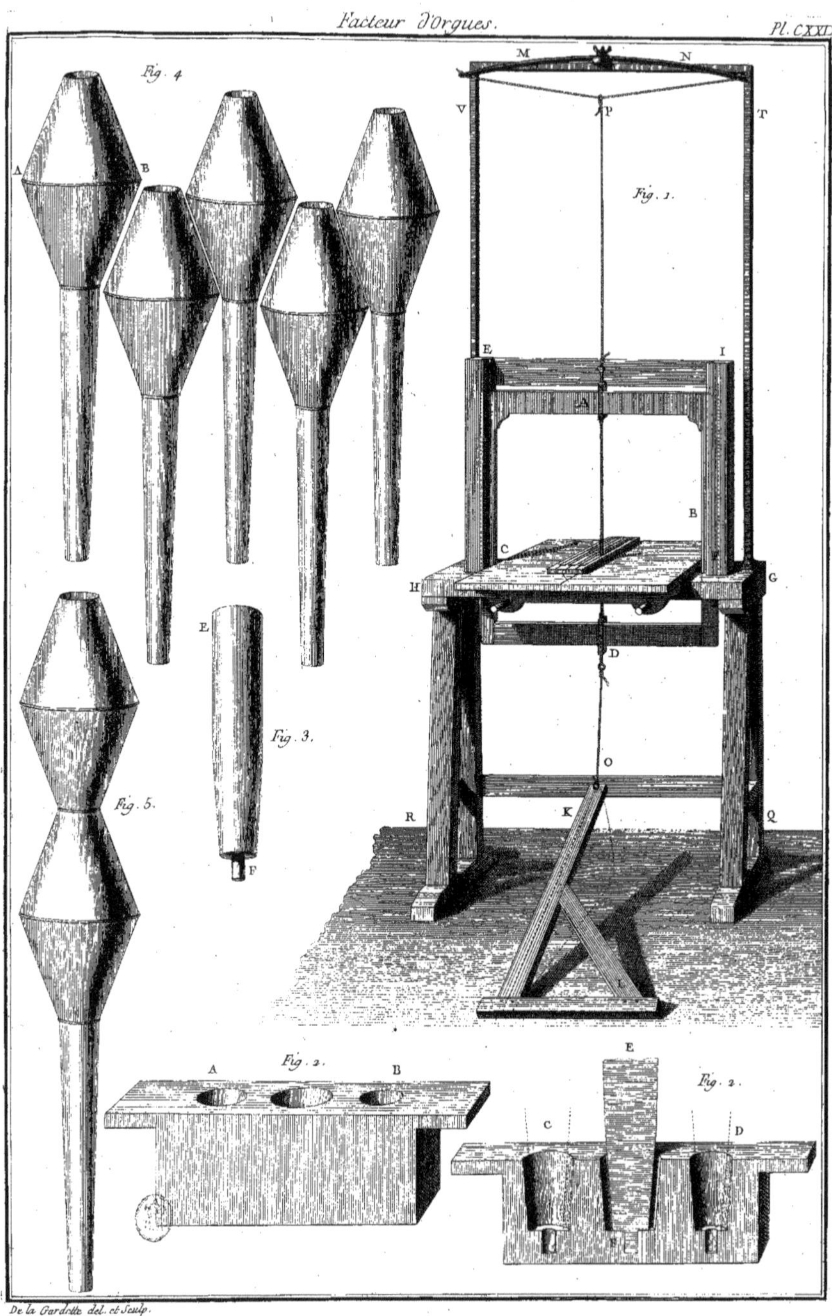

De la Gardette del. et Sculp.

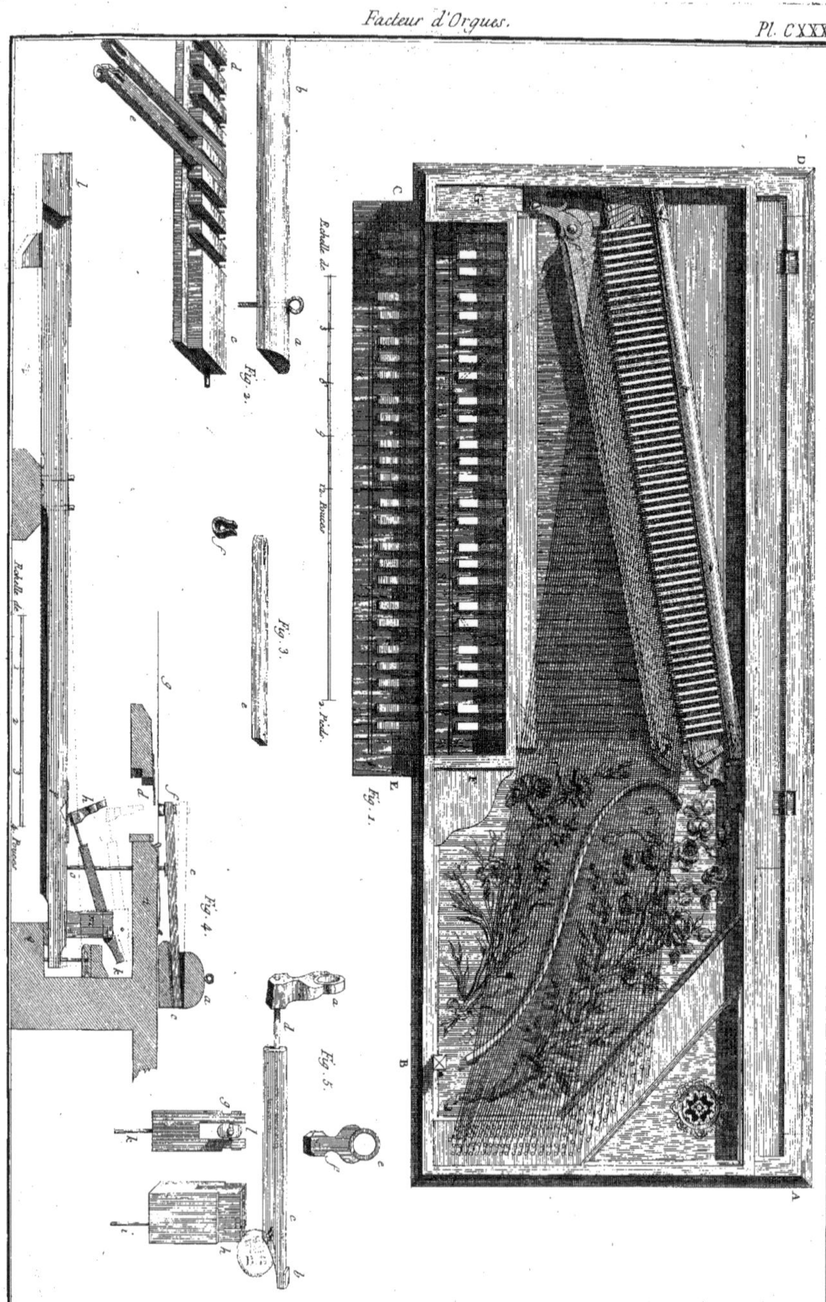

De la Gardette del et Sculp.

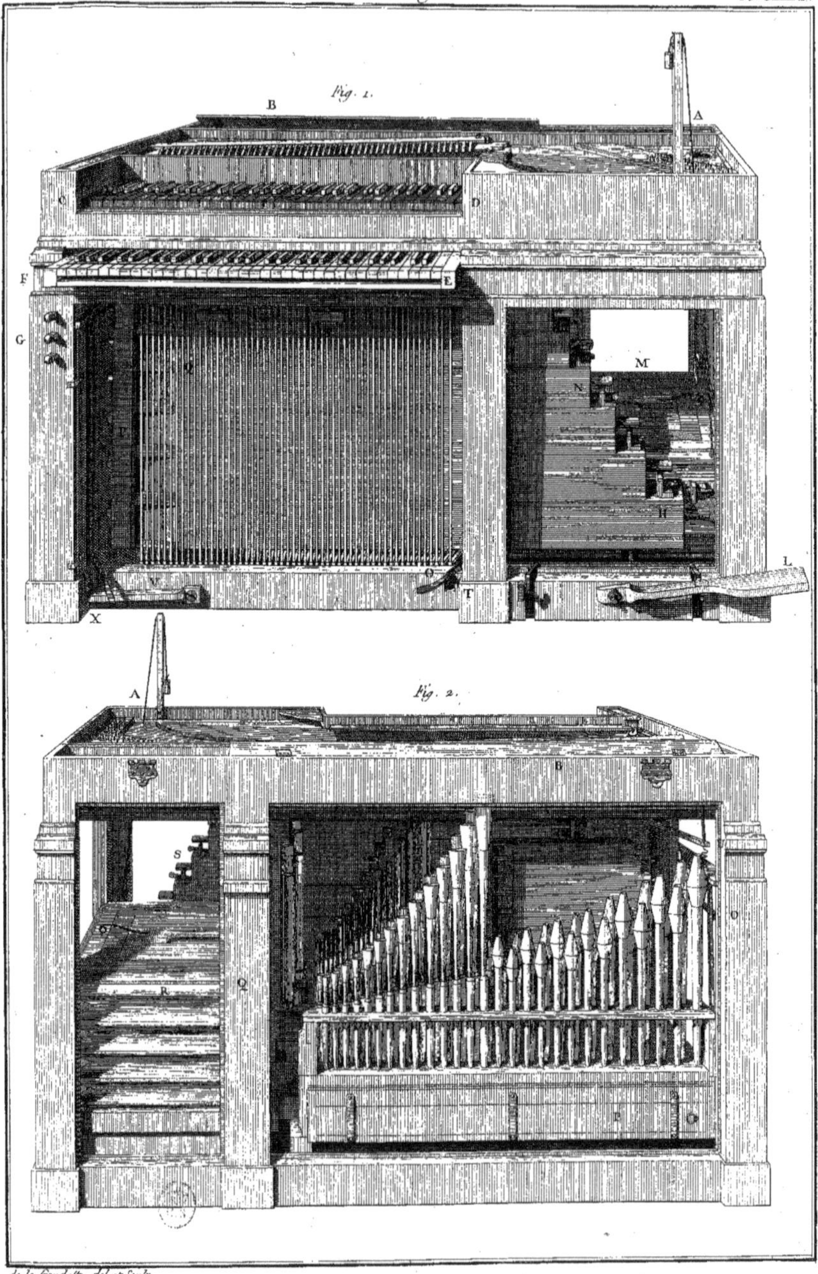

Fig. 1.
Fig. 2.
de la Gardette del et Sculp

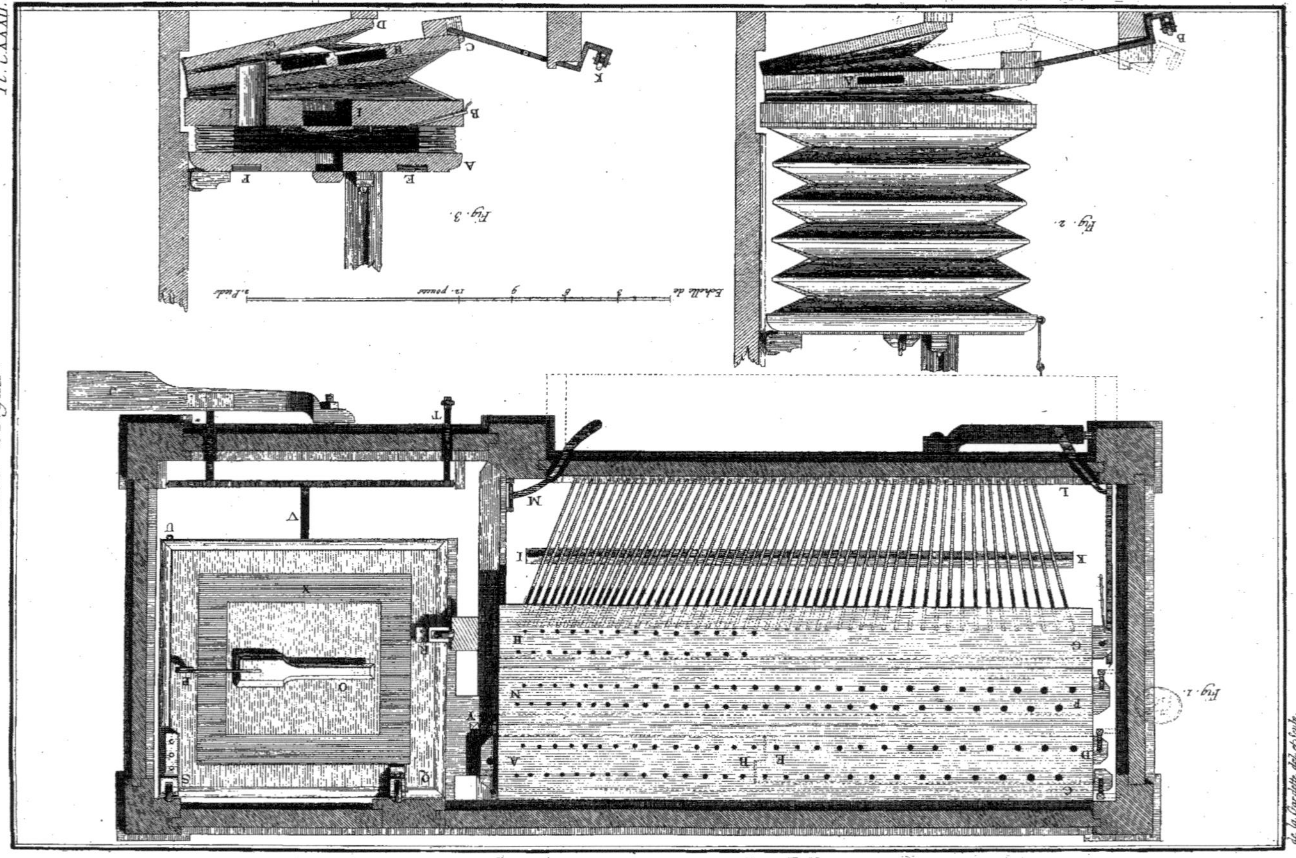

Fig. 1.
Fig. 2.
Fig. 3.
Echelle de
Pied.
de la Gardette del. et Sculp.

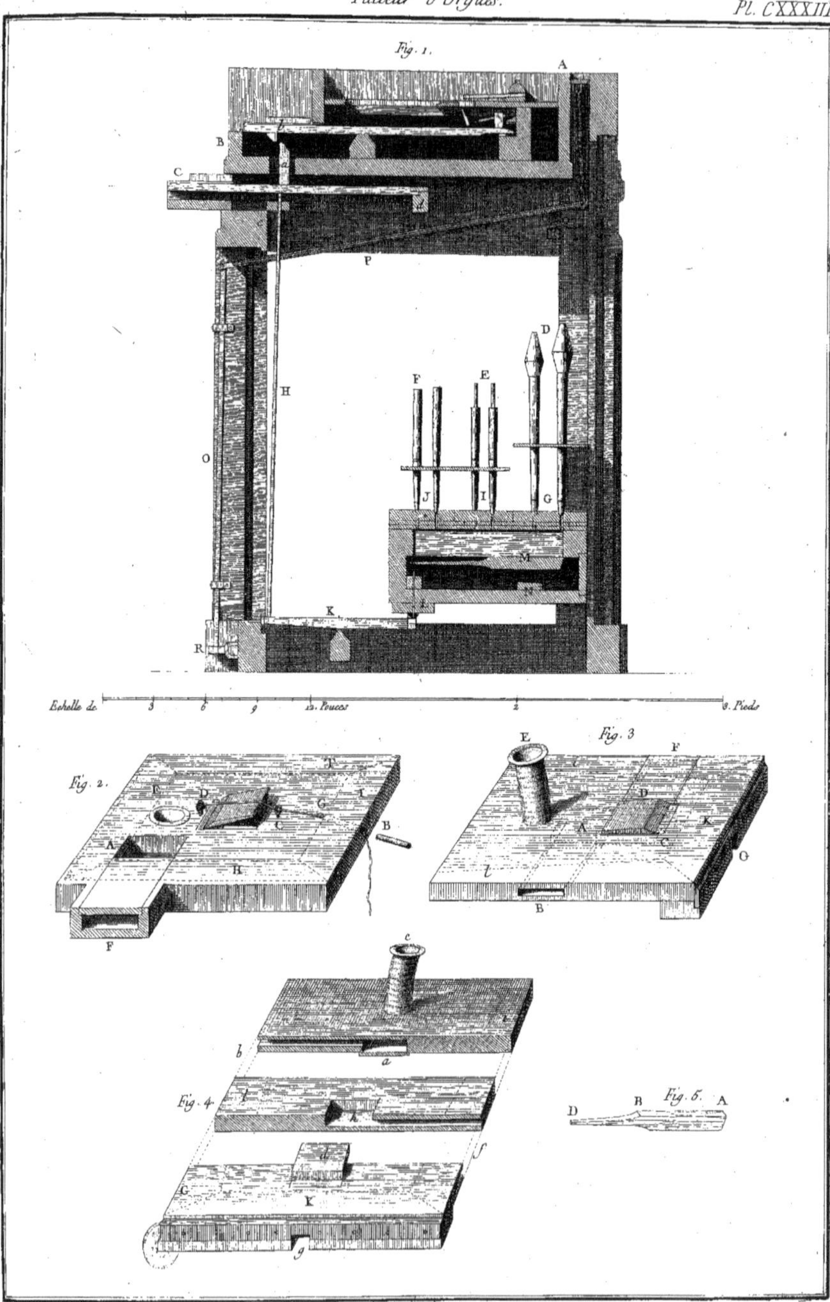

De la Gardette del. et Sculp.

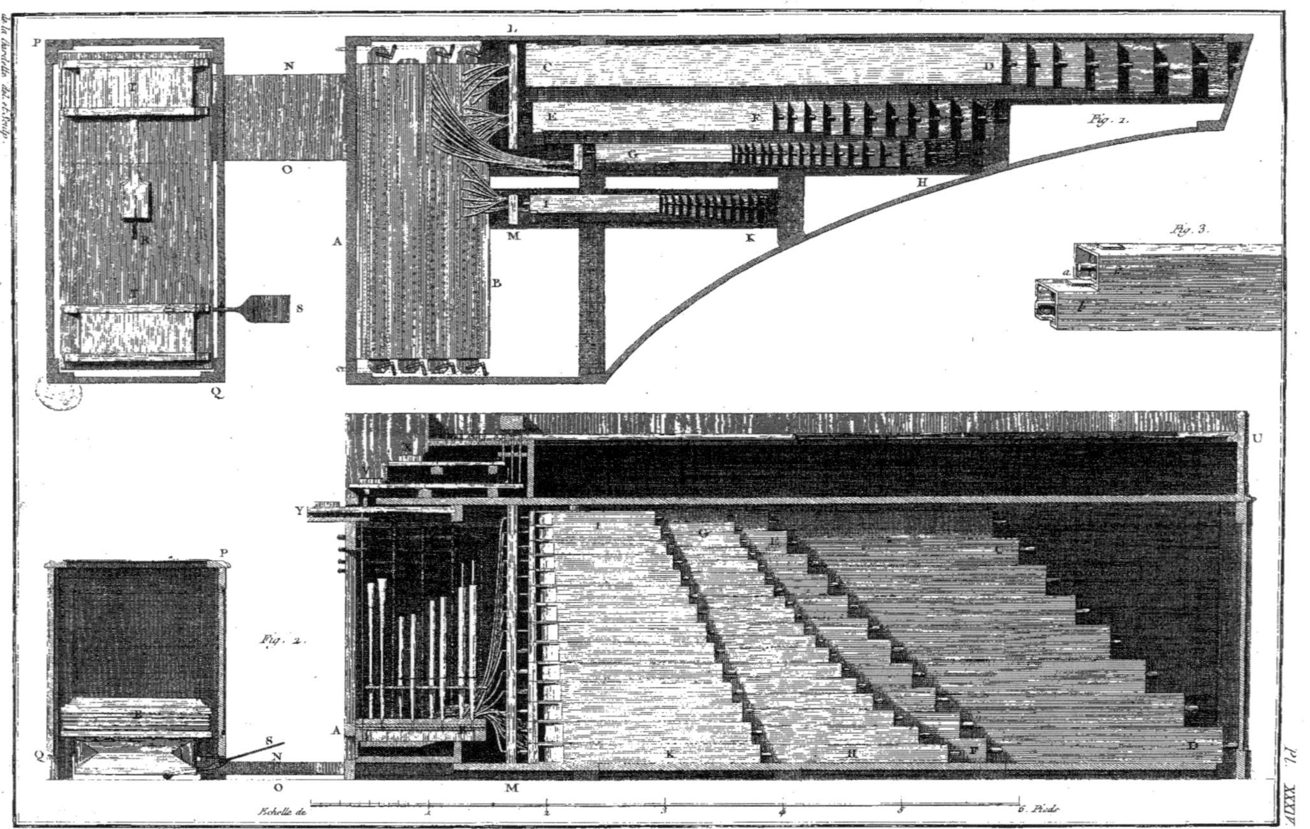

Pl. XXXIV.

Fig. 1.

Fig. 2.

Fig. 3.

Echelle de

6. Pieds

de la Chardette del. et Sculp.

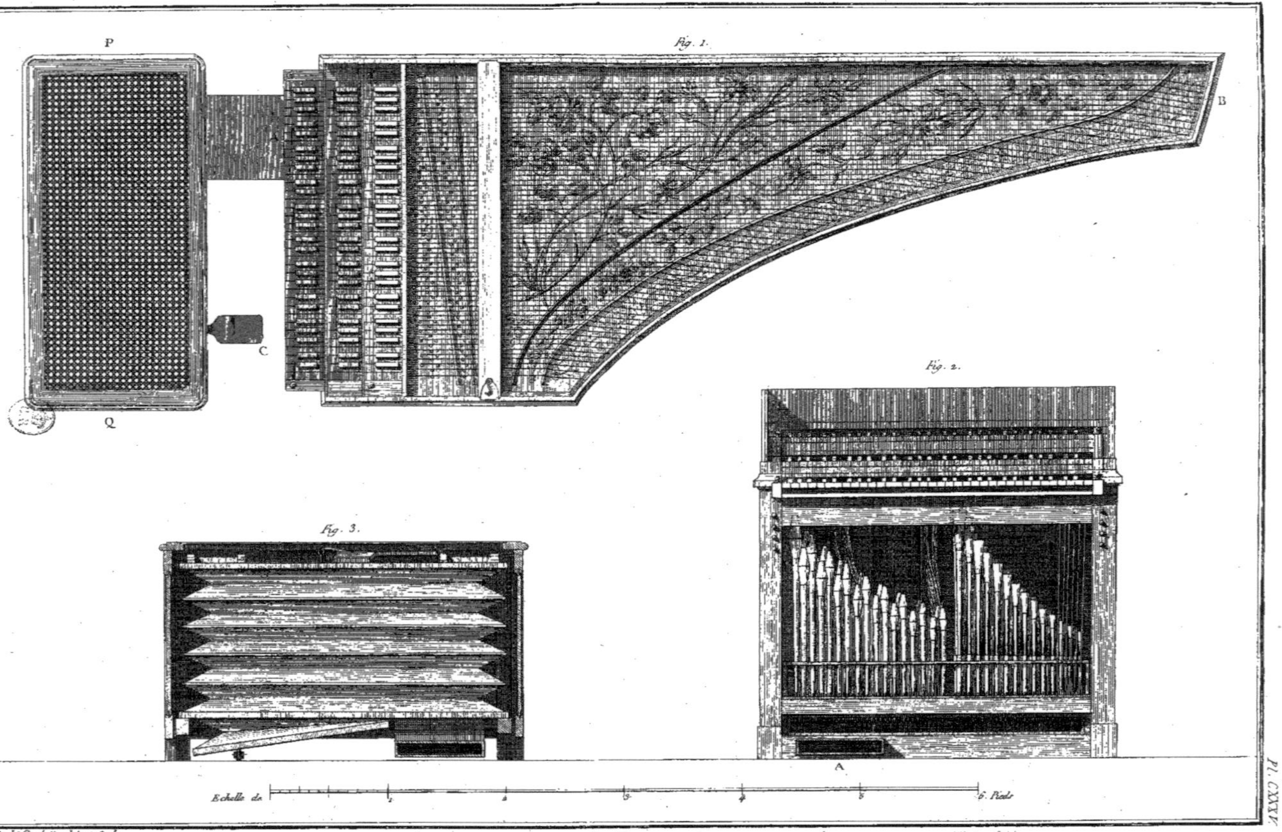
Fig. 1.
P
Q
C
B
Fig. 2.
Fig. 3.
A
Echelle de
6. Pieds
De la Gardette del et Sculp.

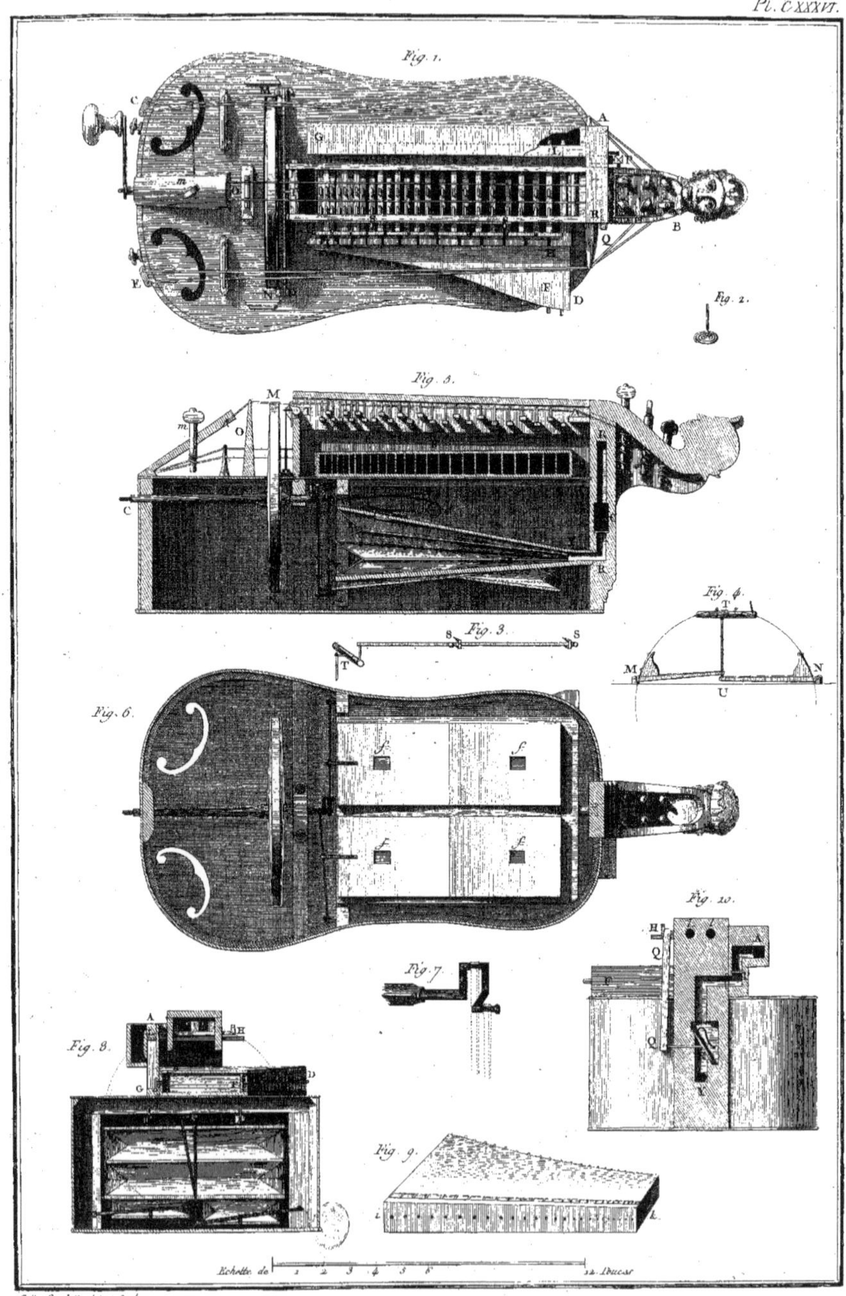

Fig. 1.
Fig. 2.
Fig. 5.
Fig. 4.
Fig. 3.
Fig. 6.
Fig. 7.
Fig. 10.
Fig. 8.
Fig. 9.
Echelle de
Pouces.
de la Gardette del. et Sculp.

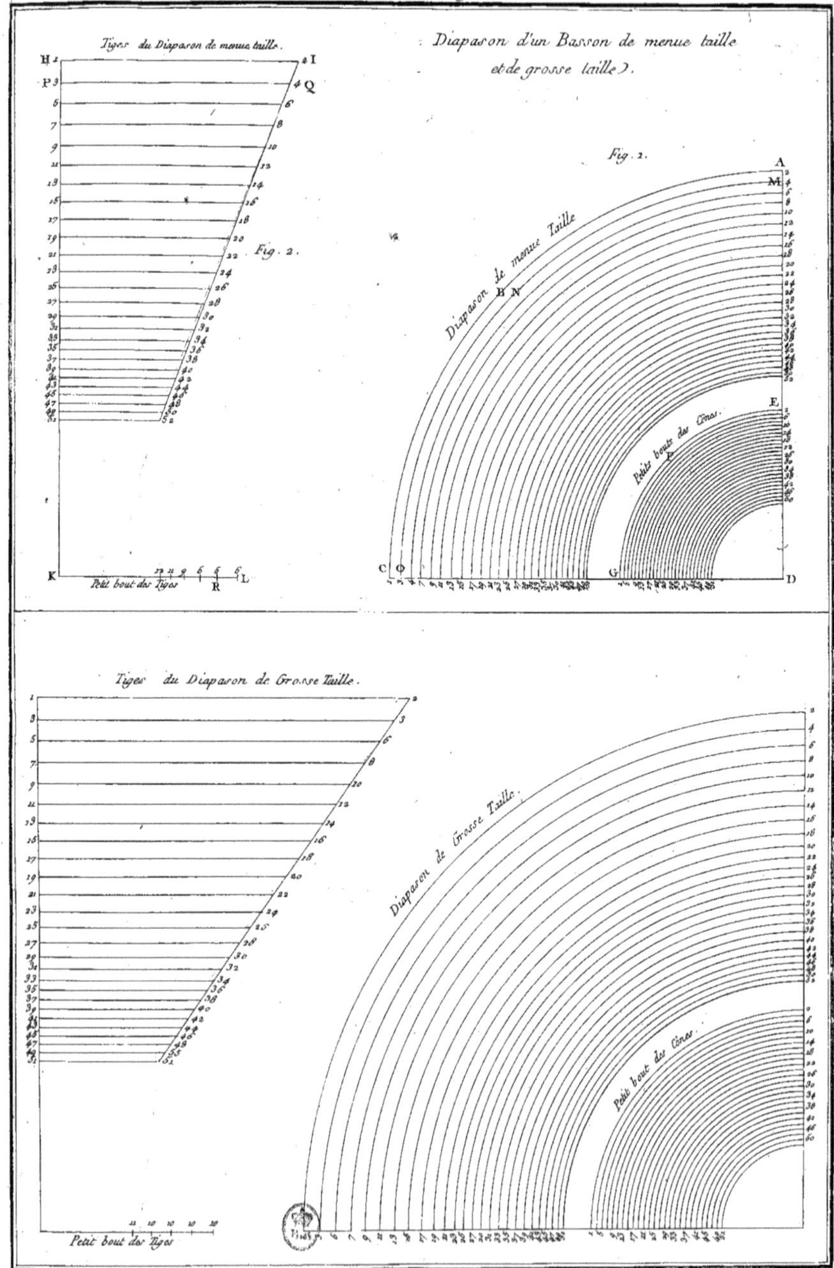

De la Gardette del. et Sculp.